Gerhard Köpf
Eulensehen

Roman

Carl Hanser Verlag

ISBN 3-446-15726-3

Satz: Dörlemann-Satz, Lemförde
Gesetzt aus der Stempel Garamond
und der Optima
Eulenmotiv: Silver tetradrachm of Athens
5th century B.C.
© Hirmer Fotoarchiv München
Druck und Bindung: Franz Spiegel Buch GmbH, Ulm
Printed in Germany

DER EULE VORWORT

Wenn es der Teufel gut mit dir meint, legt er dich aufs Kreuz und läßt dich die Sterne sehen. Er raubt dir den Schlaf und setzt dich vor den Spiegel deiner Einbildungskraft.

Allein die Schlaflosen kennen den Weltenhimmel, den sie abschreiten Nacht für Nacht, weil sie nicht vergessen können. Auch derjenige, von dem hier die Rede sein soll, kann weder schlafen noch vergessen, sondern er liegt da wie ein angemähter Frosch.

Deshalb muß ich ihm wachsam beistehen und ihm die Augen aufhalten, damit er sieht, was er träumt. Und wer diesen bösen Blick hat, dem sagen sie hierzulande das Eulensehen nach.

Natürlich ist wieder einmal alles auf mehr oder minder erlesene Weise erstunken und erlogen. Jede Ähnlichkeit oder Übereinstimmung jedoch zwischen Ereignissen und Gestalten dieses Buches und solchen des vermeintlich richtigen Lebens ist kein reiner Zufall, sondern das Ergebnis der mühevollen Arbeit des Verfassers.

Das wäre soweit so gut, wenn's niemand besser wüßte, aber wir schlaflosen Sterngucker und Kalendermacher wissen es besser. Denn um nur ein einziges Leben zu verstehen, sagt ein Thulserner Sprichwort, mußt du die ganze Welt schlucken.

Der abergläubische, bibliomane, circensische, deutungssüchtige, eilige, faule, geduldige, heimliche, identifikatorische, jähzornige, kaltblütige, leidenschaftliche, müßige, naive, oberflächliche, pedantische, querulantische, rezensierende, sophistische, treue, ungeduldige, verführte, wissensdurstige, xerokopierende, yogatreibende, zufällige Leser kann dieses Buch nach alter Väter Sitte von der ersten bis zur letzten Seite lesen oder sich nur jeden Monat einen Psalter zumuten, er kann seinem Tierkreiszeichen folgen oder nach seinem Aszendenten forschen. Ohn' Ansehen von Herkunft, Geschlecht oder Alter kann sich jeder sein Eulen-Jahr auf seine Weise zusammenstellen, zumal so ein Kalender stets viele Bücher ist. Wer aber dieses Thulsern auf dem Atlas sucht und es nicht findet, hat keine Ersatzansprüche an den Erzähler.

Zeit weilt, teilt, eilt und heilt.

Auf daß der Leser aber nicht vorzeitig stirbt auf dem Weg ins Buch, fasse ich mich kurz und halt bloß den Spiegel:

Einer betracht's.
Einer acht's.
Einer verlacht's.
Was macht's?

Ordnung und Sinn wird schon, den Finger über dem Nagel mit dem Hammer auf den Kopf, irgendein Gott oder Polizist in die Geschichte hineinbringen.

Folge der Eule.
Sie wird dich zu einer Ruine führen.
Ratschlag aus dem Maghreb

DAS ERSTE KAPITEL *erzählt von der Thulserner Postagentur, von der Hundeplage, dem Radfahren, von einem Maßkrug, einer Strafversetzung und von der Weihnachtspost*

Januar

Im Anfang war die Post.
Und Thulsern ist klein wie die Welt.
Außerdem reden die Thulserner viel, wenn der Tag lang ist. Mit spottgekräuselten Lippen sagen sie, ohne daß ihnen die Schamröte über die Zunge kröche:

Wer nichts weiß und wer nichts kann,
geht zu Post und Eisenbahn.

Bitte sehr, schlage ich auf derartige Unverschämtheiten vor, wir können gern einmal tauschen. Dann hocke ich mich den lieben langen Tag ins warme Büro, lasse mir von elegant gekleideten Damen Kaffee servieren, schiebe eine ruhige Kugel – und Sie schleppen einmal eine Woche lang den schweren Ranzen, quälen sich treppauf treppab, als wären Sie Wanderführer beim Alpenverein, gehen von Steighaus zu Steighaus, wo für alles Geld da ist, nur nicht für einen Hausbriefkasten, ärgern sich herum mit Einschreiben und Nachnahme, Postwurfsendung und Neckermann-Katalog, jeder wenigstens vierpfündig, und dann lassen Sie sich noch von jedem Köter anblaffen und anschließend in die Wade beißen.
Die Herrschaften sind völlig ahnungslos.
Nichts haben sie vom Wesen der Post begriffen, nichts und wieder nichts.
Keinen Schimmer haben sie von der Heiligkeit des Briefgeheimnisses.
Das Briefgeheimnis stellt den Postboten auf dieselbe Stufe wie den Beichtvater des Papstes.
Wir wissen Bescheid.
Uns kann keiner etwas vormachen.
Nichts Irdisches ist uns fremd.
Und was dem Beichtvater der Widersacher, das ist dem Briefträger der Hund.
Ich wette: es gibt keinen Postboten weltweit, der nicht wenigstens eine Hundegeschichte erzählen könnte.
Mein Kollege Ürdinger vom Pracher Amt zum Beispiel sagt: »Ich bin Briefträger und nicht Tierbändiger.

Ich kann nicht wie ein Dompteur vor jedem Haus zuvor eine Bestie niederzwingen, um dann vielleicht eine lächerliche Drucksache abzuliefern.«
Das sagt mein Kollege Ürdinger, wie ich von meinem verehrten Kollegen Brandstetter höre.
Was für den Pracher Rayon gilt, das gilt ebenso für uns hier in Thulsern.
Kaum läutest du an einer Tür, schon tobt das Gebelfere.
Warnung vor dem Hunde! – Wenn ich das schon lese.
Mir kommt vor, als würden solche Schilder nur für Briefträger geprägt.
Aber was heißt hier *für*?
Gegen müßte es heißen.
Es reicht den Damen und Herren Hundebesitzern nicht, daß unsereiner mit Wind und Wetter kämpft und sich abrackert wie ein Packesel.
Nein, sie müssen auch noch ihre Köter und Kläffer auf uns loslassen.
Zur allgemeinen Belustigung.
Als hätte unsereiner nicht schon genügend natürliche Feinde:
die gewichtigen Kataloge der Versandhäuser,
die sinnlosen Wurfsendungen an alle Haushaltungen,
Irrläufer,
unbekannt Verzogene,
zahlungsunfähige Nachnahmeempfänger,
Pakete, bei denen die Annahme verweigert wird.
Du schleppst dann alles wieder zurück und darfst es am anderen Tag noch einmal aufladen.
Kommt überraschend ein Regenguß, wirst du seichnaß.
Im Sommer läuft dir das Wasser im Arsch zusammen.
Im Winter frierst du ihn dir schier ab.
Keinen Tag bist du richtig angezogen.
Entweder es wird dir vor lauter Dampf zu heiß, oder du fröstelst, weil ein eisiger Wind weht.
Und das alles, Herrschaften, Tag für Tag, Woche für Woche, Monat für Monat, Jahr um Jahr.

Sobald du einmal fünf Minuten später als gewohnt kommst, heißt es gleich: Aha, die Abendpost.
Schon im Kindergarten wird das Vorurteil eingeimpft, wenn das alberne Lied von der *Schneckenpost* gelernt wird.
Je studierter die Kundschaft, desto dümmer die Sprüche. Das ist eine Faustregel.
Die Schwarzküttler und Akademinger dünken sich besonders leutselig und spaßvöglig.
Den möchte ich sehen von euch allen, meine Freunde, der schon einmal einen Gedanken daran verschwendet hat, welche Mühsal ein Landbote auf sich nimmt Tag für Tag, ohne zu murren und zu klagen.
Den möcht' ich sehn.
Die zuverlässige tägliche Zustellung hält jedermann für die normalste Sache von der Welt.
Hiermit verkünde ich das Ende der Selbstverständlichkeit.
Schluß damit. Feierabend.
Soweit käm's noch, daß unsereiner bloß schluckt und zu allem ja und amen sagt.
Das wär ja noch schöner.
Schließlich ist unsereiner nicht nur ein Mensch, sondern ein Geheimnisträger.
Was unsereiner täglich an Wissen und Wert, an Geschäfts- und Privatgeheimnissen im Ranzen trägt, geht auf keine Kuhhaut.
Ein Außenstehender vermag sich das nicht einmal illustriert vorzustellen.
Aber unsereinen heißt man bloß den Lumumba und feixt und erzählt die Geschichte vom Postboten, der es bis zum Staatspräsidenten des Kongo gebracht habe. Daß er jedoch bald abgesetzt und von seinen Gegnern auf saumäßige Weise umgebracht wurde, davon wird geflissentlich geschwiegen.
Ich danke bestens.
Sie heißen dich den Lumumba, den Briefer oder den Pöstler.
Sie machen sich lustig über dein gelbes Postrad und fragen dich, ob du wieder mit dem Vogelkäfig unterwegs seiest.

Undank ist der Welten Lohn.
Dabei kenne ich jedes Haus und jede Familie.
Ich kenne den Klatsch und das Gerede, den Tratsch und das Geschwätz.
Ehe eine neue Wutz durch die Gemeinde läuft, weiß ich schon, welchem Stall sie entsprungen ist und welchen sie anzielt.
Schließlich komme ich in alle Häuser.
Mir bleibt kein Tor verschlossen.
Die Post erreicht jeden Winkel dieser Erde. Der Post ist kein Weg zu lang.
Alles wird überallhin zugestellt. Trotz der Hunde.
Gäbe es eine Liga für Welt-Enthundung, jeder Postbote träte ihr bei.
Immerhin gibt es in Australien ein Gesetz, demzufolge zu laut bellende Hunde am Stimmband operiert werden müssen.
Aber mit einer solchen Entbellung ist es nicht getan.
Eine Einschränkung des Kläff-Deputates nützt wenig.
Wie gut haben es die Briefträger in Reykjavik: diese Stadt ist hundefrei.
Es muß das Paradies der Postboten sein: hoch oben im Norden, kurz vor Grönland.
Doch auch dieses Paradies hat einen Schönheitsfehler.
Dort ist das Telefonbuch nach Vornamen geordnet.
Die Post kommt mehr und mehr auf den Hund.
Uniformpflicht haben wir seit einem Dekret Friedrichs I. im Jahre 1703.
Dieser Tage ist wieder eine neue Kleiderordnung herausgekommen. Die Palette reicht von mausgrau bis papageiengrell.
Socken rosagelbgrünblau, dazu eine Joppe wie zu einer Cocktailparty.
Unser ehrwürdiges Symbol, das Posthorn, ist nur mehr mit der Lupe zu erkennen.
Früher zeigte solides Königsblau: der Mann ist im Dienst.
Heute kommen die Kollegen daher, als wären sie ab dem Karren gefallen.

Ein Verfall ist das. Unaufhaltsam, unbezwingbar.
Nur die Plagen sind geblieben und haben sich auch noch vermehrt.
Wie die Hunde. Der Blitz soll sie treffen.
Kollege Brandstetter schlägt vor, zusätzlich zum Tierschutzverein einen Briefträgerschutzverein zu gründen, und er fügt hinzu: »Für den Ürdinger ist jeder Hundehalter von vorneherein ein Mensch, der keine Post will.«
»Ich bin der Ürdinger«, sagt Ürdinger, laut Brandstetter, »aber nicht Siegfried der Drachentöter oder der heilige Franz von Assisi.«
Spraydosen mit flüssigem Cayennepfeffer helfen gar nichts. Sie vergrößern nur das Ozonloch.
Thulserns Hunde sind immun.
Ürdinger allerdings kommt noch aus der guten alten Zeit. Er sagt selbst: »Als ich seinerzeit bei der Post eingestellt worden bin, wurden praktisch nur Kriegsversehrte in den Postdienst übernommen. Die Post war ein reines Behindertenunternehmen.«
Bei mir war das ganz anders.
Da genügte als Voraussetzung nicht die Erfahrung im Schützengraben.
Da wurde schon ein gerüttelt Maß an Bildung verlangt.
Ein Telegrammbote ohne Fremdsprachenkenntnisse hat heute keine Chance.
Selbst bei den Bahnpostlern, die gewöhnlich nur mit Sperrgut, nicht aber mit *Vorsicht Glas*-Sendungen vertraut sind, wurden die Voraussetzungen heraufgeschraubt. Zweifellos hängt das mit den großen Postüberfällen zusammen, die Kriminalgeschichte geschrieben haben.
Weil mein älterer Pracher Kollege Ürdinger bei der Infanterie war, geht er zu Fuß.
Ich dagegen, als Vertreter der Nachkriegsgeneration, benutze das Dienstrad, auch wenn mir immer wieder einmal ein wohlgesonnener Kunde die Luft herausläßt oder einen Platten schlitzt.

Mein gelbes Postrad mit dem Korb vor der Lenkstange ist mein ein und alles.
Ürdinger hat dafür kein Verständnis. Er hat seine eigenen Ansichten und hält nichts von den Velozipedisten:
»Heute«, sagt er, »gibt es überhaupt keine Herrenräder mehr, heute gibt es nur noch Damenräder, auch die sogenannten Herrenräder von heute sind Damenräder. Mir kommt vor, als hätten sich die Damenräder emanzipiert, und die Herrenräder hat man kastriert.«
Und mein geschätzter Kollege Brandstetter gibt zu bedenken:
»Herrgott noch einmal, ein Herrenrad hatte früher eine Stange, ein Herrenrad ohne Stange war früher undenkbar. Und erst wenn ein junger Mensch über die Stange konnte, wenn er nicht mehr die Füße unten schräg durchstecken mußte, galt er als erwachsen. Erst wenn er im Sattel sitzen konnte, ohne zu wetzen, durfte er auch ans Poussieren und an die Mädchen denken.«
Ürdinger gibt dem noch eins drauf und meint:
»Heute gibt es auch keine Damenräder mehr, genau besehen sind heute alle Fahrräder, Damen- und Herrenräder, Kinderräder.«
Dann schwärmt er von den Weyarner Waffenrädern und behauptet, die englischen Tanks an der Westfront hätten nicht so viel Entsetzen ausgelöst wie die Waffenräder an Etsch und Piave.
Ich bin überzeugter Radfahrer. Nur nicht bei Vorgesetzten. Mein Postrad ist mir lieb und teuer. Ich pflege es und halte mich streng an die Dienstanweisung:

§ 1
Das Erlernen des Radfahrens

Der Lernende tritt so hinter das Hinterrad, daß sich dieses zwischen den Beinen befindet, dann ergreift er die beiden Griffe der Lenkstange, tritt mit dem linken Fuß auf den Aufsteiger und stößt sich mit dem rechten Fuß mehrere Male vom Boden kräftig ab, bleibt mit dem linken Beine auf dem

Aufsteiger stehen, stützt sich mit gestreckten Armen auf die Lenkstange, das rechte Bein hängend nach rückwärts, und läßt das Rad laufen, indem er sich durch ruhige Körperhaltung und nötigenfalls durch Bewegung der Lenkstange bemüht, das Gleichgewicht so lange wie möglich zu halten. Bergauf kann das Rad auch geschoben werden.

Eine Chronik der Thulserner Postagentur steht noch aus.
Ich beschränke mich auf wenige Blitzlichter, denn über mir schwebt die Gnade der späten Geburt. Aber immerhin habe ich Zeugen befragt.
Die tausendjährige Geschichte der Thulserner Post lag in den Händen einer schwerhörigen Jungfer namens Afra Allgeier.
Ihrem Kommando unterstanden zwei Postboten.
Der eine war der alte Störzer, der andere ein gewisser Emilius.
Emilius war Fußballer und schwärmte für den »Club«. Er war Franke. Störzer sagte: Man muß Gott für alles danken, auch für Untermitteloberfranken. Emilius war ein strammer Pg, Störzer vertraute auf seinen eigenen Sachverstand. Emilius versah seinen Dienst, Störzer gehorchte Afra:
Störzer, es sind keine Kohlen mehr da.
Störzer, der Ortsgruppenleiter sagt immer Schatzi zu mir. Was soll ich tun?
Störzer, Fronleichnam kommt, die Fenster müssen geputzt werden.
Störzer, wer schaufelt heute Schnee?
Störzer, wer stellt den Stempel um?
Störzer zog auch die Hakenkreuzfahne auf, wenn Afra es befahl.
Dann kamen der 20. Juli und das Attentat auf den Führer.
Am 21. Juli sagte Störzer zu Emilius nur einen Satz:
»Jetzt hat es den Sauhund wieder nicht erwischen können.«
Daraufhin knöpfte sich Emilius die Dienstjacke zu und machte Meldung. Er sagte zu Afra, wenn sie seine Meldung nicht weiterleite, sei sie gleich mit dran.
Das war eine Lieblingsformulierung von Emilius: *Der ist dran.*

Afra mußte zum Ortsgruppenleiter.
Das war der Driendl Hans, Wirt vom *Milchhäusle*. Er sah sich als Nachfolger von König Ludwig. Aber Afra machte Meldung.
König Ludwig hörte sich die ganze Geschichte an und ließ sie sich von allen Beteiligten mehrmals erzählen. Auch vom alten Störzer, dem der Arsch auf Grundeis ging.
König Ludwig war Gastwirt. Er hatte seinen eigenen Maßkrug. Darin verschwand die Anzeige.
Zuerst sickerte sie in den Schaum und schien noch obenauf zu schwimmen, doch dann sank sie tiefer und tiefer, bis zum Grund. Und wenn der Driendl Hans seinen Maßkrug geleert hatte, dann erschien im Boden des Kruges ein Bild von unserem geliebten König.
So tief ist die Meldung von Emilius gesunken.
Den Schalterdienst versieht heute Fräulein Schalefsky, eine mittelalterliche Wasserstoffblondine mit einer aufdringlichen Vorliebe für aufgeknöpfte Dienstblusen.
Ich habe nichts gegen die Joschi. Sie ist sehr freundlich und kollegial bis zur Selbstaufgabe. Und immer geht sie ganz nah an dich heran, wenn sie dir eine dienstliche Mitteilung zu machen hat. Ihren Urlaub verbringt sie auf einer FKK-Insel in Jugoslawien. Sobald es Sommer wird, zieht es sie zu den hängenden Gärten.
Ihr Vorgänger war ein gewisser Talander, der nach Birg strafversetzt wurde, wo er angeblich seit Jahr und Tag keine Gebührenerhöhung mehr berücksichtigt und die Briefe immer noch mit zwanzig Pfennig freimacht. Aber in Birg fällt das nicht auf. Dort macht die Post eine Schublade im Schreibtisch aus. Was macht es schon, wenn dort droben einer die Briefe noch wie vor zwanzig Jahren frankiert?
Zuletzt hörte ich, Talander sei verschwunden und man habe einen Inspektor losgeschickt, um ihn zu suchen.
Aber das ist eine andere Geschichte.
In einer ruhigen Minute in der Zwischensaison, als die Sommergäste bereits alle abgereist waren und es für die Winter-

frischler noch zu früh im Jahr war, habe ich mir einmal die Akte Talander vorgenommen, die seinerzeit von meinem hochverehrten Kollegen Hermann Schiefer aufgezeichnet worden ist. Schiefer wurde später Kulturreferent von Rattenbach. Jetzt bewohnt er eine Villa im Schwarzwald und forscht über Drachen.
Aber zurück zu Talander:
Vor seiner Strafversetzung nach Birg hat er folgendes zu Protokoll gegeben:
»Ich sitze von morgens bis abends hinter meinem Schalter, Schalter 3, Wertzeichen in kleinen Mengen, Postsparkasse, postlagernde Sendungen. Viel Abwechslung, dachte ich zu Beginn, aber inzwischen hängt mir mein Beruf zum Hals heraus, so lang wie meine Zunge, wenn ich Briefmarken ablecke. Die Kollegen benützen den Schwamm, das runde Sitzkissen, orangefarben, im grünen Gumminapf. Ich nicht. Das gehört zu den raren Freuden meiner Tätigkeit, ich trenne die Marken vom Bogen, wende mich dem Kunden zu, fixiere ihn durch das Guckloch in der Glastrennwand und reiße überfallartig den Mund auf, weit, viel weiter als nötig, strecke die Zunge heraus, rolle die Augen und lecke langsam, genüßlich die Marke ab, mit einem Blick, als sei ich soeben übergeschnappt. Drei Sekunden dauert das, aber ich habe da Frauen erbleichen sehen. Mein größter Erfolg war ein spitzer Schrei, dem ein Ohnmachtsanfall folgte. Ich hatte gerade ein Hustendragee gelutscht, das die Zunge violett färbt. Ein Lehrmädchen aus der Gierlinger Sägerei. Es war so verstört, daß es nachher nicht einmal sagen konnte, was es umgeworfen hatte. Stammkunden kennen mich. Sie kommen nicht mehr zu mir und stehen lieber Schlange an Schalter zwei: Wertzeichen in jeder Menge, Sammlermarken, Rentenauszahlungen, Postanweisungen. Dort dauert es fast immer länger, aber das nehmen sie in Kauf. Andere kommen erst recht zu mir, sie schätzen meine Grimassen und bringen neue Kunden mit, denen sie mich vorführen wie einen Affen im Zoo. Aber das spüre ich sofort. Sie legen mich nur einmal herein,

sie verlangen eine Briefmarke, die sie bequemer aus dem Automaten ziehen könnten. Da bin ich dann plötzlich der korrekte Beamte, lecke abgewendet oder benütze sogar den Schwamm.«

Kam einer mit einem Brief nach den Philippinen, verlangte Talander Gebühren aufs Geratewohl. Fünfzig Pfennig zuviel, wenn ihm der Kunde nicht gefiel. Seine Begründung laut Protokoll:

»Was braucht er Bekannte auf den Philippinen zu haben? Außerdem räche ich mich am System, das alles regelt, alles vorschreibt, mir keine Möglichkeiten läßt. Ich zeige es ihm und mir selbst: es gibt eben doch Möglichkeiten.«

Aber nicht deshalb wurde Talander strafversetzt, sondern wegen einer Frauengeschichte, über die Schiefers Bericht gleichfalls Auskunft gibt:

»Talander lernte die Frau am Schalter kennen, und er verliebte sich in sie, sofort, gründlich, er träumte von ihr, hoffte nach einer gewissen Zeit, sie komme seinetwegen, was übrigens durchaus sein kann. Statt mit ihr zu sprechen, sich ihr zu erklären, stellte er sie auf einen hohen Sockel, betete sie von unten an und hielt sie für unerreichbar. Während er seine Marken vom Bogen trennte und Einschreibezettel ausfüllte, eroberte er sie: er fuhr in teuren Autos vor, entführte sein Idol ans Mittelmeer, sie gingen miteinander ins Theater und hinterher in teure Restaurants, und es ist schwer zu sagen, ob es bei diesen kindischen Wunschträumen geblieben wäre, wenn er sich nicht eines Tages getäuscht hätte, oder ob er sich nicht hat täuschen müssen, weil er sich nicht mit der Wirklichkeit abfinden mochte.

Talander, von seinem Schalternachbarn zum Briefmarkensammeln animiert und bald leidlicher Experte in Sondermarken, Fehldrucken und dergleichen, entdeckte eines Tages unter den neu eingegangenen Briefmarken einen Bogen, bei dem die Farben nicht stimmten. Blau statt Grün. Talander muß geglaubt haben, ein Vermögen in Händen zu halten. Er brachte den Bogen nach Hause, er hatte ihn ordnungsgemäß bezahlt, zum Nennwert, er knüpfte Verbindungen an zu Briefmarkenhändlern im Ausland, ein ganzer Bogen Fehlfarben, das Gelb ist nicht ausgedruckt, Gelb und Blau gibt Grün; was grün sein müßte, ist blau geblieben. Cannes, das Mittelmeer, ein Händler in Cannes machte ein großartiges Angebot. Talander nahm Urlaub, er fuhr mit seiner Angebeteten an die Côte d'Azur und log nur ein bißchen: Er habe das Geld schon. Er hatte es, aus der Postkasse. Geliehen, für kurze Zeit. Und dann war von Fehlfarben keine Rede. Der Händler, selbst auch ziemlich enttäuscht, machte Talander klar, daß er offenbar farbenblind sei, gelbblau-blind.«

So steht es in den Unterlagen, die mein verehrter Kollege und Freund Hermann Schiefer über Talander angefertigt hat.

Nach den Hunden sind Frauen die größte Gefahr für einen Postboten.

Ich kann nur bestätigen, was mein verehrter Kollege Brandstetter sagt:

»Ein Briefträger hat es naturgemäß mehr mit Frauen zu tun.«

Du kommst in ein Hotel und hast ein Einschreiben. Der Portier schickt dich zur Gnädigsten aufs Zimmer. Was glaubst du, was dann passiert? Bald klemmt ein Reißverschluß, den du zuziehen sollst, bald kommt aus der Dusche der Befehl, du mögest das Handtuch reichen. Bitte sehr, der Kunde ist König.

Manche Kollegen weisen in diesem Zusammenhang auf einige postalische Begriffe hin, die sie augenzwinkernd auslegen:

Freimachen.

Sackdienst.

Postverkehr.

Und dann geht die Post ab.

Ich sage das nur, um auf das Berufsrisiko hinzuweisen.

Gar nicht zu reden von den Leistenbrüchen, die sich unsereiner zuzieht.

Von Übel sind Drucksachen und Postwurfsendungen.

Sie wandern doch nur alle in den Papierkorb.

Warum wird das nicht schon auf der Post erledigt?
Warum heißt es nicht gleich Post*weg*wurfsendung?
Drucksachen sind Drecksachen und eignen sich bestenfalls noch als Fülltexte für neuere Lesebücher. Wem sonst außer dummen Schülern wären sie noch zuzumuten?
Von Übel sind die unleserlich geschriebenen Adressen.
Bin ich Schriftgelehrter, oder habe ich es nur mehr mit Ärzten zu tun?
Von Übel sind außerdem die langweiligen, sich ständig wiederholenden Formulierungen auf Ansichtskarten.
Solches Material kann ich nur noch überfliegen.
Kollege Brandstetter behauptet notabene:
»Wer eine offene Karte schreibt, bekundet bereits damit, daß er eine Karte und offen schreibt, ein gewisses öffentliches Interesse. Dem Verfasser liegt ganz offensichtlich an einer gewissen begrenzten Öffentlichkeit.«
Die schlimmste Zeit für einen Postboten ist Weihnachten.
Von wegen Frohbotschaft und stille Zeit.
Pfeifendeckel.
Weihnachten ist die Zeit des Zusammenbruchs; und der Heilige Abend ist der einzig wahre Weltposttag.
Die Briefträger brechen unter der Last der Pakete und Glückwunschkarten zusammen, das Glas bricht in den *Zerbrechlich*-Päckchen, der Amts- und Familienfriede bricht unter der Überbeanspruchung zusammen.
»Wenn ich nur den Baum sehe«, sagt Ürdinger, »könnte ich schon Feuer schreien«, berichtet Brandstetter: »Und wenn ich erst die Pakete unter dem Christbaum sehe, da könnte ich mich gleich übergeben. Und dann das Lesen der Weihnachtspost. Herr im Himmel, sage ich dann«, sagt Brandstetter, »nimmt denn das gar kein Ende mehr.«
Am ersten Weihnachtsfeiertag schenke ich mir ein mehrstündiges Fichtennadelfußbad und vertiefe mich in die Dienstvorschriften:

§ 2

Reparaturen während der Fahrt

Vermerkt der Radfahrer irgendwelche Unregelmäßigkeiten während der Fahrt, z.B. Knirschen, Schleifen, Wackeln eines Rades, verdächtiges Klappern, so muß er unverzüglich absteigen und den Fehler suchen. Es kann sich eine Schraube an einem Rad gelockert haben, wodurch sich das Rad auf die Seite neigen und mit dem Gummi an der Seite streifen kann, was in kurzer Zeit den Laufmantel durchscheuert und unbrauchbar macht, oder es hat sich bei nassen Straßen ein Stein oder Kotmasse (Hundekot!) zwischen das Schutzblech geklemmt.

Bricht während der Fahrt eine Speiche, so wird dieselbe krumm gebogen und aus der Nabe herausgenommen, an der Zahnkranzseite aber sorgfältig um die nächste Speiche herumgedreht.

Immer aber ist bei der Fahrt darauf zu achten, daß der Mund beim Atmen geschlossen bleibt, damit nicht kalte Luft in die Lunge dringen kann.

Am leichtesten gewöhnt sich der Radfahrer daran, den Mund geschlossen zu halten, wenn er eine Hustenpastille nimmt oder ein Stückchen Holz, eine Tannennadel etc. zwischen den Zähnen hält.

Die Lektüre solcher Dienstvorschriften während eines ausgiebigen Fichtennadelfußbades und der seelischen Stärkung durch ein Glas Punsch im Angesicht eines Adventskranzes, an dem alle vier Kerzen brennen, ist ein wahrer Feiertagsschmaus und unvergleichlich aufregender als die ganze geheuchelte Weihnachtspost, die mir gestohlen bleiben kann.

Ich reibe meine geplagten Schweißquanten und Wallfahrtskrücken aneinander, bis mir der Fichtennadelduft zu Kopfe steigt und mir klar wird, was es heißt, Zusteller zu sein und somit zur Gruppe der Steller zu gehören: Schau-Steller, denke ich und plansche im Fußbecken, Dar-Steller, Schrift- und Weichen-Steller fallen mir ein. Noch ein Glas Punsch, und ich bekomme Sehnsucht nach etwas Prallwadigem. Anstatt daß mir aber so ein Engelchen erschiene, muß ich bloß wieder an die dreimal verfluchte Weihnachtspost denken.

In Wirklichkeit wissen nur wir Briefträger, was an Weihnachten zusammengelogen wird. Überhaupt scheint sich die Geschäfts- und Verwandtschaftswelt, die sich gegenseitig sinnlose Karten mit phantasielosen Motiven schickt, gegen uns Briefträger verschworen zu haben. Und zwar weltweit. Jeder weiß, wohin die Weihnachtspost nach oberflächlicher Lektüre wandert. Nur wir Postboten haben die Last mit dieser nachgetragenen, will sagen hinterhergeschleppten Liebe, die keinen Schuß Pulver wert ist. Während die Postkunden ihre Geschenke auspacken, bist du dem Herzkasperl nahe.

Und wenn du dich einmal beklagst, weißt du, was du dann zu hören bekommst? Wer fleißig ist wie eine Biene, schuftet wie ein Hund, bepackt ist wie ein Esel, schnauft wie ein Roß und schwitzt wie ein Schwein, der sollte sich fragen, ob er nicht ein Rindvieh ist.

Das bekommst du dann zu hören von den Herrschaften.

Frohes Fest!

Ihr Maul- und Teigaffen.

DAS ZWEITE KAPITEL *erzählt vom*

Schäfchenzählen und von der

Last der Schlaflosigkeit

Im Zeichen

Wassermann

Müde wie ein alter Gaul, müder noch, als hätte man mir die Knochen aus dem Leib gestohlen, drehe ich meine Runden. Der Weg führt von First zu First, über Sattel- und Walm-, über Terrassen- und Flachdächer, steile Vorbauten, glitschige Dachpfannen und kupfergefaßte Gaupen entlang. Straßenschluchten oder Abgründe jedweder Art sind kein Hindernis. Mit ausgestrecktem Arm und offenen Auges wandle ich über sie hinweg, orientiere mich an Dachrinnen und Fernsehantennen, hantle mich von Erker zu Erker, von Balkon zu Balkon. Manchmal treffe ich auf Katzen oder schrecke Vögel aus dem Schlaf. Um meine Stunde abzurufen, brauche ich weder abenteuerliche Vermummung noch Pike und Horn, und gegen die bösen Geister hilft längst kein Kreuzschlagen mehr.
Ich wurde mit offenen Augen geboren und habe vermutlich seither keines mehr zugetan. Auch das Meer leidet an Schlaflosigkeit. Und der Mond, soeben noch festgefroren himmelhoch, steigt wütend herab und schlägt von neuem auf mich ein. Dem Schlaflosen geht die Sonne nicht unter. Sogar mit Beten habe ich es versucht, aber Schlaflosigkeit ist Vorkasse auf den Tod. Das Vergangene kann nicht schwinden, das Gegenwärtige zerrinnt unter den Händen, das Zukünftige scheint nie mehr anzufangen. Vergangen, als sei es nie gewesen, kann nur sein, was nicht erinnert wird. Deshalb mußt du schlaflos auf das Karussell aufspringen, das sich nur für dich dreht. Dann erst löst du jenes Versprechen ein, das bei deiner Geburt gegeben worden war: der Spießrutenlauf durch die Gassen der Erinnerung.
Den Schlaf, den ich nicht finden kann, muß ich mir mühselig erfinden. Soll ich ihn mir denken als Reise im Luftmeer, oder darf ich ihn mir vorstellen als sommerlich wogendes Kornfeld? Entscheiden werden dies, alle Schrecken in Reichweite, die doppelt belichteten Bilder. Nichts können sie auslassen, keine der eingebrannten Stunden dürfen sie überspringen, nichts anderes wollen sie als Verluste sammeln und die Ängste von der Kette lassen. Der gestrige Tag zieht an mir vorbei,

als wäre er länger als mein ganzes danebengelebtes Leben. Und die Nacht weiß in ihrem Rabenmantel nichts Besseres, als immer stockfinsterer zu werden.

Gestern ist nicht vergangen, Morgen wird nicht kommen, und Heute ist heute schon Gestern. Schlaflos auf der Grenze zwischen Gestern und Morgen liegend, erfinde ich die Welt Nacht für Nacht neu. Hätte ich sie im Anfang erschaffen dürfen, wäre sie auch nicht anders geworden. Es geschähen dieselben Gemeinheiten, dieselben Lügen würden gelogen, wir hingen am selben läppischen kleinen Glück. Illusion und Enttäuschung verkeilten sich auf die bekannte Weise ineinander, und dieselben Niederträchtigkeiten würden von Zeitungen, Radio, Fernsehen und Sonntagsreden zugedeckt. Überall wäre Nacht, stockfinstere Nacht, und der Teufel regierte wie eh und je. Wie eh und je notierte ich Nacht für Nacht meine Aufzeichnungen. Wann genau ich damit begann, weiß ich nicht mehr. Es muß in einer dieser schlaflosen Nächte gewesen sein, seit denen mir immer mehr Tage abhanden kommen. Ich schreibe in einen alten Kalender. Er ist das Kontobuch meiner Gedächtnis-Kanzlei: kleinkariert in Soll und Haben aufgeteilt. Meine Aufzeichnungen beginnen mittendrin, denn Anfang und Ende sind einem Schlaflosen nicht geläufig. Er kennt nur die durchwachte Nacht. Meine Aufzeichnungen gleichen einer Flaschenpost, bei der nur eines wichtig ist: daß sie geschrieben wird.

Ich schreibe aus einem einzigen Grund: ich will vergessen und endlich schlafen. Meine Ruhe will ich haben und leicht werden wie eine Feder. Deshalb lasse ich mir alles mögliche einfallen. Mein Wachbuch soll mich davor bewahren, in die Dunkelheit zu starren, mich zu fürchten und zu erschrecken, aufzufahren, wie gelähmt im Bett zu sitzen und von meinen Gespenstern gepeinigt zu werden, die Nacht für Nacht wiederkehren.

Aus allen Ecken und Ritzen greifen sie nach mir, lauern mir auf, und ich will nicht warten, bis sie mich ganz und gar beherrschen.

Deshalb werde ich schreiben, bis es Tag wird. Auf diese Weise hoffe ich, müde zu werden, schläfrig und leer.
Schlaf heißt mein einziges Ziel.
Einen größeren Wunsch habe ich nicht.
Vor dem Einschafen hat mir, als ich Kind war, manchmal eine Stimme bis in den Schlaf hinein erzählt und mir gezeigt, wie weit die Welt sich ausdehnt bei Nacht. Das war einmal mit dem Eswareinmal. Ich allein bin die Zeit, die nicht vergeht, weil ich wach liege und nicht schlafen kann.
Wände, Bett und Boden, Schrank, Spiegel und Bilder schlafen, das Bettzeug und der Teppich, Stuhl und Tisch und Fenster, Vorhänge, Kleider und alles sonst um mich her, der Nebel draußen, auch die Schneeflocken, die Bäume und die Erde und die Fische im Wasser und die Menschen hinter dem Nebel und jenseits des Schnees, sogar die Nester unter den Tauben schlafen, wie auch diejenigen, die frieren und allein sind und niemand haben, die krank sind vor Hoffnung oder im Namen der Liebe langsam sterben in den Dachkammern und Stundenhotels, die Kinder schlafen mit Wünschen auf den Lippen, die offenen Augen der Toten mit ihren Schattenschleiern schlafen, die erloschenen Gesichter der Blinden und die bleichen Wöchnerinnen und die Tränen schlafen, die Kämme und der Wind in den Haaren der wilden Mädchen schlafen, die Flasche auf dem Tisch und das Glas daneben, noch halb gefüllt, der Schlüssel im Schloß, die Uhr und auch die Lampe schlafen, die Papiere und die Zeitungen auf der Anrichte, die Hausschuhe und die Socken, die Hose, das Hemd und die Weste, das Feuer im Herd, der Schnee in den Lamellen der Fensterläden, das Haus und sein Garten, die Büsche, der Weg und das Pflaster, die Zäune und Pfosten, die kleinen und großen Städte, die Züge und die Flüsse und die Boote im Hafen schlafen, die Flugzeuge hoch im Himmel schlafen zwischen den Kontinenten wie Zugvögel, die Waage des Apothekers schläft, und die Markisen der Marktbuden, Hunde und Katzen schlafen, und Fuchs und Hase haben sich gute Nacht gesagt.

Nur ich, ich kann nicht schlafen. Die Nacht ist neben und über mir und läßt alles ringsum schlafen: mir zum Spott und mir zum Hohn, der ich kein Auge zutun kann. Alles geschieht nur, damit ich nicht schlafen kann und meine Seele sich in Falten legt wie eine Greisenhaut. Wälder, Berge, Flüsse schlafen, der Schnee fällt und schläft dabei, die Welt hat sich unter das Nachtgewölbe gelegt. Sogar der Teufel schläft, und auch Gott schläft bei den Sternen droben und den Engeln mit den Posaunen, auch Cherubim und Seraphim schlafen und mit ihnen Gedichte und Bilder und Laster und Sehnsucht. Das Universum schläft, und Wahrheit und Lüge, Gut und Böse liegen im selben Bett.
Jede schlaflose Nacht ist eine Fahrt mit der Geisterbahn. Viele Gespenster sind schon da, ehe sie erzählt werden, und es ist unmöglich, ihnen zu entgehen. Es ist mit ihnen wie mit jenen Geschichten, die sich selbst fortpflanzen, die sich einfach weitererzählen lassen und jeden einzuwickeln verstehen. Wie diese Geschichten kommen auch die Gespenster aus dem Dunkel, und etwas von jenem Anfangsdunkel bleibt an ihnen. Sie können nie ganz verschwinden. Eine Erlösung gibt es nicht. Immer wieder holen sie dich ein. Nichts geschieht nacheinander bei einer Fahrt mit der Geisterbahn. Immer schieben sich die Schrecken gleichzeitig zusammen, als hätten sie sich abgesprochen. Zueinander drängen sie, verklammern und verheddern sich, verknäueln sich zu einem unlösbaren Knoten. Und jeder Schrecken will der erste sein.
Ich lasse meine Augen durchs Zimmer wandern. Ich kann den Fratzen nicht entkommen. Mein Kopfkissen ist hart vom Schweiß, hin und her wälze ich mich, setze mich bald auf, drehe mich bald auf die Seite, ziehe die Knie an, strecke sie wieder, ziehe die Decke hoch bis über beide Ohren, strample sie weg. Mal ist es mir zu heiß, mal fröstle ich. Aus den Wänden dringt ein Flüstern. Es zwängt sich durch die Ritzen im Mauerwerk. Das Holz arbeitet, das Gebälk stöhnt und ächzt. Am schlimmsten ist es, wenn ich die Gespenster wispern höre, kichern und lästerlich lachen, als drängten gurgeln-

de Laute aus einer Glasglocke. Immer sind es Stimmen wie aus Gräbern, die sich in mein Wachen keilen oder in mein Gedächtnis hineinsummen. Ihnen ist es vollkommen gleichgültig, ob ich mich auf der Matratze hin und her wälze, ob ich mich aufrichte oder rastlos im Zimmer auf und ab gehe. Manchmal trinke ich einen Schluck, werfe mich in einen Sessel, sinke am Schreibtisch nieder oder greife zu Lesestoff. Es mangelt mir nicht an guten Ratschlägen. Wissenschaftliche Literatur über die Ursachen der Schlaflosigkeit ist mir so geläufig wie die Empfehlung von Baldriantropfen, Starkbier, warmer Milch oder hunderterlei Teemischungen. Listen könnte ich füllen mit Atemübungen und Honig-Kuren.
Vielleicht läuft eine Ader quer durchs Zimmer?
Wenn die Psychologen zur Abendandacht rufen, kommt stets das Schäfchenzählen heraus.
Kaum bin ich über zweitausend, meldet sich garantiert mein Bauch. Totenstille umgibt mich, als säße ich mir selbst im Schädel.
Wenn ich nur die Augendeckel schließen und meine Augäpfel nach hinten rollen lassen könnte. Warum kann ich nicht Dornröschen sein und mich an einer Spindel stechen, warum nicht Barbarossa im Kyffhäuser? Der Bart wüchse mir durch den Tisch und die Raben umkreisten den Berg. Solange sie kreisten, läge ich im Schlaf.
Selbst das Blut in meinen Adern ist müde geworden. Wie ein übergroßes Gewicht in dir ist die Schlaflosigkeit. Die Erinnerung empört sich gegen die Stille. Nachts greifen die Toten an, die schlaflos an die Ewigkeit genagelt sind.
Selbst die Zeiten gehen durcheinander:
Gestern ist nicht vergangen.
Morgen scheint nicht zu kommen.
Und Heute ist heute schon Gestern.
Immer weniger bin ich mir sicher, ob, was ich meinem Kontobuch anvertraue, wirklich Erinnerung ist oder ob ich mir alles nur ausdenke. Dennoch verdanke ich der Schlaflosigkeit das Zweite Gesicht, den siebten Sinn und den bösen Blick.

Mit ihm durchleuchte ich alle Post, die durch meine Hände geht. Nichts läßt er aus, und nichts entgeht mir.
Meine Schwäche ist meine Stärke.
So viele Leben ziehen durch mich hindurch.
So viele Gedanken kommen in meinem Kopf zusammen.
So viele Bahnen kreuzen sich in meinem Schädel und geben keine Ruh. Ich weiß einfach zuviel. Viel zuviel.
Mit Hochmut hat das nicht das mindeste zu tun. Ich weiß doch nur deshalb so viel, weil ich zuviel Briefe lese.
Ich versenke mich so tief in meinen Lesestoff, daß mir die Nächte vom Zwielicht bis zum Zwielicht und die Tage von der Dämmerung bis zur Dämmerung über dem Lesen hingehen. Und so, vom wenigen Schlafen und vom vielen Lesen, trocknet mir allmählich so sehr das Hirn aus, daß ich befürchten muß, über kurz oder lang den Verstand zu verlieren.
Die Phantasie füllt sich mit allem an, was ich lese.
Deshalb kann ich nicht schlafen.
Nachts bin ich der Sklave all der Bilder und Geschichten, der Anekdoten und Schnurrpfeifereien, der Wünsche, Illusionen und Hoffnungen, die sich im Gelesenen versammeln.
Untertags bin ich Briefträger.
Aber ich bin kein Allerweltskurier, der bloß stumpf vor sich hin stiefelt und seinen Bezirk mit Post versorgt, ab und zu vor einem Hund Reißaus nimmt und sonst den lieben Gott einen guten Mann sein läßt. Ich nehme meine Sache ernst.
Ich weiß, was ich austrage.
Denn ich bin ein leidenschaftlicher Leser.
Das bin ich meinem Beruf schuldig.
In jedem gewöhnlichen Postboten lebt ein Rest des göttlichen Boten, der den Sterblichen die Botschaften der Unsterblichen übermittelte. Und immer kannte er den Inhalt, denn er war nicht nur der Überbringer, sondern er war auch der Übersetzer der Botschaft, zumal die Sterblichen die Sprache der Götter naturgemäß nicht verstanden. Der Bote hat die Botschaft in ihre Sprache übersetzt und sie erst auf diese Weise dem Empfänger verständlich gemacht.

Daraus folgt: der Bote muß den Inhalt der Botschaft kennen, weil er sonst nicht sinnvoll seines Amtes walten kann.
Dabei war ich von Anfang an aufgrund einer besonderen Begabung für eine ganz andere Laufbahn bestimmt.
Die Natur hatte mich mit einer ihrer seltenen Launen ausgezeichnet. Großes hatte sie vor mit mir, doch ich muß jede Nacht meinen Kreuzweg gehen. Station für Station.

DAS DRITTE KAPITEL *erzählt von*

Abrahams Wurschtkessel, von Heimkehrernöten,

der grausamen Tat einer Hebamme

und vom Wiederholen

eines ganz bestimmten Wortes

Februar

Mir dreht sich der Kopf. Plagt mich mein schlechtes Gewissen?
Das Briefgeheimnis?
Oder sollte ich mich einfach nur überfressen haben – überfressen an all der Post? Ist es mein übervoller Magen, der mich nicht schlafen läßt?
Kopf oder Bauch, das ist hier die Frage.
Heutzutage zählt der Bauch mehr als der Kopf. Alle Kunst wird über den Schellenkönig gelobt, die aus dem Bauch kommt. Maler malen mit dem Bauch, Dicher dichten mit dem Bauch. Und am schönsten ist es, wenn die Phantasie in die Hose rutscht. Aber wer kommt schon als Bauchredner auf die Welt? Schon wenige Stunden nach meiner Zeugung begann ich in meiner Mutter, meine Künste als Bauchredner auszubilden. Langsam, aber systematisch. In knapp neun Monaten brachte ich es zu einer wahren Meisterschaft. Konnten sich die meisten meiner Generation erst Jahre später ihr aufstellbares Pfauenrad anfertigen lassen und den Bauchladen ihrer Bedeutsamkeit vor sich her tragen, so kam ich bereits als ausgelernter Bauchredner zur Welt. Einzelkind oder nicht: ein Bauchredner ist zunächst einmal nichts anderes als ein Alleinunterhalter. Dazumal, als mir solches klar wurde, paddelte ich noch selig im Fruchtwasser, dazumal ruderte ich noch in Abrahams Wurschtkessel wie der Frosch im Butterfaß.
Bauchredner sind Verdauungskünstler. Sie käuen wieder und spucken aus, was in ihnen gärt, würgt oder sonstwie schwer verdaulich ist. Bauchredner leben vom gründlich Ge- oder Versalzenen. Sie leben von dem, was wie Blei im Magen liegt oder über die Leber gelaufen ist. Bauchredner sind unersättlich. Alles fressen sie in sich hinein. Ein Bauchredner sagt, was ihm aufstößt, denn wes der Bauch voll ist, dem läuft der Mund über. Bauchredner tragen ihr Herz auf der Zunge und lassen es auf ihr zergehen. Das Fleisch ist Wort geworden und hat unter uns gewohnt.
Dich singe ich: Gräte im Hals.

Vermutlich wäre alles ganz anders gekommen, wenn mich meine Mutter einen Tag früher aus ihrem Bauch gepreßt hätte. Dann hätte ich mit der unsterblichen Garbo, wenn schon nicht das Jahr, so doch wenigstens den Tag der Geburt teilen und auf diese Weise am Göttlichen Anteil nehmen können. Aber es kam anders, denn ich wollte seinerzeit noch bleiben. Irgendwie fühlte ich mich noch nicht reif genug für all das, was da auf mich zukommen sollte.

Schuld daran war ein Holundermus, das meine Mutter verzehrt hatte. Ich wollte es unbedingt noch in meiner warmen und geschützten Höhle genießen, ehe ich mit Geschrei und Hurra und, nach Aussagen meines Erzeugers, mit dem Aussehen einer zornig verschrumpelten Kartoffel Hebamme und Geburtshelfer derart in Angst und Schrecken versetzte, daß der junge, nach den späteren bis zum Überdruß wiederholten Schilderungen der glücklichen Mutter, überaus hübsche Arzt (mit den Händen eines Engels und dem Können eines Sauerbruch) zu etlichen Evipanspritzen griff, um damit den durch mich und meine Bauchrednerkunst in Aufruhr geratenen Unterleib der Gebärenden zu beruhigen. Immerhin zählte die Frau vierundvierzig Jahre. Sie war mithin in einem Alter, in dem nach heutigem Stand der Medizin von einer Schwangerschaft eher abgeraten wird, weil Schädigungen bei Mutter und Kind befürchtet werden. Zu meiner Zeit war man nicht so zimperlich. Man setzte auf die dem Kreißen förderliche Kraft von Holundermus, hielt es für entkrampfend und milchsteigernd. Da ich in der sogenannten schlechten Zeit geboren wurde, war dies ein durchaus ernstzunehmender Gesichtspunkt. Aber so schlecht war die Zeit auch wieder nicht, wie sie in späteren Erzählungen verklärt wurde. Überflüssig zu sagen, daß ich ein Wunschkind war und an einem Sonntag geboren wurde. Viele Jahre später sollte ich mir in einem Anflug von Rechtfertigung und unter Alkoholeinfluß gestehen, man habe mich auch an einem Sonntag gezeugt. Das muß kurz nach meines Vaters Heimkehr aus englischer Kriegsgefangenschaft gewesen sein, die er zuerst in der Nähe von Algier, dann aber am Bittersee über sich ergehen ließ. Gefangengenommen wurde er in Italien. Im Bauch meiner Mutter habe ich längere Reden über die entwöhnten Heimkehrer gehalten und dabei ihre grandiosen Hoffnungen auf die Kraft ihrer Lenden nicht unerwähnt gelassen. Vor der Niederkunft war ich auf Holundermus versessen, jetzt kann ich es nicht mehr ausstehen. Wenn ich nur in die Nähe von Holundermusduft komme, wird mir speiübel, und der gesamte unverdaute, mühselig verdrängte und untengehaltene Saft meiner pränatalen Phase der neun Monate vorweggelebten und in langen Monologen im Bauch meiner Mutter wiedergekäuten Anleitung zum Unglücklichsein kommt auf der Stelle wieder in mir hoch.

Indes meine Winzigkeit längst an den Bauch der Mutter hinredete, rätselten meine Altvordern neun Monate lang, ob es ein Knäblein oder ein Mägdlein werde, was sie da in der Hoffnung auf Währungsreform, Wiederaufbau und Wirtschaftswunder fabriziert hatten. Darüber hielt ich längst ausgiebige Reden und sagte unter Berufung auf anerkannte Autoritäten: Wann ein Frauw ein grossen Bauch gewinnnet/ auff der rechten seyten. Vnd die rechte Brust mehr Milch hat/ denn die lincke/ stets Rotfarb vnderm Angesicht/ ist ein gewiß Zeichen eines Knäblins. So sie aber ein Meidlin treget/ ist sie gewöhnlich bleichfarb vnderm Angesicht/ vnd schwermütig. Die lincke Brust geschwillet ihr. So man Milch auff ihren Harn schüttet/ so schwimmet sie empor. Die Altvordern hätten nur die Probe aufs Exempel machen müssen. Selbstverständlich wollten meine Erzeuger wissen, ob ich gesund sei in Abrahams Wurschtkessel oder krank. Außerdem wollten sie zu gern wissen, wie es mit dem Heranwachsen sei. Auch hierzu hätte ich ihnen Rede und Antwort gestanden, doch niemand hat mich gefragt. Deshalb war ich auf Monologisches zurückgeworfen. Mir selbst erzählte ich mein Wachstum und hörte auf das Echo der Bauchwände: Im ersten Monat ist es ein gesamlet Blut./ Im andern Monat ists eine zuschickung eines Leibs./ Im dritten ist es ein Leib/ Im viertdten/ empfehets die Negel/ Im fünfften hats des Vatters oder Mutter zeichen/ daß man sehen kan/ ob es ein Knäblin oder Meidlin ist/ Im sechsten hat es alle Adern vber seinen Leib wie ein Mensch/ Im siebenden Monat hats Marck in den Beynen/ Im achten Monat im Beynen befestiget vnd gesterckt/ Im neunten scheid sich die Natur/ vnd wirdt ein wolgethan Kindt. Wovon ich mich ernährte vor der Holundermuszeit? Durch ein Äderlin/ daß von den Brüsten dem Kind biß an den Nabel gehet/ dardurch die Milch dem Kind zur narung komen mag. Ich strotzte nicht gerade vor Gesundheit, denn die Brüste meiner Mutter waren hart und gaben kaum Milch. Bestenfalls Magermilch, ganz wie es den Zeitumständen entsprach.

In dieser Zeit habe ich außer meiner Redekunst auch eine besondere Art des Sehens ausgebildet, die mir bis auf den heutigen Tag eigen ist: die Dinge des Lebens mit einem lachenden und mit einem weinenden Auge zu betrachten. Ich habe also von Anfang an geschielt, als mich an einem Sonntag im September meine Mutter aus sich preßte und mich die engelgleichen Hände des schönen jungen Arztes (mit dem Können eines Sauerbruch) erwarteten, abnabelten und mich an die nicht weniger sanften Hände der Hebamme Gustava Pfefferer weiterreichten wie einen Wanderpokal. Sie umklammerte meine Beinchen oberhalb der fettgepolsterten Knöchelchen, hielt sie zusammen wie ein Paar Würste, streckte ihren kräftigen Arm aus, hängte mich kopfunter und gab mir einen derben Hieb auf mein krebsrotes Hinterteil. Da ich mir schon immer alles gemerkt habe und niemals zugefügten Schmerz oder Unrecht vergesse, die mir angetan wurden, konnte ich besagter Gustava Pfefferer diesen herzlosen Schlag heimzahlen: und zwar just in dem Augenblick, da sie, eine leidenschaftliche Vespa-Fahrerin, den Autoführerschein bestehen wollte. Aber das ist eine andere Geschichte, und ich will dem Lauf der Ereignisse nicht vorgreifen.

Kehren wir also lieber zurück zu jenem denkwürdigen neunzehnten September. Sie Sonne stand im Zeichen der Jungfrau.

Saturn bescherte mir den steinigen Weg, Mars gedachte mich der in wenigen Jahren neu zu gründenden Soldateska auszuliefern, Jupiter ließ mich an eine glänzende Karriere, Venus an den Rausch der Liebe glauben, Merkur dagegen bescherte mir Botengänge kreuzquer, um mich Veränderlichkeit und Unbeständigkeit als Wesen dieses Jammertales zu lehren. Im Haus des Aszendenten stieg der Skorpion auf und nordete mich ein zwischen Illusion und Enttäuschung. Man schrieb das Jahr achtundvierzig, in dem der Friedensnobelpreis nicht verliehen wurde. Dafür wurden das sexuelle Verhalten des Mannes unter die Lupe genommen, mit Rosinenbombern eine Luftbrücke nach Berlin geschlagen, das Ruhrstatut und nebenher die Menschenrechte verkündet, denn Papier ist geduldig, Grönland wurde die Selbstverwaltung zugesichert, Gandhi umgebracht, die Weltrekorde in Diskuswurf, Kugelstoßen und Freistilschwimmen eingestellt. Etwa zwanzig Millionen Menschen starben an der Franzosenkrankheit, wie man dies nannte. Die englische Prinzessin kam dank Trichloräthylen in den Genuß einer schmerzfreien Entbindung, indes meine Mutter auf Holundermus vertrauen mußte. Dieses Mus stieß die Tür auf vor mir und schlug sie hinter mir zu für immer, und die Umstehenden taten so, als hätte ich es nach angeblich neunmonatig ungelebtem Leben einfach nicht mehr ausgehalten in diesem von meinen Reden erfüllten Bauch. Das erste, was ich nach Gustava Pfefferers Hieb mit Bewußtsein wahrnahm, waren die krummen Beine meiner Mutter: als hätte sie die Schwangerschaft auf einem Fäßchen reitend zugebracht. Kurz darauf hörte ich das Zauberwort dieser Tage. Es lautete schlicht und ergreifend Währungsreform. Mehr als zwanzig Jahre sollte es dauern, bis es mir wissenschaftlich beglaubigt und vorbuchstabiert wurde: »In der Währungsreform von 1948 wurden die Ersparnisse der kleinen Leute in grandioser Weise enteignet, während die deutschen Konzernherren in grandioser Weise exkulpiert wurden, indem ihr gesamtes Sach- und Aktienkapital, sprich ihre Milliardenprofite aus dem Rüstungsgeschäft im Verhältnis 1:1

›umgestellt‹ wurden. Statt der Fabriken, Gruben, Patente, Aktien und Banken derer, die in zwölf Jahren Naziherrschaft ihren Reibach gemacht hatten, wurde ihre materielle Kriegsschuld kollektiviert. Statt der Produktionsmittel derer, die Hitlers Angriffskrieg überhaupt erst ermöglicht hatten, wurde ihr schlechtes Gewissen sozialisiert.« So einfach war das, meinte jedenfalls dieser Geschichtsschreiber, und die meisten konnten es sich doch nicht merken. Als einem Nachbarskind von meiner Ankunft berichtet wurde, war die erste Frage an meine Eltern, ob sie dafür denn auch genug Marken hätten. Nach dem Persilschein waren Lebensmittelmarken das gefragteste Papier. Meine Altvordern hielten sich zeitweilig an markenfreien Brotaufstrich. Ab und zu bekamen die Thulserner Bauern Besuch von der Lebensmittelpolizei, die in der Kreisstadt mit polarisiertem Licht den Zuckergehalt der Milch bestimmte. Ab und zu verschwand eine Sau und wurde schwarz geschlachtet. Dazu hörte man im Radio eine Diskussion über das uneheliche Kind, denn der eine hatte eine Bank, die andere aber einen Bankert. Meine Windeln wurden in blauen Schachteln aufbewahrt. *Camelia* war nach wie vor von gleichbleibender Güte. Die Post war dazumal ein reines Behindertenunternehmen. Daran konnte auch das Speisekammergesetz nichts ändern. Gottlob gab es Holundermus. Damit wurde ich gefüttert: ein Löffel für Papi, ein Löffel für Mami. Holundermus, immer wieder Holundermus. Überall sollte es mir wieder herauskommen. Weiß waren die Windeln, blau der Holundermusschiß. Die bayerisch-thulsernischen Farben waren von Anbeginn an meine Signatur. Im Garten wehten weißblaue Fähnchen im Herbstwind. Es sollte nicht lange dauern, bis mir eine Lederhose angemessen wurde, und meine Erzeuger beobachteten neugierig, ob es mir gelingen würde, die Knie durchzuscheuern. Es ist mir geglückt, mich gegen den Widerstand des Materials durchzusetzen und auf Dauer aufzuarbeiten, was für die Ewigkeit geschneidert schien. Nur mit den Lederherzchen an den Ellbogen meiner Joppen war mir weniger Erfolg beschieden.

Wenn ich an meine früheste Kindheit denke, sehe ich ein blondes Lockenköpfchen, ich sehe ein pummeliges Bürschchen auf einem Schaukelpferd hoppereiten und einen Schubkarren schieben, und ich bin hundertprozentig sicher, ein fröhliches und glückliches Kind gewesen zu sein, das von aller Welt geliebt wurde und in eine gesicherte Zukunft hineinwuchs: denn in meinem Geburtsjahr wurde unsere Republik gegründet. Zweifellos hatte ich daran meinen Anteil. Schon im Bauch meiner Mutter habe ich jene Regeln vor mich hin geredet, die später unter dem Namen Grundgesetz zu einigem Ansehen kamen, bald jedoch auch von subversiven Elementen ins Zwielicht gesetzt werden sollten. Bei Lichte betrachtet darf ich mich also mit Fug und Recht und ohne falsche Bescheidenheit zu den Vätern dieses Staates rechnen. Vorerst zog ich es jedoch vor, mich nicht mit lästiger Tagespolitik aufzuhalten, sondern mich dem Wesentlichen zuzuwenden. Vorerst hatte ich handfestere Interessen: zu verdauen, die Lunge zu trainieren (für einen Bauchredner unverzichtbar) und groß und stark zu werden. Mit Holundermus. Es wurde erst abgesetzt, als meine Erzeuger kein Auge mehr zutun und keine Nacht mehr durchschlafen konnten, denn das Holundermus hielt das Sonntagskind wach und die Alten auf Trab. Meine Schlaflosigkeit verdanke ich nur dem Holundermus.
Zuerst lerne ich krabbeln. Um die Altvordern nicht zu schokkieren, halte ich mich mit meiner Sprechkunst zurück und tue so, als ob ich das Sprechen erst allmählich erlernte. Die Kindertümelei mit all den lächerlichen Verkleinerungsformen geht mir dabei ziemlich auf die Nerven.
Schon wage ich mich vor die Tür.
Die Bäuerin aus der Nachbarschaft, die auf den frommen Namen Afra hört, sagt zu mir:
Bankert.
Die Knechte sagen:
Rotzbub oder Rotzlöffel.
Der Bauer sagt:
Magermilchkrüppel.

Die anderen Leute im Dorf sagen zu mir:
Bettseicher, Kleinhäusler, Stübler, Scheißer, Stinker, Hundsbub, Dreckaff, Sauhund, Nichtsnutz, Arschloch, Trottel, Depp, Idiot, blöde Sau.
Sobald ich solche Worte höre, beginnt mein Gesicht zu glühen. Auch die Ohren werden rot und scheinen zu brennen. Die Knie zittern, die Lippen flattern, ich bringe dann keine Silbe mehr heraus.
Ich will nie mehr rot werden.
Ich will nie mehr glühende Ohren.
Ich will keine schlotternden Knie und keine flatternden Lippen.
Ich will einen Ton herausbringen, aber ich spreche nur inwendig.
Ich will mich wehren.
Ich werde es denen schon noch zeigen.
Ich gehe auf das Plumpsklo am Ende des schwarzen Ganges und stelle mich vor einen Spiegelscherben, ich lasse die Hose herunter und rolle meine an Strapsen hängenden Strümpfe bis zum Knöchel. Dann sage ich:
Bankert.
Magermilchkrüppel.
Ich wiederhole es immer wieder.
Bankert, Magermilchkrüppel, Bettseicher.
So lange wiederhole ich diese Wörter vor dem Spiegel, bis meine Ohren nicht mehr glühen und meine Knie nicht mehr schlottern.
So lange.
Jeden Nachmittag setze ich mich auf das fliegendurchsummte Scheißhaus und übe und übe.
Und während ich das Wort Magermilchkrüppel ausspreche, wird mir klar, wo es herkommt. Da ist nämlich noch eine Kleinigkeit. Da ist nämlich noch etwas, was mich nicht nur zum Bauchredner werden ließ vom Anbeginn meiner Tage an, sondern was mein weiteres Leben bestimmen sollte.
Bisher habe ich nicht erwähnt, daß ich hinke. Hinterherhinke.

Schon im ersten Augenblick meines Bewußtwerdens stellte ich fest: irgend etwas ist zu kurz an dir, irgend etwas reicht nicht. Dafür habe ich einen Ausgleich gesucht und ihn im Bauchreden gefunden. Das wird mir klar, während ich das Wort Magermilchkrüppel ausspreche auf dem fliegendurchsummten Scheißhaus.
Ich bin ein Klumpfuß, Schleppfuß, Bocksbeiniger. Ein Königreich für den, dem dazu noch etwas Neues einfällt, was die mir zugedachten Schmähungen übertrifft, die alle in einem Wort wie Magermilchkrüppel versammelt sind.
Ich übe und übe.
Dann traue ich mich auf die Straße, auf den Dorfplatz, wo der gußeiserne Brunnen steht. Dort stelle ich mich auf und warte auf den Bauern.
Da sage ich zu ihm: Magermilchkrüppel, Bettseicher, Rotzlöffel. Er hört es, weiß aber nicht, wer spricht, denn ich bewege meine Lippen nicht. Die Stimme kommt aus meinem Bauch und klingt ganz anders als meine eigene Stimme.
Zuerst schießen mir dabei noch Tränen in die Augen, aber bald lerne ich, diese zu unterdrücken. Ich schlucke sie einfach hinunter, und sie mischen sich im Bauch mit den Wörtern.
Viele Jahre später, so stelle ich mir vor, werde ich einmal Menschen begegnen, die solche Wörter gar nicht kennen. Was ist denn das für eine Sprache, werden sie fragen, stelle ich mir vor, und sie werden den Kopf schütteln, weil sie nichts verstehen.
Wenn ich ihnen davon erzählen werde, dann werden sie bestimmt lachen und es gar nicht glauben wollen, daß es Wörter gibt, die ich so oft wiederholt habe, bis es sie nicht mehr gegeben hat.

DAS VIERTE KAPITEL *erzählt,*

wie unser Roman begraben wurde

und was es nebenbei mit

dem Narrengericht auf sich hat

Im Zeichen

Fische

Kaum beginne ich meinen Zustellgang, schon befinde ich mich in einem Leichenbegängnis. Ich schließe mich an für eine Weile, schaue zu, und mir geraten die Zeiten durcheinander.

Heute ist schon Gestern, und ich bin wieder einmal gründlich zu spät gekommen. Schlaflos auf der Grenze zwischen Gestern und Morgen war Rosenmontag, und wir haben unseren Roman begraben. Mitten im Leben sind wir vom Tod umfangen, ihm springt keiner von der Schaufel, und eines Tages müssen wir alle. Unserem Roman sei es ein leichter Schritt in die Ewigkeit gewesen, heißt es allgemein, ein schöner Tod: von Jetzt auf Gleich. Es war eine schöne Leich', wenngleich es ein Tag war mit Löchern im Schnee vor lauter Wind. An so einem Tag zählst du alles zusammen, dann haßt du diese gottverlassene Welt, und es spielt überhaupt keine Rolle, daß Rosenmontag ist. Am Aschermittwoch ist alles vorbei, singt es rundum, die Schwüre von Treue, singt es, sie brechen entzwei. Solchen Tagen ist nicht viel mehr abzugewinnen als die platte Einsicht, daß jeder von uns die Welt einmal anders wollte. Ganz anders. Wenn es den Schnee von den Dächern weht und der Tag im milchigen Licht dahintreibt. In deinem Wirrwarr stumpfst du vor dich hin und begreifst, daß die Wirklichkeit nur das ist, was in den Köpfen der Menschen haust. Weh und Ach und faule Kompromisse zuhauf in aller Hinfälligkeit. Unser Roman wurde abberufen – dahin, wo die Armen Seelen unerlöst umhertreiben, verkeilt ineinander als Illusion und Enttäuschung. Wir haben ihm ein Seelenamt gelesen und gleich etliche Fürbittmessen bestellt, wir haben ihn hinausgeleitet in seinen sechs Brettern. Wie eine Standuhr lagen sie auf unseren Schultern. Felsgesichtig haben wir das Grab umstanden, haben eine Rede gehalten, wie es sich gehört. Ein fernes Geläut lag in der Luft, über den Schnee schien es zu fliegen. In unsere Mäntel genäht standen wir da, wohl wissend in jenen Augenblicken, da die gefrorenen Erdbrocken auf den Sarg prasselten wie Regen an einem heißen Tag auf das Blechdach der Wagenremise, daß es unser eigener

Tod ist, den wir im Tod des anderen fürchten. Du öffnest die Augen und siehst: die Welt ist voll von Gestorbenen und Totgeborenen. Unter den Gewölben der Aussegnungshalle tobte die Stimme des Windes, vermischt mit dem lateinischen Gesang des Geistlichen, dem unser Roman, wäre er noch am Leben, zugerufen hätte: Hör auf der Stelle auf mit deinem Zinnober, deine Gebete sind Schall und Rauch, sie erreichen den Himmel nicht. Jeder von uns trug eine Kerze in der Hand. Ihr lang ausgezogener Schatten verfloß zur Decke hin, wo ihn die Balken in Stückchen zerteilt zurückgaben. Zuletzt sannen alle der Inschrift nach, die unserem Roman auf den Stein gesetzt wurde: *Hat mehr gelitten, als wir wußten.* Das gab Gesprächsstoff.

Und wer oder was war unser Roman?

Er war Thulserns Sonderling.

Alle haben ihn gekannt, und keiner hat ihn geliebt.

Vermutlich hat Thulsern in seiner tausendjährigen Geschichte nichts Bedeutenderes hervorgebracht als unseren Roman. Ohne Vergleich steht er da, kennt unser Herkommen, weiß von unserem Davonkommen.

Er war Chronist und Legender, Lügenbold, Büttel und Faktotum in einem, er war das Gefäß, in dem alles Wissen zusammenfloß, mehr noch, er war die Bibliothek von Thulsern, die sozusagen aus einem einzigen Buch bestand.

Aus unserem Roman.

Jeder von uns Thulsernern weiß eine andere Geschichte über unseren Roman. Und jeder von uns weiß, daß unser Roman immer die Wahrheit gesagt hat: als wäre er der Dorftrottel.

Jetzt ist er der Boden, der unter dem Schnee nachdenkt.

Und ein Gedächtnis soll er gehabt haben wie ein Elefant.

Gelebt hat er sein Lebtag mit dem Finger am Abzug.

Wenn unser Roman erzählte, klang es, als schritte einer sein Jahrhundert entlang wie einen Kiesweg.

Jeder Satz, den er sagte, klang wie vorgelesen.

Dann teilte sich der Vorhang der Welt.

Manchmal redete er, als liefen ihm die Sätze davon.

An dem, meine Freunde, haben viele Winde gerissen.
Auch er kannte Zeiten, da er nur still in sich hineinschrie.
Seine wetterleuchtenden Launen.
Der Wein löste ihm die Zunge. Zuletzt lag sie ihm wie ein toter Vogel im Mund.
Er führte die Fremden durch Thulsern, erzählte dessen Geschichte, wies auf Sehenswürdigkeiten.
Für jeden erfand er Thulsern immer wieder neu und zeigte, wie weit es wegliegt von der eigenen Haustür.
Eingenordet hat unser Roman Großthulsern im Fadenkreuz seiner Geschichten zwischen Seldwyla und Kuhschnappel, zwischen Abdera, Yoknapatawpha und dem Maghreb, und damit hat er allen eine Nase gedreht, die nach der Postleitzahl gefragt haben. So arbeitete er sich vor von Satz zu Satz, von Geschichte zu Geschichte, um über dem Erzählen ins Erzählen zu kommen und dabei das zu erfinden, wovon erzählt wird, damit es nie mehr verschwindet.
Don Giroldo aus Spießbünzen sagt: »Der gute Geschichtenmacher ist immer selber darauf gespannt, wie sich der Faden spinnt und zwirnt und was für ein Garn ihm seine Hände drehen.«
Das sagt Don Giroldo, und der ist weiß Gott herumgekommen.
Mit verschlagener Gutmütigkeit und schrullenhafter Lebensklugheit führte unser Roman seine Kundschaft, die unter dem Aufblitzen seines unersättlichen Geistes das Maul aufriß oder kreideweiß Reißaus nahm, wenn ihr unser Roman wieder einmal einen seiner Bären aufband. Wie viele Leben liegen hinter ihm?
Gegen sein Ende hin habe unser Roman nur noch auf eines eine saftige Lust gehabt: sich vom Leben hinauswerfen zu lassen.
So vieles hat er mit sich genommen.
Vielleicht sogar den Mond und die Sterne.
Beim Sterben ist auch er allein gewesen, obgleich ganz Thulsern in ihm und um ihn herumhockte.

Wir sind Zeugen gewesen. Aber was haben wir wirklich gesehen?
Wir starrten ins Finstere und hörten, daß wir nicht hören konnten. Die Welt kam uns wie verzaubert vor, und wir saßen da wie im Märchen. Als Postbote weiß ich, daß wir schon monatelang auf den Tod von unserem Roman gewartet haben. Mancher hat es gar nicht mehr erwarten können. Ich weiß das, ich war dabei, als die Thulserner darüber sprachen. Als unser Roman noch lebte, nahm der eine schon das Maß, indes der andere überlegte, welches Hemd ihm gut stünde und welcher Anzug, ein dritter dachte daran, den Pfarrer zu verständigen, ein vierter berechnete die Kosten des Sarges, ein fünfter die des Grabsteins.
Und alle zusammen dachten wir an den Leichenschmaus.
Wir stellten uns vor, unser Roman habe in seinem Kopf noch eine Kammer, die jetzt besonders hell erleuchtet sei: eine Kammer, wie eine versteckte Schublade in einem Schreibtisch.
Wir hielten die Uhr an im Zimmer, gingen zum Schrank, suchten Wäsche, Anzug und Krawatte.
Ich aber vermute, sie werden die Schnapsflaschen herausgeholt haben. Hätten sich die Augen nicht schließen lassen, hätten die Thulserner einige Münzen in Schnaps getaucht und sie auf die Lider gelegt.
Damit der Mund sich nicht mehr öffnete, werden sie ihm ein Gebetbuch untergeschoben haben. Sie werden unseren Roman, dem Rat einiger alter Weiber folgend, auf ein schräges Brett gelegt haben.
Von dort aus konnte er ins Himmelreich schauen.
Wir haben Wachsstöckchen und Kerzen entzündet, damit die Seele des Toten nicht im Dunkeln umherirren mußte.
Die alten Weiber werden die Hände mit einem Rosenkranz gefesselt und ein Kreuz hineingesteckt haben mit Gewalt, weil es zuerst nicht halten wollte.
Wir sorgten dafür, daß die Füße von unserem Roman gegen die Tür gerichtet waren, auf daß er nicht zur Wiederkehr

gezwungen würde. (Den meisten wird es immer ungewisser gewesen sein, ob unser Roman denn auch wirklich gestorben war.

Weil Stille im Haus eines Toten angeblich Sünde sei, werden die Thulserner mit Lachen und Lärmen bis zum Morgengrauen geblieben sein. Dazu etliche Kästen Bier, genügend Schnaps und Wein, Spiegeleier und Speck, Geselchtes und Gesottenes.

Die Thulserner sagen: »Wenn es auch ein aus den Fugen geratener Tag der Klage und der Trauer ist: eine Totenwache ohne Schnaps ist eine Rücksichtslosigkeit gegen den Verstorbenen.«

Die restliche Zeit bis zum Morgengrauen vergeht mit Kartenspielen. Zoten und Geschichten machen die Runde, in denen es vor Höllenhunden, Totenvögeln und schreienden Schädeln nur so irrlichtert.

Die Leichenansagerin wird ausgekartet. Sie darf die Sterbebildchen verteilen und ansagen, wann Rosenkranz, Seelenamt und Beisetzung stattfinden. Wen sie besucht, der ist zum Leichenschmaus geladen.

Nachdem die Thulserner ihre Wahl getroffen haben, wird gebechert, bis es tagt.)

Wir wollten zuschauen, wie unserem Roman die Seele aus dem Leib fuhr und sich in die Ewigkeit hineinlächelte.

Und ihr fragt euch, meine Freunde, ob ihr Thulsern einmal besuchen sollt. Schaut es euch an, unser Protzental.

Kommt und seid Gäste bei der Tausendjahrfeier.

Das Thulserner Millennium.

Die Gemeinde und ihre Anführer erhoffen sich von den Feierlichkeiten die Wiederholung der ruhmreichen Thulserner Vergangenheit, zugleich aber auch einen Nachruf auf die Gegenwart, denn es soll eine gloriose Zukunft eingeläutet werden.

Münden soll das Millennium in einem großen Knall: in ein Feuerwerksspektakel gewaltigen Ausmaßes, unter Beteiligung von dreihundert Blaskapellen, die den Bayerischen Defilier-

marsch intonieren, wenn der Landesvater das Zeichen gibt zum Feuern.
Das Feuerwerk wird ein weiteres Kapitel sein in der Geschichte der Thulserner Finsternis.
Hier in Thulsern liegt er verborgen: der Stein der Narren.
Der Kasperl Larifari läßt über Thulsern einen bayerischen Maßkrug vom Himmel fallen, in dem die Sünden der Vergangenheit ersaufen und aus dem der neue Saft für die saftige Zukunft gebechert wird.
Thulsern ist ein Saumagen, der alles schluckt, schlingt und verdaut.
Hier rufen die Gläubigen in der Kirche Gott dazu auf, sich endlich zu ihnen zu bekennen. Und die Almen? Das Rindvieh geht hinunter, die Städter rennen hinauf. Wo man hintritt, knirscht ein Trottel.
Alles ist mausetot. Erstickt im eigenhändig gesottenen Saft.
Nicht einmal mehr ein Hund ist da, der die ungeheuere Leere anbellen könnte. Wenn ich nur daran denke, möchte ich am liebsten die weißblauen Farben vom Himmel reißen und an einem Seil zum lieben Gott hinaufklettern, um endlich mit ihm abzurechnen.
Sei's drum.
Wir haben unseren Roman begraben.
Wir nahmen Abschied.
Jeder für sich und auf seine Art.
Dann strebten wir, wie uns geheißen nach der Zauberformel *Erde zu Erde, Asche zu Asche, Staub zu Staub,* dem Wirtshaus entgegen.
Wie das so unsere Art ist.
Mahl im *Thulserna,* hatte es geheißen.
Es galt, wie es der Brauch ist, den Leichenschmaus einzunehmen, der seither tobt unter meiner Kammer, in der ich auf der Grenze zwischen Gestern und Morgen liege und nicht schlafen kann und auch nicht vergessen.
Wie erzähle ich einen Leichenschmaus? Beginne ich mit den Gästen, beschreibe ich, wie sie die Wirtsstube betreten, die

Mäntel aufhängen und die klammen Hände reiben, wie sie schwatzen und sich einen Platz suchen, wie sie Stühle rücken, sich umsetzen, den einen zum anderen weisen, wie der eine näher an der Tür, der andere wiederum dichter am Ofen sitzen will? Oder komme ich gleich zur Speisekarte und mache sie verantwortlich für den Aufbau der Erzählung: zuerst einen Schnaps zum Aufwärmen, danach die Vorspeise, womöglich Fisch, gefolgt von Suppe und mehrgängigem Hauptgericht bis hin zur süßen Nachspeise, zum Kaffee? Oder soll zuerst die Örtlichkeit und dann erst das Bedienungspersonal beschrieben werden?
Keiner sagt es, jeder weiß es: das Schönste an der Leich ist der Leichenschmaus. Mit jedem Löffel, mit jeder Gabelladung mehr triumphieren die Lebenden über die Toten, essen sich Mut an und Kraft, bestätigen sich gegenseitig, daß sie dem allgegenwärtigen Tod von der Schaufel gesprungen sind, daß sie zwar einen der ihren eingegraben haben, selbst aber noch lange nicht an der Reihe sind, denn der Tod gilt uns allen stets als eine Sache, die nicht uns, sondern immer nur den anderen angeht. Mit solchen unausgesprochenen Gedanken hängen wir die Mäntel an die Garderobehaken, reiben uns die klammen Hände und suchen unseren Platz. Noch haben wir Trauergesichter, die aber rasch in der warmen Stube auftauen. Hier und dort wagt sich sogar schon still ein Lächeln über einen Mund. Solange freilich die Geistlichkeit anwesend ist und mit ihr die trauernden nächsten Angehörigen, benehmen wir uns geziemend verhalten, vermeiden das Laute, tuscheln nur, obwohl wir uns auf die warme Suppe freuen. Ja, wir freuen uns richtig, obgleich wir doch trauern: um unseren Roman. Damit wir es auch glauben können, müssen wir es ständig wiederholen. Wer da kämpft in uns, das ist das Tier, nicht der Mensch, und Essen und Trinken hält Leib und Seele zusammen. Damit zeigen wir hartnäckig, daß wir überleben wollen und uns keinen Deut um die Vorsehung kümmern. Seit unserer Geburt haben wir uns mit Essen und Trinken gegen das Sterben gewehrt. Immer zieht es uns an den Trog,

noch nachts träumen wir von Leckerbissen und Sternenpudding. Hunger und Durst sind uns Beweise für unsere Unsterblichkeit.
Ohne groß darüber nachdenken zu müssen, begreifen wir auch das Wunder unserer Sprache, in der Lebensgefahr und Todesgefahr ein und dasselbe sind. Noch haben wir die Formel im Ohr, die wir gesprochen haben, als wir drei Schäufelchen Erde auf den Sarg warfen und dabei sagten: Auf Wiedersehen in der Ewigkeit. Noch erinnern wir uns an die Vorstellung, so ein Sarg könnte ein Schiff sein, das versenkt werden soll, aber nicht sinken will. Vielleicht wollte der eine oder andere von uns sogar ein Klumpen Erde sein, der auf den Sarg prasselt und ihn regengesättigt drückt. Wir beneideten heimlich die Inbrunst betender Frauen und hörten Seufzern hinterher, die sich von den Mündern gelöst hatten. Der Leichenwagen kam uns vor wie ein Möbelkarren, auf dem eine Standuhr lag. Wir standen in den reservierten Bankreihen in der Leichenhalle. Wir spielten die Trauergäste, als wären wir handverlesene Geladene zu einem Fest. Wir traten auf wie Schauspieler bei der Generalprobe. Aber es war keine Probe, es galt schon. Auch bei der Kondolenzzeremonie mit der aufgesetzten Steifheit. Der Tod, so hörten wir, sei nur eine Übersiedlung an den Ort, wo alle Schatten unterwegs zu den Schatten von den langen Schatten sind. Und während einer dies sang, fragten wir nach dem Friedhof. Wo ist er, wollten wir wissen. Draußen oder drinnen oder in Thulsern. Oder ist Thulsern der Friedhof, wo die Toten keine Ruhe finden, weil sie als die Armen Seelen unerlöst umhertreiben im Wind des Unheils, verkeilt ineinander wie Illusion und Enttäuschung? Während wir das Weihwasser gaben und uns bekreuzigten, erkannten wir, daß es Stunden gibt, in denen selbst wir bereit sind, eine schwarze Kerze anzuzünden. Die Selbstverständlichkeit beim Zuschaufeln des Grabes. Der Totengräber, wie er dabei in ein Speckbrot beißen und wie ihm dabei ein Schinkenzipfel aus dem Mund hängen wird, wie er das Kofferradio neben die Kränze stellen und zünftige volkstümliche

Musik hören und dabei von einem bewohnbaren Sarg träumen wird, aus dem heraus er die Welt kommentieren könnte. Indes schweift unser Blick über die Inschriften der Nachbargräber, und wir glauben für den Bruchteil eines Augenblicks, das Leben setze sich aus zwei Namen und zwei Zahlen zusammen, die bloß durch einen Gedankenstrich voneinander getrennt sind. Wir schauen auf die steinernen Engel und sind ein wenig verlegen, weil soviel Sinnenlust und stolze Nacktheit auf dem Gottesacker zu sehen ist: ganz schamlos und unverhohlen. Von den steinernen Brüsten und Schenkeln schauen wir weg, schauen noch einmal hin, dann endgültig weg, wie ertappt. Jetzt halten wir uns an die Fotografien auf Porzellan, vertiefen uns in die abgearbeiteten und längst verfallenen, schon nach kürzester Zeit erloschenen Gesichter auf den Medaillons, und wir haben die Musikkapelle im Ohr und den Trauermarsch, den wir inwendig mitsummen wie die sechs Leichenträger. Die Welt sei ein Tanzboden, auf dem es die kuriosesten Sprünge gebe, haben wir gelernt. Und daß die Welt ein Wirtshaus sei, wo in der einen Ecke Ziehharmonika gespielt und in der anderen gestorben werde. Derlei fällt uns wieder ein, weil wir hinter dem Sarg hergingen, als beerdigte Gott die gestorbene Welt. Und dies unter einer so hellen Sonne, daß einem schwarz wird vor Augen. Langsam wie Glockenschläge sind unsere Schritte.

Schon machen wir es uns behaglich in unserer sanft aufgesetzten Trauer: schwarz der Anzug, schwarz der zweideutige Glanz in den Augen. Schon beginnen wir, uns zu erinnern. Wir kannten die Reden, wir ertrugen sie gleichgültig, während wir den Hut vor unser Geschlecht hielten und unsere Blicke kontrollierten.

Wir denken an die Kränze und Kranzschleifen, rechnen heimlich nach, wem der Tote wieviel wert war bei den heutigen Preisen.

So halten wir uns den Tod vom Leib.

Kaum sind wir vom Grab zurück und beim Wirtshaus angelangt, verschwindet die Sonne, und es ist wieder Winter und

Fasnacht. Tote machen hungrig, und Essen und Trinken hält Leib und Seele zusammen.
Der Herr Pfarrer führt das Glas zum Mund und stößt mit dem Herrn Fabrikanten an: »Schlage zum Himmel, Champagnergezisch. Kurz ist der Jugend moussierender Tag.«
Die Suppe kann kommen.
Und die Bedienung hat einen Gang, als ob ihr Drosseln aus dem Hintern flögen.
Wo der Teufel eingeschloffen ist, muß er auch wieder ausfahren. Was den Teufel angeht, kann ich nur raten: auf nach Thulsern.
Das ist eine Kirchweihwelt für sich und nicht mehr und nicht weniger als eine prächtige Kegelbahn für den Gottseibeiuns, seine Großmutter und was sonst noch dazugehört an Bocksbeinigem und Schwefeldämpfigem.
Großthulsern ist ein Tollhaus, das sich nicht einfach so mirnichtsdirnichts hinwegerzählen oder in Grund und Boden schreiben läßt. Nur hereinspaziert in die gute Stube.
Dagegen hilft nur ein übers andre Mal ganze Büschel geweihter wohlriechender Blumen in die Rahmen von Heiligenbildchen gesteckt, aber so durch und durch vertrocknet, daß, wer davon eine Nase voll riskiert, sogleich niesen muß.
Zum Wohlsein und Helfgott.
Während sich in der einen Stube die Trauergemeinde versammelt und den Leichenschmaus hält, probt im Nebenzimmer das Thulserner Narrengericht. Graben wir ihn ein oder graben wir ihn nicht ein, grölen die Narren mit von Inbrunst geblähter Brust und meinen damit den Fasnachtsdienstag, denn am Aschermittwoch ist alles vorbei. Es herrscht Maskenzwang. Die Posaunen blasen wie zum Jüngsten Tag. Die Nebenstube steckt voller Wesen, deren Gesichter tückisch lachen, wenn die vorgehaltene Larve Krokodilstränen vergießt. Tanzmusik und Totengesang – das schüttelt lustig seine Schellen eingedenk des Wappenspruches des Thulserner Narrengerichts: *Wo keine Götter sind, walten Gespenster.*
Womit beginnt der Thulserner Totentanz? Eröffnet wird er

vom Postboten, mit dem Zustellen schwarzumrandeter Kondolenzkarten.
Auftritt der Tod im Wirbel der Konfetti. Die Gassen hinauf und hinunter wanken Larven und Masken, kleine und große vermummte Gestalten mit bizarren Bewegungen, eine sich konisch windende, mit flatternden Fetzen behängte bunte Figurenschraube, ohne Anfang, ohne Ende. Geil lacht es aus Perücken aus Hanf und Roßhaar. In schreiende Farben getränkte Sägespäne. Falten und Kerben in die Stirn gestanzt. Grell geschminkte, hervorquellende, schielende Augen, stechend der Blick. Vernarbte Brauen, von groben Stichen in kreuzqueren Nähten zusammengehaltene Wülste. Eine schartige, gekrümmte Nase, aus deren Löcher Borsten brechen. Als Flügel verwitterte Ohren. An den Mundwinkeln ausgefranste Lippen, verschmiert. Mitleidlos. Teufelsgesichtig, von zinnoberroten Wangen gerahmt. Auf eiweißfleckiger Haut schwarzbehaarte Warzen. Die Schnurrbartraupe. Das Maul halboffen und lüstern. Darin Zahnlücken zwischen schroffen Riffen. Speichel rinnt zäh über das krumme, von Schrammen durchackerte und nach einer Seite verschobene Kinn. Ein einziges Geschwür. Übermütige Sprünge der Vermummten. Dazu das Schellen und rhythmische Stampfen, die distelhellen Cinellen, das Kreischen der Rätschen und das dumpfe Dröhnen der mächtigen, auf den Rücken der Tänzer geschnallten Kuhglocken. Zuletzt tausende blecherner Glöckchen an Hosen und Kittelnähten, am Gürtel, an Hand- und Fußgelenken, wie Fesseln. Kreisende Hexen in weiten, geflickten Röcken, vier oder fünferlei übereinander, springen die Menschen an, brechen ein in die Menge am Straßenrand, greifen nach kreischenden jungen Mädchen.
Der Postbote wird den Thulsernern die Fäden aus der Vermummung ziehen und das Garn von den Larven spulen, um es zur eigenen Geschichte zu knüpfen. Der Magermilchkrüppel hat stets eine besondere Vorliebe für solche Tollheiten gehabt, weil ein ordentliches Chaos erst reizt zur Zusammenrecherei der eigenen Habseligkeiten.

Graben wir ihn ein, oder graben wir ihn nicht ein?
Das *Hohe Grobgünstige Narrengericht zu Thulsern.* Als der fürstbischöfliche augspurgische Rath und Pfleger Balthasar vom Lipple am Vorabend der Schlacht von Balderschwang gegen die Vorderadelberger den Thulserner Dorftrottel, den Falkenstein Seppl um ein Orakel fragte, soll dieser gesagt haben: »Ihr rat all, wie ihr ins Vorderadelbergische hineinkommen wollt, aber keiner ratet, wie ihr wieder herauskommen wollt.« Die Thulserner verloren die Schlacht, der Narr hatte recht behalten und einen Wunsch frei. Er erbat sich die Narrengerechtsame für Thulsern und erhielt dieses Privileg vom Erzherzog. Seither halten die Thulserner ihre Narrengerichte ab. Der Narrenschreiber sammelt das Jahr über, was zur Vorladung führt. An Fasnacht wird Anklage erhoben und das Urteil gesprochen. Freikaufen kann sich einer nur literweise mit Bier und Wein. Von der Obrigkeit wurde das Narrengericht öfter wegen »Unfugs, Übermuths und Zwangs sowie Verspottung des Magistrats« verboten. Heute wäre der Magistrat tödlich beleidigt, zöge man ihn nicht durch den Kakao. Wer freilich den Thulsernern die Leviten liest, ist nicht bekannt.
Anstelle von Gesichtern sieht man nur Larven.
Es herrscht Maskenzwang.
Die Blaskapelle darf endlich falsch spielen. Es fällt ihr nicht schwer. Lichter und Stimmen gehen durcheinander. Die Thulserner hocken in langen Bankreihen, schunkeln zur Musik und betrinken sich. Solange eine Narrengerichtsrede gehalten wird, schweigt der Saal. Dann aber gibt es einen Tusch, und es wird weitergegrölt und gebechert. Alle sind maskiert. Meist tragen sie häßliche oder groteske Larven, Charaktermasken sind selten. Manche Larven sehen aus, als wären sie gerade aus einem alten Bild ins Leben gesprungen. Die Bereitschaft, ein anderer zu werden, hat sich bei den Thulsernern zu einem Zwang entwickelt. Vermutlich wissen sie aber zugleich, daß ihre Verhüllung enthüllt. Vielleicht betrinken sie sich deshalb so ausgiebig.

Dem Narrengericht voraus gehen Umzüge mit Fasnachtswagen, die von Hallo, Musik, Gelächter und Gekreisch begleitet werden. Die Fahnen sind aus Lumpen, die Wagenlenker tragen die Kleidung von Gelehrten und Klerikern wie im Mittelalter. Ein schmuddeliger Putzlappen dient als Baldachin, Mistgabeln stellen die Kerzenleuchter dar.
Die Prozession endet vor dem größten Misthaufen von Thulsern, der mit Girlanden von Strohblumen umkränzt wird.
Während auf den Straßen eine Hatz nach allem einsetzt, was Röcke trägt, werden die Gebeine des Thulserner Groß-Narren auf eine Mistkarre geladen. Geschmückt wird der Groß-Narr mit einem Pferdekopf, dem Kiefer eines Ochsen sowie etlichen Schweinshaxen, die beim Freibankmetzger besorgt werden.
Ein als Bischof verkleideter Thulserner hält eine Narrenpredigt und erhebt die Gebeine öffentlich zu Reliquien. Dabei streckt er den Ochsenkiefer empor und segnet den Pferdekopf dreifach. Mit Obstler.
Zum Zwecke der Reinigung von allen Sünden werden Bier und Wein und Schnaps über die Gebeine gegossen und die Gläubigen zu Opferspenden aufgerufen.
Schließlich wird der Groß-Narr auf den Misthaufen geworfen und unter Gegröle der Umstehenden im Mist begraben.
Auf den Grabhügel wird eine Monstranz gesteckt, in welche angeblich die Vorhaut Christi eingelassen ist.
Als Mönche und Nonnen maskierte Thulserner umtanzen den Misthaufen, schwenken Weihrauchfässer und räuchern ihn ein.
Anschließend zieht die Narrenschar zum Friedhof, tanzt zwischen den Gräbern und betrinkt sich, ehe sie zur Abhaltung des Narrengerichts zieht. Die Prozession vom Friedhof ins Wirtshaus endet gewöhnlich mit einer saftigen Rauferei.
Wenn einmal nicht gerauft wird, was äußerst selten vorgekommen sein soll, dann taugt der ganze Aufwand nichts.

DAS FÜNFTE KAPITEL *erzählt vom Kindergarten, von frommen Schulschwestern, einem Mann mit einem Bärtchen und einem Stempel, aber auch vom Drachensteigen.*

März

In den Kindergarten der Schul- und Waisenhausschwestern hat unser Magermilchkrüppel nie gewollt. Er ahnte, wie wenig man dort von seiner Gabe des Bauchredens halten würde. Doch die Großmutter entschied anders. Vermutlich wollte sie wenigstens für ein paar Stündchen ihre Ruhe haben und schickte mich deshalb in den Kindergarten: getarnt mit der Lüge, dort könne ich mit anderen Kindern und lieben Nonnen schöne Spiele spielen. Dort gebe es ein Schaukelpferd, eine Holzeisenbahn, sogar einen Tretroller. Und den ganzen Tag tanzten die Kinder um den Hollerbusch.
Also machte ich mich auf den Weg. Ich trug ein kleines Lederbeutelchen an einem Schulterriemchen, darein mir mein Großmütterlein ein Butterbrot und ein paar Apfelschnitze eingewickelt hatte. Zuerst lernte ich mich im Sandkasten neben den anderen Bälgern zu behaupten, dem Nachbarskind die Sandburg einzutreten, der Schwester Seraphina, die Sera gerufen wurde, besonders schön zu tun und zum lieben Jesulein zu beten, daß es mir einen besonders aufmerksamen Schutzengel schicken möge.
Der Magermilchkrüppel langweilte sich beim Ringelreihen und hatte es bald satt, *Zeigt her eure Füßchen, zeigt her eure Schuh'* zu singen oder *Das ist der Daumen, der schüttelt die Pflaumen* zu leiern und dabei die stopseligen Würstelfingerchen vorzuführen.
Ich wollte dort sein, wo die Großen waren.
Sie waren diejenigen, die kurz vor ihrer Einschulung standen.
Manche von ihnen konnten schon lesen und rechnen.
Die junge Schwester Sera muß etwas von meiner Sehnsucht gemerkt haben. Sie nannte mich einen herzigen Lausbuben, der besonders neugierig sei, und drückte mich an ihre keusche Brust. Mir wurde ganz zweierlei zumute, so warm und so weich und so anschmiegsam war sie. Ich merkte mir diese Stelle sofort und verlangte von da an noch oft nach diesem Trockenstillen. Aber Schwester Sera war leider nicht immer gleich aufgelegt. Sobald die Ehrwürdige Mutter Oberin in die Nähe kam und ihr strenges Auge schweifen ließ, mußte

Schwester Sera tief seufzen, das Herzen ließ nach, und die Brust wurde hart.
Schwester Sera nahm Unserallerfrätzlein an die Hand und führte es in die Bibliothek des Waisenhauses, wo die Großen waren. Dort gab es viele viele Bücher, große und kleine, dicke und dünne, hochformatige und querformatige, in Leder gebundene und in Zeitungspapier gewickelte.
Ich wurde in ein Stühlchen gesetzt und schaute den Großen zu. Die Großen saßen an einem langen Holztisch, und Schwester Sera erklärte ihnen, was sie zu tun hatten. Vor jedem Kind stand ein Töpflein Leim mit einem Pinselchen darin. Vor jedem Kind lag aber auch ein Stapel rechteckiger Papierchen, gerade halb so groß wie eine Postkarte. Genau so groß wie ein Heiligenbildchen, das nur besonders brave Kinder aus der Hand der Ehrwürdigen Mutter Oberin erhielten. Da nahm Schwester Sera eines der Zettelchen, drehte es um, tauchte das Pinselchen in den Leim und strich damit über das Papierchen. An den Ecken besonders sorgfältig. Daraufhin nahm sie ein Buch von dem großen Bücherstapel am Tisch, schlug es auf der ersten Seite auf und klebte das Zettelchen genau auf die Stelle, wo ein Stempel zu sehen war. Schwester Sera überklebte den Stempel, und die Großen sollten es ihr nachmachen.
Der Stempel war blau und größer als ein Markstück. Rundherum zog sich eine Schrift, die verwischt war. In der Mitte des Stempels aber prangte ein stolzer Vogel. Vermutlich war es ein Adler, der seine Schwingen ausbreitete. Seine Krallen hatten einen Kranz geschlagen, der mich an die Kränze erinnerte, wie sie neben dem Kriegerdenkmal niedergelegt wurden, wenn dazu von der Blaskapelle traurige Musik gespielt wurde. In dem Kranz aber war etwas sehr Merkwürdiges. Es sah aus wie ein Kreuz, und es war doch kein richtiges Kreuz, denn irgendwie hatte jemand dem Kreuz die Ecken umgebogen, als wollte er aus einem Kreuz ein Rad machen, das sich innerhalb des von den Greifkrallen gehaltenen Kranzes drehen und drehen sollte.

Was hatte dieser Stempel zu bedeuten, was dieses umgebogene Kreuz, und warum klebte die liebe Schulschwester Seraphina ein blütenweißes Papierchen darüber, so daß Stempel und Schrift und Adler und Kranz und Kreuz darunter verschwanden?

Und warum sollten es die Großen ihr nachmachen bei den vielen vielen Büchern, die auf dem Tisch lagen, stapelweise?

Unserallerherzchen fragte die liebe Schwester Sera, doch die strich ihm nur übers Lockenköpfchen und wußte auch keine rechte Antwort.

Sie meinte, der Stempel sei aus früheren Zeiten und jetzt nicht mehr gültig. Ja, der Adler sei ein Adler, das umgebogene Kreuz aber sei ein heidnisches Zeichen für ein Sonnenrad. Sonst habe das nichts weiter zu bedeuten. Die Ehrwürdige Mutter Oberin habe ihr und den Großen aufgetragen, alle Bücher der Waisenhausbibliothek durchzusehen und überall dort, wo sie einen solchen Stempel mit diesem Adler und dem heidnischen Sonnenrad finde, ein weißes Zettelchen darüberzukleben. Denn Heidnisches dürfe man nicht dulden. Unserallerfrätzchen solle jetzt dabei zusehen. Damit es etwas lerne: für später.

Neugierig griff ich nach den vielen Büchern. Es waren lauter Lesebücher, wie Schwester Sera sagte, und fast alle hatten auf den ersten Seiten nicht nur den Stempel, sondern auch ein Bild von einem ernst blickenden Mann. Dieses Foto durften die Großen ausschneiden, und Unserallerlausbub blickte voll Neid auf die Großen, weil diese mit einer Schere umgehen durften. Für mich galt nämlich die Regel *Messer, Gabel, Schere, Licht sind für kleine Kinder nicht.*

Entweder legte der Mann auf dem Bild einem Jungen oder einem Mädchen die Hand auf die Schulter, oder der Mann saß auf einem Stuhl, schaute sehr ernst und dachte vermutlich nach. Immer aber trug er wie ein Blinder eine Binde am Arm, und fast wollte es scheinen, als sei auf der Binde auch so etwas wie das umgebogene heidnische Sonnenrad.

Ich sah zu, wie die Großen, die schon bald in die Schule gehen

durften, Buch um Buch vom Stapel holten und aufschlugen, wie sie entweder die Bilder ausschnitten oder ein Pinselchen in den Leim tauchten, ein weißes Papierchen damit bestrichen und schließlich das Papierchen genau auf den Stempel klebten, so wie Schwester Sera es vorgemacht hatte. Manchmal las einer der Großen auch etwas aus dem Buch vor: »In unseren Augen da muß der deutsche Junge der Zukunft schlank und rank sein, flink wie die Windhunde, zäh wie Leder und hart wie Kruppstahl. Denn wir wollen ein hartes Geschlecht heranziehen, das stark ist, zuverlässig, treu, gehorsam und anständig, so daß wir uns unseres Volkes vor der Geschichte nicht zu schämen brauchen.«
So ähnlich hatte die Ehrwürdige Mutter Oberin auch gesprochen. Angestrengt dachte ich nach, während die Großen ihre Papierchen klebten und Bilder ausschneiden durften.
Schlank und rank, das war ich auch. So schlank und rank, daß ich von den Bauern Magermilchkrüppel gerufen wurde.
Auch flink war dieser Krüppel.
Was Windhunde bedeutete, wußte er nicht so genau, denn er hatte gehört, wie jemand seinen Nachbarn einen rechten Windhund nannte.
Zäh wie Leder: das kannte der Magermilchkrüppel von seiner Hose und den Herzchen am Ellbogen.
Nur Kruppstahl kannte ich nicht. Deshalb fragte ich Schwester Sera, und die meinte, das sei so etwas wie Eisen.
So viele Bücher zum Überkleben.
So viele Bilder zum Ausschneiden.
Einmal kam die Ehrwürdige Mutter Oberin und prüfte mit strengem Blick die Arbeit der Großen.
Unserallermagermilchkrüppelchen aber strich sie übers Lokkenköpfchen und riet ihm, gut aufzupassen. Aus allem könne man lernen.
Da wollte ich auch Zettelchen kleben.
Wenigstens einmal.
Ich bettelte so lange, bis die Ehrwürdige Mutter Oberin huldvoll nickte und Schwester Seraphina anwies, mir die

Hand beim Einstreichen des weißen Papierchens zu führen. Ein wenig tolpatschig stellte sich Unserallerherzchen dabei schon an. Aber schließlich war Schwester Sera mit dem Ergebnis zufrieden und zeigte es der Oberin.
Ein Bildchen ausschneiden freilich durfte ich nicht.
Dazu sei ich noch zu klein und die Schere noch zu groß.
So schaute ich weiter den Großen zu.
Wie sie klebten.
Wie sie ausschnitten.
Und immer neue Bücher.
Aufschlagen.
Stempel suchen.
Bilder suchen.
Überkleben.
Ausschneiden.
Und immer wieder neue Bücher.
Es schien kein Ende zu nehmen.
Vom lauter Kleben und Ausschneiden, vom Eintauchen des Pinsels und vom Blitzen der Schere wurde ich immer unruhiger. Ich wetzte auf meinem Stühlchen hin und her, fuchtelte mit den Ärmchen und begann zu weinen.
Schließlich schrie ich den halben Kindergarten zusammen.
Schwester Sera hatte alle Mühe, mich zu beruhigen, doch es gelang ihr nicht. Da griff die Ehrwürdige Mutter Oberin ein und erzählte mir, wie sie den Herrgott kennenlernte. Es sei an einem kalten Wintertag gewesen, und die Ehrwürdige Mutter sei seinerzeit ein Kind von sieben Jahren gewesen. Da sei der Großvater ins Haus getreten, habe den Schnee von den Füßen gestampft und in die klammen Hände geblasen. Der alte Mann habe eine hohe Pelzmütze getragen, sein weißer Vollbart habe Zapfen gehabt und auf der Brust habe man Kreuze und Medaillen klingen hören, denn der Großvater sei ein mehrfach ausgezeichneter Kriegsveteran gewesen. Ein Mann, dem man von Herzen habe gut sein müssen. Der Großvater habe zu dem kleinen Mädchen gesagt, die Felder und Dörfer seien dick voll Schnee, es solle mit ihm kommen, er wolle ihm

das Eis zeigen. Die Ehrwürdige Mutter schwärmte von dem Zauber, der darin liege, an der Hand seines Großvaters die Wunder des Winters erklärt zu bekommen. Zwar habe der Großvater mit seiner Pelzmütze hoch wie ein Bienenkorb und dem weißen Vollbart und den Tapferkeitsauszeichnungen auf der Brust zum Fürchten ausgesehen, doch seien sein Gemüt sanft und sein Wesen voller Güte gewesen. Da habe die Mutter das kleine Mädchen, das später die Ehrwürdige Oberin werden sollte, in wollenes Zeug gehüllt: von den Ohrenwärmern bis zu den Strümpfen. Die Kinderhände seien dabei warm wie der Kachelofen gewesen, denn sie hätten in Großvaters Fäustlingen gesteckt. So seien Großvater und Enkelin durch die verschneite Märchenlandschaft gegangen, hätten den schreienden Krähen nachgeschaut und die einsam in den Äckern steckenden Pflüge bewundert. Da hätten plötzlich Hilferufe die eiskalte Luft zerschnitten und den Frost noch frostiger gemacht. Zwischen Weiden und Koppeln habe ein Teich gelegen, auf der Eisdecke hätten zwei Buben gelärmt, von denen einer eingebrochen sei und nun, dem Ertrinken nahe, im kalten Wasser gezappelt habe: ein Entsetzen für den kindlichen Leib. Die Ehrwürdige Mutter unterbrach ihre Erzählung, schaute mir tief und ernst in die Augen, nahm vom Tisch eines der Lesebücher, blätterte und suchte ein wenig, bis sie eine Stelle fand und ihre Geschichte nicht weitererzählte, sondern aus dem Buch vorlas. Und ich hörte auf mit dem Kleben, bekam rote Ohren und lauschte der Ehrwürdigen Mutter so andächtig, daß mir der Speichel aus dem offenen Mund tropfte: »Mein Großvater«, las die Oberin aus dem Lesebuch heraus, »der Veteran, hörte das Schreien, lief, so rasch die alten Beine es vermochten, hin zu dem Tümpel und hatte plötzlich eine Donnerstimme, wie sie mir fremd, sogar mächtiger klingen mußte als jemals vorher: ›Kopf hoch, um dich schlagen, nur Mut, ich werde dich retten –!‹ rief der Großvater. Dann befahl er dem anderen Knaben, sofort ins Dorf zu laufen und den Landarzt zu holen. Er selber aber, ich meine den Großvater«, las die Ehrwürdige

Oberin, »legte sich aufs Eis, kroch flach wie ein Salamander über die Kruste, und kaum war er am Wasserloch, da packte seine vorgestreckte Faust den Knaben am Schopf; höchste Not war es, sonst wäre der Junge ertrunken, seine Haut war schon blau, und die Augen quollen wie Pflaumen aus der Stirn hervor.« Die Oberin habe Schnee schaufeln müssen, damit der Großvater, der mit dem Buben zurück ans Ufer gekrochen sei, den Geretteten habe entkleiden und warmreiben können. Ja, die Ehrwürdige Mutter habe sogar die Wolljacke hergeben müssen, denn der Bub sei nackicht gewesen und fast erfroren. Nach einer halben Stunde habe man das trabende Pferd des Landarztes gehört, welches, in ein Geschirr voller Glöckchen gespannt, den hölzernen Schlitten gezogen habe. Der Doktor sei sehr ernst gewesen, jeder Atemzug habe gedampft, und auch der Gaul habe sich mit rauchenden Nüstern ausgekeucht. Großvater, Doktor und das siebenjährige Mädchen hätten jetzt das verfrorene Bündel Bub auf den Schlitten geladen. Viel Aufregung habe es im Dorf gegeben, und eine tiefe Ohnmacht habe den Geretteten heimgesucht, behauptete die Schwester Oberin und las wieder vor: »Ja, der Junge, an dessen Bett wir standen, fieberte in wälzender Verwirrung, seine Mutter betete unter Tränen, doch legte ihr mein Großvater die Hand auf den Scheitel: ›Trösten Sie sich, nur tapfer sein, morgen ist alles heil –!‹« Danach seien alle heimgegangen. Doch spät am Abend habe sie sich, behauptete die Oberin, noch einmal ins Nachbarhaus geschlichen, um den kranken Knaben zu besuchen. Der aber habe einen neuen Glanz in den Augen gehabt. Als ihn das Mädchen, das später eine Ehrwürdige Mutter werden sollte, gefragt habe, ob er denn auch wisse, wer ihn gerettet habe, da habe der Kranke es mit seinen fiebernden Händen umfaßt, er habe sich im Kissen gereckt, im Bett aufgerichtet und ihm, ein Geheimnis enthüllend, ins Ohr geflüstert: »Ich hab's gesehen, der Herrgott hat mich gerettet, der liebe Herrgott selber –!« Seither wisse die Schwester Oberin, wie der Herrgott aussehe: mit einer Pelzmütze, hoch wie ein Bienenkorb, dem

weißen Vollbart eines Veteranen, den klingenden Tapferkeitsorden, freilich auch mit jener mächtigen Donnerstimme, die dem Versinkenden zurufe: »Kopf hoch, um dich schlagen, nur Mut, ich werde dich retten –!«
Nun wußte auch ich, wie ich mir den Herrgott vorzustellen hatte.
Die liebe Schwester Seraphina aber entführte mich mit wogender Kutte in König Laurins Rosengarten. Wir saßen zu Bern mit Dietrich, dem tapferen Held, und ruhten im Kreise der wackeren Gesellen, und manch keckes Abenteuer wurde erzählt und auf neue gesonnen. Da hörten wir von einem Zwerg, Laurin mit Namen, der einen Rosengarten besitze, so herrlich und schön, wie keiner in südlichen Landen. Doch neidisch sei er, wie alles Zwergenvolk, wolle keinem gönnen, das Wunder zu sehen, und wehe dem Frechen, der den Garten betrete oder gar eine Rose pflücken wolle. Nicht einmal die Königstochter Künhilde, die er sich geraubt habe, dürfe den Garten betreten, nein, tief im Berge halte er die Arme, die vergeblich des Erlösers harre. Eine Rüstung habe der Zwerg, von Salamanderblut gehärtet, die kein Schwert durchdringe. Dazu trage er ein Gürtelein, das ihm die Stärke von zwölf Männern verleihe, und werde ihm je der Kampf zu gefährlich, greife er geschwind in die Tasche und stülpe sich die Tarnkappe über. Dann sei er unsichtbar. Hand und Fuß nehme er als Buße von jedem, der es wage, den Rosengarten zu betreten. Wir aber brachen auf: Schwester Seraphina und Unserallerherzblatt, zusammen mit Dietrich und Wittich und Heime und Wolfhart. Wir kämpften mit Laurin, rissen ihm die Tarnkappe vom Kopfe, packten ihn am Gürtel, hoben ihn empor und schmetterten ihn mit solcher Gewalt an einen Baum, daß der Gürtel zerbrach. Endlich ließen wir uns von Laurin zu seinem Berg geleiten. Durch dunkle Gänge ging es, bis wir in einen riesigen Saal kamen. Dort gaben Karfunkel einen hellen Schein, dort gleißte es von Gold und edlem Gestein, da war eine Pracht und Herrlichkeit, wie kein Menschenauge sie je gesehen. Und nun erhob sich sanftes Saiten-

spiel, das hallte gar lieblich durch die Wölbung. Zwergjungfrauen kamen geschritten und hinter ihnen Künhilde, die geraubte Königstochter, eine Krone von lauterem Golde auf dem Haupte, die bot den Helden den Willkomm. Die grünlichen Augen Laurins aber glänzten, als er uns vergifteten Wein kredenzte. Wie lange wir schliefen, das wußten wir nicht. In Dietrich aber erwachte der Zorn über die Tücke und Falschheit des Zwerges, und schrecklich ist der Recke, wenn er zürnt. Feueratem ging ihm aus dem Munde, so daß die lodernde Glut die hänfenen Stricke verbrannte, die unsere Hände gefesselt hielten. Wir schlugen Laurin den kleinen Finger ab, der den Ring trug für die Zwölfmännerstärke, banden den bösen Zwerg und warfen ihn in den tiefsten Felsenschacht seines Rosengartens, um mit Künhilde die Heimreise anzutreten, die uns über ein zugefrorenes Meer führen sollte. Doch wieder, wieder und wieder suchte ich nach Mütze, Bart, Orden und hörte:

Um dich schlagen!

Die Großen aber klebten Papierstreifen auf die Stempel und schnitten Bilder aus.
Immer mehr Bücher lagen auf dem Tisch.
Es schien kein Ende zu nehmen.
Am späten Nachmittag kam noch einmal die Ehrwürdige Mutter Oberin in die Bibliothek, deren Fußboden mit lauter Papierschnipseln bedeckt war, und die Nonne prüfte mit strengem Blick die Arbeit der Großen.
Die Ehrwürdige Mutter Oberin wurde immer unzufriedener.
Buch um Buch schlug sie auf, hielt die Seiten gegen das Licht, und ihr Blick verfinsterte sich.
Schwester Seraphina fürchtete ein geistliches Donnerwetter.
Unserallerfratz fürchtete sich mit.
Schlamperei, sagte die Ehrwürdige Mutter Oberin.
Schlamperei, zischte sie und wiederholte es.
Buch um Buch hob sie auf und hielt es gegen das Licht.
Die Großen saßen still mit offenen Mündern.

Keiner rührte sich.
So eine Schlamperei, sagte die Oberin sehr leise, aber es dröhnte in unseren Ohren. Da begann der Magermilchkrüppel zu weinen. Die Tränen schossen ihm in die Augen und liefen ihm über das Gesicht, der Rotz hing ihm aus der Nase, wurde vom Joppenärmel weggewischt, kam aber wieder und immer mehr. Auch Schwester Seraphina hatte gerötete Augen.
Die Ehrwürdige Mutter Oberin aber rief den Kindergarten und das ganze Waisenhaus zusammen und zeigte allen, warum sie von Schlamperei gesprochen hatte.
Denn in allen Büchern, welche die Großen überklebt hatten, kam der Stempel mit dem Adler, dem Kranz und dem Sonnenrad wieder zum Vorschein.
Unser Papier war zu schwach.
Es war zwar blütenweiß, aber der Stempel kam immer wieder durch.
Buch für Buch.
Unser Papier war einfach viel zu schwach.
Da verteilte die Ehrwürdige Mutter Oberin die Papierstreifen und ließ die Kinder mit einem roten Farbstift ein großes Herz daraufmalen.
In die Mitte aber ließ uns die Oberin einen dicken schwarzen Punkt setzen. Die roten Herzen, erklärte sie uns, das seien wir: die Kindergartenkinder.
Der dicke schwarze Punkt aber, das sei die Erbsünde.
Dann schickte sie uns nach Hause.
Der Magermilchkrüppel brachte das Herz mit der Erbsünde seiner Großmutter und legte es ihr auf den Küchentisch.
Lange starrte die alte Frau auf den schwarzen Punkt, dann nahm sie mich mit auf das freie Feld, und wir ließen einen Drachen steigen aus blütenweißem Papier.
Und einmal, als die Großmutter gerade nicht aufpaßte, durchschnitt unser Magermilchkrüppel die Schnur mit einer großen Schere und schaute dem schaukelnden gaukelnden Drachen lange nach.

DAS SECHSTE KAPITEL *erzählt von*

einem angenommenen Kind,

von Mutterliebe und Heimatflucht

und von einer Eisenwarenhandlung

IM ZEICHEN

Widder

Auf der Ansichtskarte steht nur die Anschrift. Sonst nichts. Kein Gruß, kein Absender. Das Haus von Helma und Veva Kummet liegt gleich hinter der Kirche. Gebaut hat es der Vater von Veva: der Eisenwarenhändler Fehwieser. Als Veva den Vertreter Kummet heiratete, zog dessen Schwester Helma ebenfalls in das große Haus und erledigte für die Eisenwarenhandlung die Buchführung. Nach dem Tod des Vaters führte Veva das Geschäft weiter. Ihre Ehe blieb kinderlos. Nachdem etliche Ärzte konsultiert worden waren, alle jedoch zum gleichen Ergebnis kamen, beschlossen der Vertreter Kummet, seine Frau Veva und deren Schwägerin Helma, ein Kind aus dem Waisenhaus zu adoptieren. Ein Bub sollte es sein, der einmal die Eisenwarenhandlung weiterführen konnte, denn das Geschäft ging gut.
Das Kind hieß Karl, wurde aber von Anfang an von allen nur Boy gerufen. die beiden Frauen kümmerten sich in rührender Weise um Boy, denn Kummet war hauptsächlich unterwegs und nur selten zu Hause. Der Knabe wuchs heran und verschwand eines Tages. Er riß von zu Hause aus und bereitete seinen Eltern viel Kummer. Die einen meinten, er sei auf die schiefe Bahn geraten und zur Fremdenlegion gegangen, die anderen wollten ihn als Kellner in der Großstadt gesehen haben. Nach einiger Zeit ließ das Gerede nach, und die Gerüchte verstummten. Kummet war viel unterwegs, Veva schwieg hartnäckig, und Helma wurde schwermütig. Es dauerte nicht lange und sie starb.
Veva führte den Eisenwarenladen allein.
Da kam eines Tages Post von Boy, der als Ingenieur bei einer Bohrturm-Firma arbeitete.
Ich habe die Sache zugestellt.
Boy schrieb und bat Veva, die er merkwürdigerweise mit Tante Veva ansprach, um Auskunft, was mit Tante Helma geschehen und wie sie gestorben sei.
Veva schrieb zurück, und ich habe den Schriftwechsel mit großer Aufmerksamkeit verfolgen können, weil ich der einzige war, dem sich Veva Kummet anvertraute. Sie erzählte mir

nicht nur, was Boy schrieb, sondern sie ließ mich auch Einblick in ihre Antworten nehmen.
Ich bin eben eine Vertrauensperson.
Veva machte Boy Vorwürfe und fragte, warum er sich all die Jahre weder gemeldet noch um sie gekümmert habe.
Er habe sich in der Welt herumgetrieben, anstatt sich um seine nächsten Angehörigen zu sorgen. Ob er dann dabei überhaupt noch gut schlafen könne?
Es dauerte nicht lange, da kam ein weiterer Brief von Boy.
Er beharrte auf seiner Frage und wollte nach wie vor wissen, wie Helma gelebt habe und wie sie gestorben sei.
Wieder schrieb ihm Veva und machte ihm klar, daß sie ihm ihr Lebtag sein Schweigen nicht verzeihen könne. Immerhin sei sie seine Mutter, und Tante Helma habe ihn geliebt wie ein eigenes Kind. Immerhin habe Helma Jahre ihres Lebens geopfert, um ihn mit aufzuziehen, zumal sein Vater ständig auf seinen Vertreterreisen gewesen sei. Vielleicht könne er, Boy, sich noch erinnern, was für eine dicke Frau Helma gewesen sei, als er das Haus verlassen habe. Danach aber sei sie vor Kummer vom Fleisch gefallen. Als man sie beerdigt habe, sei sie nur mehr ein Häuflein Haut und Knochen gewesen. Ob er sich denn an ihrem Tod nicht mitschuldig fühle? Am Ende wolle er sich bloß über sie alle lustig machen.
Boy schrieb zurück, es liege ihm fern, sich über seine Tante Helma lustig zu machen: »Schreib mir also jetzt und sag mir, was ich Dich gefragt habe, und dann sage ich Dir, weshalb ich gefragt habe.« Veva Kummets Antwort lautete: »Du kannst ein Haus bauen gegen schlechtes Wetter, aber Du kannst keines bauen gegen Dein schlechtes Gewissen. Helma war wie eine Mutter zu dir, nannte dich ihr Kind, und dann mußtest Du sie und uns so schäbig behandeln.«
Boy bat Veva, die er immer noch mit Tante anredete, ihn nicht länger abzukanzeln. Über seinen Vater wolle er keine Silbe verlieren, der sei sowieso immer nur auf Achse gewesen und habe sich keinen Deut um sein Adoptivkind gekümmert. Jetzt aber sehe er immer wieder Tante Helma vor sich, er sehe

die Zimmer zu Hause, er sehe Helma vor der Nähmaschine sitzen. Außerdem wolle er etwas herausbekommen. Veva schrieb zurück, erwähnte Helmas aufopferungsvolles Leben für den Laden und für Boy, sprach von ihren Näh- und Gartenarbeiten, die sie nach ihren ausgefüllten Arbeitstagen zusätzlich auf sich genommen habe, wußte von Helmas Back- und Kochkünsten zu schwärmen und ließ auch ihre Mitgliedschaft im Kirchenchor nicht unerwähnt. Übrigens sei auch sein Vater, der Handelsvertreter Kummet, ein Waisenkind gewesen. Immer wieder habe sie ihm vorgeschlagen, das Reisen aufzugeben und sich der Eisenwarenhandlung zu widmen, zumal diese genug abgeworfen habe für eine Familie, doch er habe nicht von der Vertreterei lassen können, sie sei ihm derart in Fleisch und Blut übergegangen, daß er sich daheim wie eingesperrt vorgekommen sei. Boy sei in einem anständigen Haus aufgewachsen, er habe im Garten spielen können, und es habe ihm an nichts, aber auch an gar nichts gefehlt. Jeden Wunsch habe man ihm von den Lippen abgelesen. Zum Dank dafür habe er sich dann eines schönen Tages einfach auf und davon und aus dem Staub gemacht. Ob er denn nie ernsthaft darüber nachgedacht habe, welchen Schmerz er seiner Mutter und seiner Tante und auch seinem unsteten Vater bereitet habe. Ob ihm denn nie zu Bewußtsein gekommen sei, welch gemachtes Nest er verschmäht habe.
Bis heute könne sie seinen Grund für dieses Davonlaufen nicht verstehen. Was denn in drei Teufels Namen in ihn gefahren sei.
Tante Helma habe sich mehr und mehr von der Buchführung und aus dem Geschäft zurückgezogen, um sich hinter ihrer Nähmaschine zu verschanzen und sinnlos Flicken zusammenzunähen. Sinnlos Flicken.
Dabei sei er, Boy, so ein lieber Kerl gewesen. Nie habe es Schläge gesetzt, immer habe er sich aufmerksam und liebenswert gezeigt, auch in der Schule habe er gut gelernt, die Zukunft sei gesichert gewesen, er hätte bloß die Eisenwarenhandlung zu übernehmen brauchen. Selbstverständlich hät-

ten sie ihm auch ein Studium ermöglicht. Aber einfach wegzurennen und nichts mehr von sich hören zu lassen, das sei eine Ungezogenheit sondergleichen. Sie sehe ihn noch im Garten spielen, sie sehe noch Helma, wie sie dem fieberkranken Kind Wadenwickel anlege, und sie könne sich an die Nervosität erinnern, die während der Pubertät über ihn gekommen sei. Aber das sei alles ganz normal und überhaupt kein Grund, sich bei Nacht und Nebel wie ein Dieb aus dem Elternhaus zu schleichen und erst nach Jahr und Tag wieder etwas von sich hören zu lassen. Ja, er habe auch Bubenstücklein geliefert, Fensterscheiben eingeworfen, mit der Schleuder auf Spatzen geschossen, sei auf Bäume geklettert und habe in den Schäden gehockt. Gewiß, in Kummet hätten sie, die zwei Frauen, keine große Hilfe gehabt, denn er sei fast ununterbrochen unterwegs gewesen. Wenn sie nicht mehr weitergewußt hätten, hätten sie Trost im Rosenkranzbeten gefunden. Und Helma habe so manche Perle für Boy fallen lassen. Manche Thulserner hätten zu trösten versucht, indem sie von dem fremden Blut gesprochen hätten, das in Boy kreise und womöglich jetzt zum Brodeln komme. Derlei falsches Mitleid habe Helma besonders gekränkt. Dies sei auch letztlich der Grund gewesen dafür, daß sie sich nicht mehr in den Laden gestellt habe: weil sie das ewige Fragen und das ständige Geschwätz der Leute nicht mehr habe aushalten können.
Schließlich sei eines Tages Post von Kummet gekommen. In dem Brief habe er die Scheidung gewollt, weil er mit einer Jungen ein Verhältnis angefangen habe, welches nicht ohne Folgen geblieben sei. Endlich habe er jetzt ein eigenes Kind, und er wolle nie mehr nach Thulsern zurückkehren. Da sei ihr, Veva, nichts anderes übriggeblieben, als in die Scheidung einzuwilligen, denn Reisende solle man nicht aufhalten. Helma habe zu lahmen begonnen, so daß sie kaum mehr die Nähmaschine habe treten können:
»Machte mir Sorgen.
Stumm aßen wir jeden Abend unser Essen.
Einmal kam ein Wunderheiler nach Thulsern, aber wir sind

nicht hingegangen. Die Leute drängten sich nur so, und ein paar wurden gesundgebetet. Aber Helma sagte, wenn der Herr ihr die eine Hälfte genommen habe, so habe er ihr vielleicht die andere gestärkt. Sie trat nur mit dem linken Fuß beim Nähen und wollte nicht zum Heiler gehen.«

In seinem nächsten Brief sparte Boy nicht mit Vorwürfen und fragte, warum weder sie, Tante Veva, noch Tante Helma ihm je gesagt hätten, wer seine wirklichen Eltern gewesen seien. Womöglich stamme er von einem Schwerverbrecher oder von einer Hur. Womöglich wüßten sie dies und hätten es ihm verschwiegen. Von Kummet habe er sich nie eine Antwort auf seine brennenden Fragen erhofft, denn der sei ja immer nur unterwegs gewesen.

Veva schrieb: »Boy, ich wollte Dir nie weh tun, und Du warst auch zu jung, um das alles schon zu begreifen. Wenn Du nicht fortgelaufen wärst, hätten wir es Dir sicher noch gesagt, oder wir hätten den Pfarrer um Hilfe dabei gebeten. Bin Dir aber Deine Mutter gewesen, so gut eine Mutter nur sein kann. Und Deine Tante Helma auch. Wenn Du keine richtige Mutter hattest, dann mußt Du bedenken, daß Du zwei Mütter gehabt hast, die Dich mit ihrer ganzen Liebe und Fürsorge überschüttet haben.«

Boy schrieb, er habe nicht zwei, sondern drei Mütter gehabt. Jetzt wolle er endlich wissen, wer seine leibliche Mutter gewesen sei. Sie, Veva, könne ihm das nicht länger vorenthalten. Vielleicht wisse sie sogar, wo seine richtige Mutter lebe. Ihm liege sehr daran, dies herauszubekommen.

Veva wies in ihrem nächsten Brief darauf hin, daß sie das unmöglich sagen könne, denn sie sei seinerzeit bei der Adoption zu absolutem Stillschweigen verpflichtet worden. Er dürfe sie mit seinen Fragen nicht in einen Gewissenskonflikt treiben. Das könne er nach all den Jahren und nach allem, was sie und Helma für ihn getan und gelitten hätten, nicht von ihr verlangen.

Sie bitte ihn inständig darum, sie, Veva, und Tante Helma als seine Mütter anzusehen und niemand sonst: »Denn wir ha-

ben Dich großgezogen und die Eisenwarenhandlung für Dich aufgespart.«
Tante Helma habe immer wieder für ihn gebetet.
Eines Sommers, vielleicht könne er, Boy, sich erinnern, sei er beim Johannisfeuer über einen Stacheldrahtzaun geklettert und ausgerutscht und in den Stacheldraht gefallen:
»Tante Helma hat Dich verarzten wollen und Dich gebeten, ihr Deine Wunde zu zeigen, doch Du hast Dich hartnäckig und starrköpfig geweigert. Niemand wolltest Du zeigen, wo du Dir weh getan hast. Zuerst nicht einmal dem Doktor, den wir riefen.
Danach haben wir Dich kaum noch zu Gesicht bekommen. Wie ein Fremder bist Du durch das Haus gegangen, hast den Gruß verweigert und auch mit den schulischen Leistungen nachgelassen. Abends bist Du immer später nach Hause gekommen. Irgend etwas hat Dich damals angerührt und ganz und gar verändert.
Deine Tante Helma hat später immer wieder gesagt:
»Eine Hand hat ihn fortgeführt.«
Und Helma hat gebetet:
»Herr, hilf mir sein Gesicht vergessen, das Haar auf seinem Kopf, mach, daß ich ihn ganz und gar vergeß, wie er immer war. Er war das einzige, das ich hatte im Leben.«
Das hat Deine Tante Helma gebetet, und sie ist darüber immer wunderlicher geworden.«
Jetzt liege sie unter der Erde. Der Herr gebe ihr die ewige Ruhe.
Doch Boy beharrte auch in seinem nächsten Brief auf einer Antwort auf seine Fragen.
So kam es, daß Veva Kummet ihren letzten Brief schrieb, den sie mir vorlas, ehe sie ihn in den Umschlag steckte.
»Sohn«, schrieb sie, »eines Tages hat Dich Tante Helma gesehen. In der Dämmerung ist ihr Dein Geist erschienen. Er drückte sich hinten auf dem Hof herum, gerade als Helma die Wäsche von der Leine nehmen wollte. Dann kam Deine Tante ins Haus und war weiß wie die Wand. Sie sagte keine

Silbe, sondern suchte Fassung im Gebet. Endlich hat sie es mir eines Abends beim Essen gesagt: Sohn, dein Geist. Bald wird er im Haus stehen. Er kommt näher und näher, hat sie gesagt. Und Du habest zu ihr gesagt: Tante Helma, komm doch her und hab keine Angst vor mir, ich bin es, Boy. Es geht mir gut, und ich bin zurückgekehrt, um euch alle wiederzusehen, das Haus und die Eisenwarenhandlung und wie es steht. Das habest Du gesagt.

Und noch etwas habest Du gesagt: daß Tante Helma niemand ein Sterbenswörtchen verraten dürfe von der Begegnung. Du seist nur hergekommen, weil Du Dir alles noch einmal habest anschauen wollen, wie es wirklich gewesen sei.

Doch Deine Tante Helma konnte ihr Versprechen, von Dir, mein Sohn, zu schweigen, nicht halten.

Sie vertraute sich mir an und sagte:

»Boy ging fort. Ich habe ihm nachgesehen. Er hatte noch den gleichen Gang wie früher.«

Und Veva Kummet schrieb, Tante Helma habe seither stets nach Boy Ausschau gehalten. Einmal habe sie ihn hinter einer Scheune gesehen, dann auf freiem Feld in einer mondhellen Nacht, denn Helma konnte nicht mehr schlafen. Bald sei ihr Boy in der Eisenwarenhandlung, bald mit seinen Augen zwischen den grünen Fransen der Wohnzimmergardine erschienen:

»Helma ist immer schwächer geworden, und immer lieber. Schließlich mußte sie dauernd im Bett bleiben. Zwischen uns war Dein Geist, Boy, aber wir sprachen nie davon, rührten nie daran, und doch warst Du zwischen uns, mein Sohn, lebendig und wirklich. Du bandest uns zusammen und hast uns auseinandergerissen.

Gegen Ende des Sommers dann, der seit Menschengedenken der heißeste war, kam eines Nachts ein erlösendes Unwetter. Ich lag in meinem Bett, nach vorne heraus, neben Helmas Zimmer, und ich betete: Herr, laß es herunterkommen.

Helma hat Dich schon länger nicht mehr gesehen.

Aber in dieser Nacht habe auch ich Dich gesehen.

Ich sah Dich vor dem Fenster stehen und wollte, daß du hereinkommst bei dem Wetter.
Ich wußte, daß Dich auch Deine Tante Helma sah.
Deshalb stand ich auf und ging in ihr Zimmer.
Ich blieb auf der Schwelle, und was sah ich im Blitzschein?
Helma stand am Fenster, schön und licht wie eine Heilige, und die weißen Gardinen wehten wie Engelsgewänder um sie.
Sie schien jung, wie ein Traumbild, unwirklich und doch von dieser Welt, und Dein Gesicht, Boy, war draußen vor dem Fenster.
Wie eine Laterne.
Und das war das letzte im Leben von Tante Helma, denn ich habe sie aufgefangen, als sie zusammenbrach.
Ich habe sie ins Bett getragen, ein kleines schmächtiges Bündel.
Den Rest der Nacht habe ich neben ihr gesessen.
Beide waren wir stumm.
Helma für immer.
Und der Regen platschte ums Haus und auf das Pflaster.
Immer wieder habe ich Dich gebeten, doch hereinzukommen.
Die Nacht verstrich, und Du bist wieder nicht gekommen.
Das ist alles, was ich erzählen will, und ich werde es nie wieder erzählen.
Ich tu's nie wieder.«
Mit diesen Worten schloß der letzte Brief, den Veva Kummet an ihren angenommenen Sohn schrieb, der als Ingenieur bei einer Bohrturm-Firma irgendwo im Ausland arbeitet.
Die Eisenwarenhandlung ist in fremden Händen. Manchmal, wenn Veva auf den Friedhof geht, um Tante Helmas Grab zu pflegen, sagen die Leute, sie suche wieder nach Boy.
Einmal soll sie sogar mit einer Laterne gesehen worden sein.
Aber die Leute reden viel.
Und ich muß jetzt weiter.

DAS SIEBTE KAPITEL *erzählt von den Vorfahren, von Haarkünstlern und Zahnärzten, von der Großmutter und ihrem rätselhaften Hunger*

April

Orientierte ich mich an der jüngeren Literatur, so hätte ich auf den ersten hundertundfünfzig Seiten meinen Vater zu schlachten und dann das dringende Bedürfnis zu verspüren, in den Schoß meiner Mutter zurückzukriechen.
Hier muß ich mit Bedauern abwinken.
Fehlanzeige. Warum? Das werden Sie gleich lesen.
Es ist nun an der Zeit, einiges richtigzustellen.
Bei mir liegt der Fall etwas anders. Ich will nicht sagen komplizierter, aber doch anders.
Also: was ich bisher über Vater und Mutter sagte, stimmt nicht ganz. Es stimmt nur zum Teil.
Die Wahrheit ist, daß ich meinen Vater nie gesehen habe und nicht kenne, denn ich wurde weder als Zweistündiger oder Eintägiger vertauscht, noch hat sich sonst Grandioses ereignet. Ich wurde lediglich seitab gezeugt, und alle Zeugenbefragungen fruchteten nichts. Die Beteiligten oder Wissenden schwiegen nach Thulserner Art wie das Grab.
Fehlanzeige.
Weder weiß ich, wer seinen Heimkehrerstau in den Lenden abgebaut hat, noch zwischen welche Schenkel und in welche Spalte sein magermilchkrüppelspendender Samen drang.
Meine Mutter kam, kurz nachdem sie das Wochenbett verlassen hatte, unter irgendwelche Räder. Es sollen die eines Heuwagens gewesen sein. Jedenfalls stand sie nicht mehr auf und soll keinen Schnapper mehr getan haben.
Wie also von der Vaterschlachtung, wie also von der Rückkehr in den Mutterbauch erzählen? Den Anforderungen jüngster Poesie vermag ich mangels Masse nicht standzuhalten.
Manche können mit zwei oder mehr Vätern aufwarten, ich freilich nur mit Unwissenheit.
Vielleicht holte ein anderer jetzt aus zu einem tränentreibenden Rundumschlag in Sachen soziales Elend von unehelichen Kindern. Mir reicht, was die Thulserner zu mir sagten.
Mir reicht ein Wort wie Magermilchkrüppel.
Das sagt mir alles. Dem ist nichts hinzuzufügen an irgendwelchen Sentimentalitäten.

Ich habe es geschluckt und meine Bauchrednerkunst daran geschult. Und inwendig habe ich mir meinen Stammbaum zusammengestellt:
Lauter Schlaflose.
Dem einen fielen die Fußnägel aus, der andere erstickte im Traum an einer Haselnuß, eine fiel ins Bodenlose, die nächste ging in den Hanf.
Die Last mit den Altvordern.
Jeder Erzähler kennt sie.
Um wenigstens einer der Regeln des *Großen Romanes* Genüge zu tun, nach dem die Gazetten lechzen, füge ich mich und erfinde kurzfristig, damit dieses Kapitel rasch abgehakt werden kann, schnell ein paar Großeltern, denn bei meiner Großmutter wuchs ich auf.
In jedem anständigen Roman spielen die Großeltern eine bedeutende Rolle: sei es, daß von ihnen erzählt werden muß, ehe der Held überhaupt erst gezeugt wird, sei es, daß sie den Grundstock zu liefern haben für späteres Gedeih und Verderben.
Ich habe da meine Probleme. Der Vater meiner Mutter verschwand, nachdem er abgeladen hatte, auf Nimmerwiedersehen. Die Mutter meiner Mutter stürzte vor meiner Zeit von einer Leiter, lag einige Jahre gelähmt und verschied, ehe meine Geschichte beginnen konnte. Der Vater meines Vaters hatte zu wenig Geduld, um die Geburt seines Enkels abzuwarten. Er, der immerhin noch unserem geliebten und unvergessenen König Ludwig begegnet ist, machte sich im Jahre vierundvierzig gemeinsam mit Generalfeldmarschall Rommel, Ernst Thälmann und dem Flieger Saint-Exupéry auf und davon. Vielleicht ist ihm Stalingrad zu sehr in die Knochen gefahren, vielleicht hat ihm der 20. Juli den Bauch verhärtet, denn dieser Großvater war Träger des Eisernen Kreuzes und des Bayerischen Militärverdienstordens vierzehn-achtzehn, wie mir versichert wurde. Übrig blieb die Großmutter mit ihrem dünnen Zopf und den krampfaderüberzogenen Beinen. Diese Großmutter stellte sich mir schon früh als Modell für meine hem-

mungslosen Frisierkünste zur Verfügung. Sie krönte meine Abende, wenn ich mit kindlicher Roheit den scharfen Kamm über die rötliche Kopfhaut der milden Achtzigjährigen zog. Nur manchmal mahnte leises Aufstöhnen zur Rücksicht.
Nur manchmal.
Neben den Haaren interessierte mich in besonderem Maße das Gebiß meiner Großmutter, das sie teilweise herausnehmen und über Nacht in eine milchige Flüssigkeit legen konnte.
Welch spannender Vorgang, welch köstliches Bad.
Sobald die Großmutter ihre Zähne ausgehängt hatte, begann ich mit der Untersuchung von Ober- und Unterkiefer, stocherte zwischen uringelben Restzähnen nach Speise, war von Klammern und Zwingen am Ende der Brücken beeindruckt.
Sollte ich Zahnarzt werden?
Oder sollte ich mein Glück als Haarkünstler versuchen?
Abend für Abend denke ich darüber nach, entscheide mich bald für diese, bald für jene Branche.
Doch viel bedeutender ist, was jedes Wochenende geschieht. Jeden Samstagabend fülle ich mit etlichen Kübeln lauwarmen Wassers die Zinkbadewanne für Großmutters Bad. Großmutter erscheint dann im Nachthemd in der Küche, und ich begleite die alte Frau hinunter ins vorgeheizte Waschhaus, stütze sie von Stufe zu Stufe, achte auf jeden ihrer Schritte auf dem Kokosläufer, nehme ihr schließlich den Stock ab, lege ihn über die Sitzfläche des Stuhles, über dem schon das Handtuch bereit liegt, helfe dem zaunsteckendürren Körper zuerst auf ein Schemelchen, schließlich in die Wanne. Die Großmutter prüft mit dem linken Fuß die Temperatur des Wassers, spielt ein wenig mit den Zehen darin, lächelt dann und nickt. Das ist das Zeichen, ihr vollends in die Wanne zu helfen, die wie ein Kahn im Waschhaus steht: als wollte er gleich wegschwimmen, als sollte jeden Augenblick losgerudert werden. Dann drehe ich mich rasch um, höre, wie sich die Großmutter das Nachthemd über den Kopf zieht, lasse es mir, den Blick starr auf die Tür gerichtet, über den Arm legen,

den ich in jenem Augenblick ausstrecke, bette das Nachthemd wie ein Brautkleid sorgfältig über die Stuhllehne, lege das Handtuch bereit und höre endlich, wie sich die Großmutter ins Wasser setzt. Sie läßt sich herunter, ich könnte genau sagen, welche Wellen es gibt dabei. Ohne hinschauen zu müssen, weiß ich, wie die Frau langsam im Dampf verschwindet; ohne hinschauen zu müssen, sehe ich sie, wie sie sich einnebelt, während ich fast auf Zehenspitzen die Waschküche verlasse und schnell die Türe hinter mir schließe, damit keine Wärme entweicht, denn die Großmutter friert rasch. Eilig gehe ich die Stiege hinauf, nehme zwei Treppenstufen auf einmal, indes die Großmutter auf dem Schemel neben der Zinkwanne nach ihren Badeingredienzen sucht. Die Hand tastet nach dem knisternden grünen Papierchen, aus dem sie eine Fichtennadeltablette holt, sie ein wenig zwischen den Fingern zerreibt, ehe sie die Körner über das Wasser um sich verteilt, als füttere sie Hühner. Dann planscht die Hand im Wasser herum, wirbelt es auf, die Brause schäumt. Jetzt ist das alte Einmachglas mit den getrockneten Kräutern an der Reihe: Heublumen. Die Großmutter schwört auf die Heilkraft von Heublumen. Und auf Zitronenmelisse. Eine Handvoll Blätter Zitronenmelisse aus einem flachen Schüsselchen, das gleichfalls auf dem Hocker neben der Wanne Platz hat. Alles umrühren, mehrfach umrühren. Langsam atmen, zur Ruhe kommen, sich dem Duft hingeben: Fichtennadel und Heublumen und Zitronenmelisse. Jeden Samstagabend.

Jeden Samstagabend bereite ich unterdessen den Stuhl vor, in den sich die Großmutter nach dem Bad setzen wird. Ich lege die Decke über ihn, damit sich die Großmutter hineinwickeln kann und nicht zu frösteln braucht, ich schiebe den gepolsterten Schemel vor den Stuhl. Ja, es ist ein Ohrenstuhl, und wo der Kopf ruht, liegt ein gesticktes Deckchen. Ja, genauso ist es, wie man es kennt. Wie ein Diener einer vornehmen Herrschaft bereite ich alles vor für die Stunde, die jeden Samstagabend dem Bad der Großmutter folgt. Jede Kleinigkeit hat ihre Bedeutung, der Ablauf ist genau geregelt, darauf wird peinlich geachtet. Um die Zeit meines Wartens zu verkürzen, stelle ich mir vor, wie sich die Großmutter sitzend einseift. Zuerst Hals und Brust und die Knie mit der rauhen Haut. Die Großmutter richtet sich auf in der Wanne. Das kostet die Frau einige Anstrengung, aber sie schafft es mit der Zähigkeit der Alten. Der Waschlappen fährt über die dünnen Waden, wird eingeseift, fährt vorsichtig an den Krampfadern entlang, die sich wie satte Würmer um die Beine winden. Die Knie werden geschrubbt, immer wieder, als halte sich die Frau den ganzen Tag auf den Knien auf. Das Geschlecht wird eingeseift, die Kernseife fährt zwischen die Beine, die Oberschenkel hinauf und hinunter, umkreist den Bauch, streift die Hüften, macht einen Sprung unter die linke, dann unter die rechte Achselhöhle, um wieder und wieder den Hals zu umspielen. Das Stück Kernseife glitscht aus der Hand, verschwindet zwischen Zitronenmelisse und Heublumen und Fichtennadelbrause, wird endlich stöhnend aus dem Wasser gefischt und festgehalten wie eine Forelle. Die Frau beginnt zu frösteln. Das Gesicht wäscht sich die Großmutter immer zuletzt und besonders gründlich. Heftig reibt sie am Hals, heftiger hinter den Ohren, zwischen den Augen und der Nase, über Mund und Wangen und Stirn, bis sich die fahle Haut rötet und ein seltsamer Glanz über sie kommt. Noch einmal sehe ich die Frau sich in der Zinkwanne ins Wasser herablassen. Ein kleiner Schnabeltopf wird vom Hocker genommen – was alles Platz hat auf ihm: grünes knisterndes Papier für Fichtennadelbrause, ein flaches Schüsselchen mit Zitronenmelisse, das Weckglas mit den Heublumen, der Schnabeltopf – und ins Wasser getaucht. Wasser wird mit ihm aus der Wanne geschöpft, um die Seife von dem mageren Körper zu spülen: über die Schultern den Rücken hinunter ist es besonders wohlig. Die Haut ist fahl. Ledrig ist nur das Gesicht. Die Arme sind gebräunt: bis zu den Ellbogen. Lange dünne Finger mit kurzen Nägeln legen sich um den abgerundeten Rand der Wanne, nein, sie krallen sich nicht, sie legen sich kräftig um den Rand, die zaunsteckendürren, aber energischen Arme ziehen den Leib in die Höhe. Aufrecht steht die Frau und für einen Augenblick stolz und bolzengerade. Ja, noch kann sie sich gerade halten und behutsam einen Fuß über den Rand der Wanne heben: den rechten zuerst. Andersherum brächte es Unglück. Gewiß, es kostet Mühe. Aber keiner soll sie ihr anmerken. Die Großmutter will zäh sein, also ist sie zäh. Sie hält sich gerade. Nur daß es nicht mehr so flink geht wie früher. Über das Schemelchen tappen die nassen Füße mit den breiten Zehen und den gebirgigen Fußnägeln auf einen Holzrost. Die Großmutter langt nach dem Handtuch und trocknet sich langsam ab, als pflege sie ein Kleinkind. So vorsichtig sind die Handgriffe. Die alte Frau fröstelt. Immer fröstelt sie ein wenig, wenn sie aus der Wanne kommt. Aber gleich wird ihr warm, gleich wird sie sich warm reiben. Sie bekommt eine Hühnerhaut. Zuerst wird das Gesicht getrocknet. Kurz und schnell, wie zur Probe. Jetzt stellt die Großmutter ein Bein auf das Schemelchen und reibt sich von unten nach oben mit dem Handtuch die Knochen ab. Vorsicht bei den Krampfadern. Von unten nach oben. Zuerst die linke Seite: wegen der Blutzirkulation. Jeden Samstagabend erzählt mir die Großmutter nach dem Bad von der Blutzirkulation. Jeden Samstagabend erzählt mir die Großmutter, wie sie sich abtrocknet. Das Frösteln läßt nach, aber die Hühnerhaut will nicht verschwinden. Schließlich wird das Nachthemd übergestreift und über der Brust verschnürt. Die Füße schlüpfen in die Latschen. Der Stock liegt griffbereit. Die Großmutter hebt ihn in die Höhe und klopft mit dem Knauf an die niedrige Holzdecke des Waschhauses. Das ist für mich ein Stockwerk darüber das Signal, die steile Stiege mit dem Kokosläufer hinunterzurennen, zwei Stufen auf einmal, die Waschhaustüre zu öffnen und die Großmutter abzuholen. Sobald ich die Waschhaustüre öffne, schlägt mir der Dunst entgegen. Es riecht nach Zitronenmelisse, nach Heublumen, nach Fichtennadelwasser und nach alter Frau. Das Schnabeltöpfchen schaukelt im Wannenwasser. Die Großmutter lächelt, weist mit dem Stock auf die Luke mit dem Fliegengitter, heißt mich die Luke öffnen und den Dunst abziehen lassen. Die Frau legt mir ihre Hand auf die Schulter, sie stützt sich auf mich. Die Großmutter ist groß und dünn. Es heißt, sie sei früher eine stattliche Frau gewesen. Wenn von stattlich die Rede ist, zeigt sie mit einem langen dünnen Zeigefinger gern auf eine bräunliche Fotografie in einem hölzernen Rähmchen. Die Fotografie zeigt eine große Frau mit einem Knoten. Sie trägt ein schwarzes Kleid mit Manschetten und einer tiefen Taille. Um den Hals liegt ein Spitzenkragen. Er muß sehr weiß gewesen sein und das Haar sehr schwarz. Blauschwarz, sagt die Großmutter und wiederholt es mit einem leichten Zittern in der Stimme. Ehe ich die Frau zur Türe begleite und die steile Stiege hinauf, fische ich den Waschlappen aus der Wanne, hänge ihn neben das hundertfach gewaschene Handtuch, das hart ist wie ein Brett, über ein Waschseil, das quer durchs Waschhaus gespannt ist. Hölzerne Klammern hängen an ihm wie tote Vögel. Mit dem Schnabeltöpfchen sammle ich die Zitronenmelisse und die Heublumen. Erst dann ziehe ich den Stöpsel aus dem Wannenboden und lasse das Wasser ablaufen. Es gurgelt, ich trockne meine Arme, die Großmutter beobachtet mich und lächelt. Sie faßt nach dem Knoten. Ihr Blick sagt, daß sie wieder fröstelt, wir quälen uns Schritt um Schritt die steile Stiege hinauf. Wenn nur die Stiege nicht so steil wäre. Und was das Zeit braucht. Zuerst der Fuß, dann der Stock, dann der andere Fuß, dann wieder der Stock, auf der einen Seite der Stock, auf der anderen Seite ich, notfalls ist da noch ein Geländer, aber die Stiege ist wirklich sehr steil.

Unterwegs sage ich der Großmutter, während sie ausschnauft, daß sie dufte. Das hört sie gern. Dann geht es wieder leichter weiter. Wir brauchen unsere Zeit, bis wir in der Küche sind, es dauert eine Weile, bis die Großmutter ächzend in den Stuhl sinkt, die Beine anzieht, die Füße auf den Schemel stellt und sich von mir in die Decke wickeln läßt: weil sie doch so leicht fröstelt. Eine Zeitlang höre ich nichts als den Atem der alten Frau. Er geht, als stiegen wir noch immer die Treppe hinauf,

als wollte sie nicht enden, als führte sie geradewegs in den Himmel. Erst allmählich werden die Züge länger und gleichmäßiger, erst langsam kehrt Ruhe ein, endlich findet die Großmutter ihren gewohnten Rhythmus: Zug um Zug. Ihre Hände halten die Decke, spielen mit den Fransen, zupfen Flusen. Dann wandern die Hände zum Kopf und suchen den Knoten, prüfen ihn mit gewohnten Griffen, streifen eine Strähne hinter das Ohr, alle Haarnadeln sind an ihrem Platz. Die Großmutter atmet gleichmäßig. Das kann sie erst, wenn sie weiß, daß der Haarknoten in Ordnung ist. Sie braucht diese Gewißheit, denn früher war sie eine stattliche Frau, die nichts auf sich kommen ließ. Die immer darauf achtete, daß es mit dem Knoten und auch sonst seine Ordnung hatte. Die Augenlider werden schwer. Und wie schwer sie werden. All die Jahre hängen plötzlich an den Augenlidern und ziehen sie nach unten. Immer mühseliger wird es für die Großmutter, die Augen offenzuhalten. Welche Anstrengung sie das kostet. Aber sie gibt nicht auf. Sie strengt sich an und nimmt alle Kraft zusammen, doch dann resigniert sie. Die Augen zeigen, daß diese Resignation das größte Gewicht ist, daß es schwerer wiegt als all die Jahre.
Großmutter hat die Augen geschlossen. Endlich kann sie durch die Sümpfe der Vergangenheit segeln. Sie sitzt in ihrem Stuhl wie auf einem Thron und beginnt zu sprechen. Zuerst höre ich ihre Anweisungen, wie ich das Haus sauberzuhalten habe, wo ich zuerst putzen solle, wo sich der Staub besonders gern sammle, was lange, viel zu lange nicht abgewischt worden sei, auch die Vorhänge müßten wieder einmal gewaschen, die Küche müßte dringend geweißelt werden, wie lange ist die Dachrinne nicht ausgeräumt worden, auf dem Boden muß es verheerend aussehen, was für eine Schande, wenn plötzlich jemand käme.
Aber es kommt niemand. Ich bewege mich nicht von der Stelle. Ich sitze der Großmutter zu Füßen und schaue auf ihre fleischigen Lippen, die runzlig geworden sind wie die ledrige Gesichtshaut, ich sehe, wie sich beim Sprechen die Barthär-

chen bewegen, ich sehe, wie die Nasenflügel ein wenig beben. Großmutter spricht mit geschlossenen Augen. Immer weitere Kreise ziehen ihre Gedanken, längst hat sie das Haus verlassen, längst ist sie über die Gegenwart hinaus und in die Vergangenheit eingetaucht, spricht davon, wie stattlich sie einst war, zählt die Namen der Männer auf, die sie hätte haben können, zählt die Namen der Männer auf, die sie sich genommen hat: den einen, weil er ein Weiberheld war, den anderen, weil er ihr so dekadent vorkam, den nächsten, weil er aussah wie ein Inder, wieder einen aus Langeweile, den anderen aus Hochmut, diesen oder jenen, weil ihr einfach danach war. Nie habe sie Rücksichten genommen. Ja, stattlich sei sie gewesen. Lang das Haar und stolz der Gang. Allen habe sie in die Grube geschaut, allen, die ihr beiwohnen durften: welch ein Triumph. Ich habe sie alle überlebt, sagt die Großmutter und bekommt einen bitteren Zug um den Mund. Ich glaube ihr nicht, wenn sie mir mit der Geschichte kommt, in der sich zwei Männer wegen ihr schießen. Ich glaube keinem ihrer Träume, wenn sie von ihren Dienerinnen spricht und von den Persönlichkeiten, die bei ihr ein und aus gingen. Kein Wort davon ist wahr. Großmutter war ihr Lebtag hundearm. Aber in ihrer Vorstellung führte sie ein großes Haus und besaß ein Bad mit Pfauenreihen und Mosaiken und Kacheln und einem marmornen Becken. Um nur die Uhren aufzuziehen und zu stellen, benötigte ich Stunden. Ihre Sparsamkeit sei von heiliger Strenge gewesen, Kleider habe sie getragen in äquatorialen Farben, die Lippen mit Karmin getönt, die Lider mit Moschus und die Fingernägel mit Perlmuttemail. Alle Platten von Caruso habe sie besessen und exotische Vögel gehalten in einer Voliere vom Keller bis zum Dach. Ihr Vater habe ihre Mutter aus einem Bordell auf den Antillen entführt, wo er einen Mann habe erstechen müssen. Er mußte es tun: Ehrenhändel sind Ehrenhändel. Großmutter fragt mich, ob ich das Kristall glänzend gerieben und die Champagnerkelche getrocknet hätte, ob die silbernen Kandelaber und das Gedeck für zwölf Personen aufgetragen seien. Ist der Teppich gereinigt? Wo bleibt die Suppe? Ich habe Hunger! Und nachdem sie schmatzend ihre Suppe gelöffelt hatte, erzählt sie mir

Das Märchen von der Mond-Post

Es war einmal ein alter Briefträger, der hieß Firmian Nasenfranz. Seit Jahr und Tag brachte er den Menschen die Post, alle in seinem Bezirk kannten ihn, und er galt als ein Muster von Verschwiegenheit und Zuverlässigkeit. Viele vertrauten ihm ihre Sorgen an oder fragten ihn um Rat, und alle konnten sich darauf verlassen, daß Nasenfranz nichts weitertratschen würde. Dazu war er viel zu gewissenhaft.

Jeden Morgen verließ Firmian Nasenfranz sein Haus, gab seiner Liebsten einen Kuß, nahm seine Tasche mit der Thermosflasche und dem Käsebrot, schwang sich auf sein gelbes Postrad und radelte ins Amt. Er setzte sich an den großen Verteilertisch, leerte die Postsäcke und suchte sich aus dem Stapel die Post für seinen Zustellbezirk heraus. Schließlich begann er, die einzelnen Briefe, Karten und Päckchen, die Zeitungen und Postwurfsendungen entsprechend der Reihenfolge der Adressen zu sortieren. Dies war keine besonders schwere Aufgabe für Firmian Nasenfranz, denn er kannte seine Kundschaft, und er war bereits so lange Postbote, daß ihm das Sortieren in Fleisch und Blut übergegangen war. Wie lange er schon bei der Post war, wußte er selbst nicht mehr. Es schien ihm eine Ewigkeit her, daß er anno dazumal als Jungbote eingestellt und losgeschickt worden war. Und hätte ihn nicht vor einiger Zeit der Herr Amtsvorstand zu sich gerufen, um ihm einen vorgedruckten Glückwunsch zum Dienstjubiläum zu überreichen, so wären ihm die Jahre vorübergeflogen wie satte Vögel.

Wieder einmal sortierte Firmian Nasenfranz die eingegangene Post. Wieder einmal wußte er fast blind, wohin er die Karten und Briefe zu stecken hatte, wer wem was und wie schrieb und welche Folgen die eine oder andere Nachricht haben würde.

Nasenfranz kannte seine Kundschaft.

Doch plötzlich stutzte er.
Da war ein Brief, der ihn überraschte.
Äußerlich gesehen handelte es sich um einen ganz normalen Brief, korrekt frankiert, mit gut leserlicher Anschrift.
Aber gerade die Anschrift machte Firmian Nasenfranz stutzig.
Er traute seinen Augen nicht, was er da las:
An den Mond.
Sonst nichts.
Firmian Nasenfranz hielt einen Brief *An den Mond* in Händen.
Ein Absender fehlte.
Der Postbote geriet ins Schwitzen.
Ein unangenehmes Gefühl machte sich im Magen breit.
An den Mond.
Was sollte Firmian Nasenfranz mit diesem Brief anfangen?
Kopfschüttelnd verließ Nasenfranz mit dem Brief in der Hand seinen Platz und ging hinüber zu seinem Kollegen Ziereis. Vielleicht wußte der Rat, denn auch Ziereis war ein erfahrener Postbote.
»Schau einmal, was ich da habe. Einen Brief *An den Mond.*«
Ziereis unterbrach das Sortieren seiner Post, schaute ungläubig über den Rand der Brille, schaute Nasenfranz in die Augen, schaute auf den Brief, prüfte die Marke, murmelte etwas von korrekter Anschrift, suchte einen Absender, fand ihn nicht und gab den Brief schulterzuckend zurück.
»Unzustellbar«, sagte Ziereis, »zurück an den Absender.«
»Aber der Absender fehlt«, wandte Nasenfranz ein.
»Dann weiß ich auch nicht«, antwortete Ziereis und widmete sich wieder dem Sortieren.
Firmian Nasenfranz wußte nicht, was er tun sollte.
Ratlos stand er da und hielt hilflos den Brief in der Hand.
Da kam sein Kollege Fürnkäs vorbei, der für die Paketpost zuständig war.
Nasenfranz fragte Fürnkäs.
Fürnkäs prüfte den Fall, zuckte gleichfalls mit den Schultern

und riet Nasenfranz, sich an den Herrn Amtsvorstand zu wenden.
Ein Brief *An den Mond* ohne Absender!
Hatte sich jemand einen üblen Scherz erlaubt?
Oder sollte die Zuverlässigkeit des Briefträgers Nasenfranz überprüft werden?
Stand eine Revision bevor?
Wollte man ihm eine Falle stellen?
Mit diesen Gedanken im Kopf klopfte Nasenfranz an der Türe des Herrn Amtsvorstandes, von dem er wußte, daß er sich nur ungern stören ließ. »Herein«, rief er barsch, »was wollen Sie, ich habe keine Zeit.«
»Herr Amtsvorstand«, buckelte Nasenfranz, »ich habe hier einen Brief *An den Mond,* ohne Absender, aber korrekt frankiert. Was soll ich tun?«
»Was soll ich tun?«, äffte der Amtsvorstand den Briefträger nach.
»Zustellen, natürlich! Was glauben Sie wohl, Nasenfranz, wofür die Post sonst da ist. Alles wird überallhin zugestellt, sofern ein Postgut ausreichend frankiert und die Adresse zu lesen ist. Das sollten Sie nach all den Jahren doch wissen. Und jetzt stören Sie mich nicht weiter und lassen mich mit Ihren albernen Fragen in Ruhe, Nasenfranz. Verstanden?«
»Jawohl, Herr Amtsvorstand«, entschuldigte sich Nasenfranz und schlich hinaus.
Da stand er wieder mit dem Brief *An den Mond* und wußte nicht, was er tun sollte.
Er mußte der Anordnung des Herrn Amtsvorstandes gehorchen und den Brief zustellen.
An den Mond.
Aber wie kann man dem Mond einen Brief zustellen?
Entmutigt schlich Firmian Nasenfranz an seinen Platz zurück und wischte mit dem Taschentuch über die schweißnasse Stirn.
Firmian Nasenfranz stand vor der postalisch schwersten Aufgabe seines langen Postbotenlebens.

Er mußte einen Brief an den Mond zustellen.
»Schreib einfach eine Unzustellbarkeitsurkunde aus«, rief Ziereis hinter seinem Postberg hervor, »dann hast du dir die Sache ordnungsgemäß vom Hals geschafft.«
Aber Firmian Nasenfranz dachte an die Worte des Herrn Amtsvorstandes und an die Aufgaben der Post.
Alles wird überallhin zugestellt, sofern ein Postgut ausreichend frankiert und die Adresse zu lesen ist.
Der Brief an den Mond war ausreichend frankiert und die Adresse war deutlich und klar zu lesen.
In Sekundenschnelle entschied Firmian Nasenfranz, sich der Aufgabe zu stellen.
Und wenn sie auch noch so schwer oder gar undurchführbar war.
»Ein Nasenfranz gibt nicht auf«, sagte er sich, »nein, so schnell gibt ein Nasenfranz nicht auf. Ich werde schon einen Weg finden, um den Brief seinem Empfänger zuzustellen.«
Firmian Nasenfranz hatte noch nie gekniffen.
Was hatte er nicht alles schon zugestellt?
Einschreiben und Nachnahmen, Eilpost und Telegramme, Feldpost und Todesnachrichten, Scheidungsurkunden und Gerichtsbescheide, Pfändungs- und Einberufungsbefehle, blaue Briefe, schlechte Zeugnisse, eidesstattliche Erklärungen, Einladungen und Drucksachen, Büchersendungen und Zahlungsanweisungen, Rechnungen, Prospekte, Luftpostbriefe und Ansichtskarten aus den Ferien. Alles hatte er zugestellt.
Und stets hatte er es ordnungsgemäß dem Empfänger ausgehändigt.
Keiner konnte ihm da etwas nachsagen.
Deshalb wollte Firmian Nasenfranz auch jetzt nicht aufgeben.
Er sah sich an seiner Postbotenehre gepackt.
Zuerst wollte er seinen üblichen Gang durch seinen Zustellbezirk hinter sich bringen. In der Zwischenzeit fiel ihm vielleicht eine Lösung ein, wie er seine besondere Aufgabe lösen und dieser größten Herausforderung, die wohl jemals an einen Briefträger gestellt worden war, begegnen konnte.

Firmian Nasenfranz vertraute auf seine Erfahrung, und er vertraute auf gewisse Ratgeber, die ihm schon öfter im Leben geholfen hatten und die ihrerseits wiederum ihm wegen mancher Hinweise und Empfehlungen verpflichtet waren.
Da war zum Beispiel der Feinmechaniker Zundelfrieder, der ewig in seiner Werkstatt hockte, Stumpen qualmte und an einem Perpetuum mobile bastelte. Und dann gab es außerdem die alte Leopoldina, die, als Kräuterhexe verschrien, ihm manchen Sud gegen Sohlenbrennen, Schenkelreißen und Rückenschmerzen vom schweren Postranzenschleppen zusammengebraut hatte.
Nasenfranz wußte: auf diese beiden konnte er sich verlassen. Sie würden ihm sicher einen guten Rat in seiner Not geben.
Schneller als sonst bediente der Postbote Nasenfranz an diesem Vormittag seine Kunden, kräftiger trat er in die Pedale seines geliebten gelben Dienstrades, hurtiger als gewöhnlich füllte er die Briefkästen. Nirgends wollte er sich lange aufhalten, lehnte Schwatz und Schnaps ab: er hatte eine größere Aufgabe zu erledigen.
An den Mond.
Ordnungsgemäß freigemacht.
Schon hatte er seinen Gang durch seinen Bezirk hinter sich.
Schon machte er sich auf den Weg zu Zundelfrieders Mächlerbude.
Schon hatte er den Stumpenqualm in der Nase.
Firmian Nasenfranz fand den Tüftler Zundelfrieder einmal mehr verkeilt und verheddert in seine Pläne zum ewigen Umgang.
Kurz schilderte der Postbote sein Problem.
Zundelfrieder sah von seinen Plänen und Skizzen auf, machte den Tisch frei, schenkte sich und seinem Besucher einen Obstler ein, schob die Nickelbrille in die Stirn und überlegte.
An den Mond.
Eine gewaltige Herausforderung.
Zundelfrieder begann, in seiner Werkstatt im Kreis zu gehen und laut nachzudenken:

»Über den Mond gibt es allerlei zu sagen, mein Lieber.
Du möchtest wahrscheinlich gern den Amtsvorstand auf den Mond schießen. Aber du wirst deine grandiose Aufgabe lösen, mein Freund. Du wirst dem Amtsvorstand und der Oberpostdirektion beweisen, daß wir hier nicht hinter dem Mond leben. Diese Herren sollen uns doch einmal im Mondschein besuchen und ihre Bürokratenweisheiten in den Mond schreiben. Für diese Figuren vom Nadelstreifengeschwader ist der Mond doch nichts weiter als eine Lumpenlaterne.
Hör zu, lieber Nasenfranz.
Ehe du dich auf den Weg zum Mond machst, solltest du einiges über den Empfänger wissen. Das ist für einen Boten stets das Wichtigste. Er muß nicht nur den Inhalt der Botschaft kennen, sondern er muß auch wissen, an wen sie gerichtet ist und mit wem er es dabei zu tun hat. Ehe du also zum Mond hinaufradelst, will ich dir etwas über ihn verraten, was du unbedingt wissen solltest:
Der Mond dient den Liebenden, aber wer im Augenblick des Neumondes geboren wird, der ist geschlagen sein Lebtag. Wenn man den Neumond zum ersten Mal sieht, soll man ihm drei Kußhände zuwerfen, und heiraten sollte man nur bei zunehmendem Mond. Eheschließungen bei abnehmendem Mond haben Kinderlosigkeit und Unglück zur Folge. Neumond bringt Geld, wenn man ihn in die Tasche scheinen läßt. Wird eine Leiche bei Vollmond begraben, so nimmt sie den Segen aus dem Haus mit ins Grab. Bauholz sollte nur bei abnehmendem Mond geschnitten werden, sonst fault es. Um Mäuse zu vertreiben, lege man bei Vollmond Stroh ums Haus. Betten soll man zur Vollmondzeit füllen, da sonst die Federn nicht bleiben. Straßen soll man im zunehmenden Mond bekiesen, zumal sonst der Schotter in den Boden sinkt. In der Neumondnacht geborene Kälber werden närrisch. Bei leerem Mond liegen oft leere Eier im Nest. Kartoffeln sind bei abnehmendem Mond zu legen, Rüben werden bei zunehmendem Mond gesteckt. Das Gras sollte nie vor dem dritten Neumondtag gemäht werden. Dung darf nur bei übergehen-

dem Mond ausgebracht werden. Laß dir die Haare, damit sie recht stark werden, bei abnehmendem Mond schneiden. Bei Vollmond geschnitten, bleichen sie nach.
Damit weißt du genug fürs erste, lieber Freund.
Und jetzt schwing dich auf deinen Drahtesel und radle hinauf zum Mond und überbringe deinen Brief. Womöglich wirst du schon sehnsüchtig erwartet.«
Mit diesen Worten wandte sich Zundelfrieder wieder seinen Plänen zum Perpetuum mobile zu und achtete nicht länger auf Firmian Nasenfranz, der mit hängendem Kopf aus der Werkstatt schlich.
So sehr er von Zundelfrieders tüftlerischem Genie überzeugt war, so sehr war er enttäuscht von seinen Auskünften, die ihn auf seinem Weg zum Mond keinen Millimeter vorangebracht hatten.
Firmian Nasenfranz radelte davon und zielte das Hexenhaus der Leopoldina an.
Er mußte dafür ein gutes Stück weit fahren, denn Leopoldina hatte ihr Häuschen an der Waldesgrenze, weil sie einen großen Abstand zwischen sich und den anderen Menschen wünschte.
Als Nasenfranz endlich schwitzend und dampfend das Haus erreichte – das letzte Stück hatte er bergauf das Rad schieben müssen –, hörte er, wie die Leopoldina gerade die Hühnersprache übte.
Kaum hatte der Briefträger die Haustüre geöffnet und war in den dunklen Gang getreten, schon schallte es ihm entgegen:

»Die-hie-le-fie
Hüh-hüh-le-füh
ner-her-le-fer
spra-ha-le-fa
che-he-le-fe
ist-hist-le-fist
sehr-hehr-le-fehr
ein-hein-le-fein
fach-hach-le-fach.«

Firmian Nasenfranz wußte, daß Leopoldina immer wieder neue Sprachen erfand, um sich mit Tieren und Pflanzen unterhalten zu können.
Vermutlich hatte sie daher ihr immenses Wissen über die Geheimnisse der Natur.
Auf die Frage, was ihn zu ihr führe, erzählte Firmian Nasenfranz der Kräuterhexe Leopoldina die Geschichte mit dem Brief, er erzählte von seinen Kollegen Ziereis und Fürnkäs, vom Herrn Amtsvorstand und vom Tüftler Zundelfrieder.
Leopoldina hörte sich alles in Ruhe an, rührte in ihrem Arnikasud, mischte geheimnisvolle Kräuter und Ingredienzen, rührte und rührte und begann unvermittelt auf Zundelfrieder zu schimpfen.
Nichts habe er vom Mond begriffen, nichts und wieder nichts.
Lauter Lügen setzte er in die Welt.
Lügen, Lügen und Hirngespinste.
Mit dem Mond verhalte es sich ganz anders.
»Hör zu, Postler. Ich werde dir die wahren Geheimnisse des Mondes anvertrauen. Ich weiß Bescheid, denn seit meiner Kindheit bin ich mondsüchtig.«
Da freute sich Firmian Nasenfranz, weil er glaubte, an der richtigen Adresse zu sein und endlich von Leopoldina den gewünschten Rat zu erhalten, wie der den Brief *An den Mond* zustellen konnte.
Aber Leopoldina geriet so sehr in Eifer mit ihrem Ärger über die Worte des Feinmechanikers Zundelfrieder, daß sie völlig vergaß, wonach sie der Postbote gefragt hatte. Sie legte einfach los:
»Das ist blanke Mondfängerei, was der Zundelfrieder da herumschwadroniert. Einen Bären hat er dir aufgebunden. Und zwar einen ganz gewaltigen. In der Volksmedizin gilt durchweg der Grundsatz: Schäden werden bei Vollmond und bei abnehmendem Mond geheilt. Flechten, Ungeziefer, Geschwüre, Würmer, Hühneraugen und Gichtbeulen vertreibt der abnehmende Mond. Freilich braucht man dazu das richtige Bann-Rezept, aber davon hat der Zundelfrieder

keine Ahnung. Warzen weichen, wenn du bei zunehmendem Mond ans Fenster trittst, den Mond ansiehst, über die Warzen streichst und dazu sagst:

Was ich abstreif, das verlier' sich,
Was ich anseh, das vermier' sich.

Und wenn der Zundelfrieder weiterhin solche Mondlügen in die Welt setzt, werde ich ihm meine Warzen bei Vollmond hinüberwünschen.

Eins, zwei, drei, vier,
Meine Warzen schenk ich dir.

Abnehmender Mond hilft dir gegen das Zahnweh:

Helles Licht, ich seh dich an
Mit deinen goldnen Zacken.
In meinem Mund
Da pocht ein Zahn,
Darin drei Würmer hacken.

Für Überbeine gilt, was auch gegen Warzen hilft.
Krätze und Flechte bannt man bei zunehmendem Mond.
Hämorrhoidenknoten und Podagra rücke ich bei abnehmendem Mond zu Leibe.
Zunehmender Mond bringt Schwerhörigen und Bettnässern manche Plage.«
Leopoldina nahm ihr Kopftuch ab und schneuzte sich kräftig hinein.
Firmian Nasenfranz hörte fasziniert zu und konnte seine Augen nicht von den Lippen der Alten wenden, die ihn mit folgendem Rat entließ: »Ehe du die Post zustellst, mußt du wissen, wie viele Schäfchen der Mond hat. Kennst du ihre genaue Zahl, so wirst du auch einen Weg zu ihm hinauf finden. Und nun mußt du gehen.

Luna, luna, bella luna,
Heut kommt Post aus Süd-Kiruna.«

Damit komplimentierte sie Firmian Nasenfranz hinaus und schickte ihn heimwärts den Berg hinunter, wo er sein Rad laufen ließ.
Müde, enttäuscht und erschöpft kehrte Firmian Nasenfranz nach Hause zurück. Entmutigt stellte er sein Fahrrad in den Schuppen, traurig hängte er seine Dienstjoppe mit den goldenen Posthornknöpfen an den Haken. Dem Postboten taten die Beine weh, in den Oberschenkeln spürte er ein Surren, in den Waden ein Reißen, und die Knie brannten vom vielen und langen Radeln. Schlimmer noch als dies war die Enttäuschung, die wie ein Wurm in der Seele des Briefträgers nagte. Zum ersten Mal nach über dreißig Dienstjahren hatte er es nicht geschafft, einen Brief dem Adressaten zuzustellen.
Darüber war Firmian Nasenfranz am meisten traurig.
Seine Liebste hatte es ihm gleich angesehen. Schon an der Art, wie er sein Fahrrad abstellte, konnte sie sehen, was er für einen Tag gehabt hatte. Wie immer erzählte Firmian seiner Liebsten, was er heute erlebt und erfahren und durchlitten hatte. Seine Liebste kannte ihn. Sie kannte ihn schon lange Jahre, und noch immer waren die beiden ineinander verliebt wie am ersten Tag. Firmian erzählte und erzählte, bis langsam der Abend kam. Auch die Liebste war traurig, aber sie sagte nicht eine Silbe, sondern hörte nur ganz aufmerksam zu.
Als Firmian Nasenfranz alles erzählt hatte, was es von diesem seltsamen Tag zu erzählen gab, stopfte er sich resignierend ein Pfeifchen, ließ sich von seiner Liebsten an der Hand nehmen und folgte ihr hinaus vors Haus, wo sie sich, wie jeden Abend im Sommer, auf der Bank unter der Laube voll wildem Wein niederließen, um miteinander zu schweigen und auf die ersten Sterne zu warten.
Immer dunkler wurde es.
Die langen Schatten von Haus und Büschen und Bäumen gingen ineinander über und schluckten auch die Schatten von Firmian und seiner Liebsten.
Die ersten Sterne wagten sich hervor.

Schließlich kam auch der Mond.
Ganz langsam kroch er herauf, als sei er gerade erst aufgestanden und müsse mühsam aus seinem Bett steigen, sich erst einmal die Augen reiben und nachsehen, was denn alles passiert sei, während er untertags geschlafen hatte.
Firmian Nasenfranz erschrak.
Langsam und vorsichtig schickte der Mond seine Strahlen aus und legte ihren milden Glanz über die Welt.
Auf einmal aber fiel ein Strahl des Mondes auf das Gesicht der Liebsten von unserem Firmian Nasenfranz und ließ die vielen Falten und Runzeln und Grübchen und Gräben in diesem sanften Gesicht leuchten.
Firmian Nasenfranz mußte schlucken.
So sehr leuchtete das Gesicht seiner Liebsten.
So hatte er es noch nie leuchten sehen.
So schön war es, voller Falten und Furchen, die sie gemeinsam gezogen hatten all die Jahre: er und seine Liebste und das, was so leichthin das Leben genannt wird.
Plötzlich hatte Firmian eine Idee.
Ganz leicht wurde es ihm ums Herz.
Er hatte eine großartige Idee.
Freudig legte er die Pfeife zur Seite, strich seiner Liebsten über das mondbeschienene Gesicht, spürte nichts mehr von Müdigkeit und Enttäuschung, das Reißen in den Waden war wie weggeblasen. Rasch ging er ins Haus, holte den Brief an den Mond aus seiner abgespeckten Zustelltasche, ging mit ihm zurück zur Bank, auf der die Liebste wartete, und schickte den Brief, ohne ein Wort zu sagen, genau auf dem Strahl hinauf zum Mond, der sich in den Augen der Liebsten spiegelte, wie sich der Mond sonst nur in einem stillen See spiegeln konnte.
Genau auf diesem Strahl schickte Firmian Nasenfranz den Brief zum Mond.
Der Postbote wartete ein Weilchen, weil er ungefähr eine Ahnung davon hatte, wie lange der Weg sein würde, den der Strahl zurückzulegen hatte. Deshalb nahm Firmian ein paar

Züge aus seiner Pfeife und ließ den Rauch in den Nachthimmel steigen, als wollte er ihn als Dreingabe zu seinem Brief an den Mond hinterherschicken.
Erst nachdem eine kleine Weile verstrichen war, wagte es der Briefträger, wieder zum Mond aufzuschauen.
Und was er jetzt sah, das freute unseren Firmian. Es freute ihn ganz ungeheuerlich.
Jetzt strahlte und leuchtete und glänzte auch sein Gesicht.
Denn Firmian Nasenfranz sah ganz deutlich, wie der Mann im Mond den Brief von dem Mondstrahl pflückte, als öffnete er gerade seinen Briefkasten, wie er den Brief in Empfang nahm, wie er ihn öffnete und Zeile für Zeile las.
Und noch etwas sah Firmian Nasenfranz.
Er sah, wie der Mann im Mond seine Hand hob und sich mit einem freundlichen Winken beim Postboten für diesen Brief bedankte.
Ja, er bedankte sich, als hätte er schon sehr lange auf Post gewartet.
Ganz deutlich war es zu sehen:
Der Mann im Mond winkte Firmian Nasenfranz zu.
Und im selben Augenblick, in dem es Firmian sah, da sah es auch seine Liebste.
Ganz deutlich war es zu sehen.
Der Mann im Mond winkte den beiden zu.
Und sie winkten zurück.

Ich weiß noch, daß mir während des Zuhörens der Mund vollkommen austrocknete, und erst viel später verstand ich, was dieses Suppenmärchen von der Mond-Post aus dem Munde meiner Großmutter für mein weiteres Leben bedeuten sollte.
»Und sie winkten zurück.«
Mit diesem Satz auf den Lippen traf meine Großmutter der Schlag.
Sie sank einfach um, und ich weiß bis heute nicht, worauf sie wirklich Appetit hatte.

Der Tod der Großmutter aber machte mich endgültig zum Gemeindekind.
Ein Vormund wurde bestellt, und ich lernte ihn hauptsächlich und ausschließlich in Form einer Kontonummer kennen.
Monat für Monat überwies diese Nummer die gesetzlich vorgeschriebene Summe, und ich weiß bis heute nicht, wer sich hinter solcher Zahlenmagie versteckt hielt, denn die Thulserner verstehen sich besonders auf diese Art von Verschwiegenheit. Sie glauben, mit Geld alles aus der Welt schaffen zu können: sogar Vater und Mutter.
Allen Anstrengungen zum Trotz ist es mir nicht gelungen, hinter dieses Bank(ert)geheimnis zu kommen.
Keinem Brief und keinem Einschreiben, keiner Karte und keinem amtlichen Schreiben aus und nach Thulsern war etwas darüber zu entnehmen.
Es quält mich bis auf den heutigen Tag, daß ausgerechnet dies meinem Eulensehen entgangen sein soll.

DAS ACHTE KAPITEL *erzählt*

von der Gegend des Zauberers Merlin

und von einem schlaflosen Prinzchen,

dem ein Wiegenlied gesungen wird

IM ZEICHEN

Stier

Am eiligsten haben es immer die alten Weiber, weil sie so wenig Zeit haben. Sie warten schon eine halbe Stunde unter der Türe auf die Ankunft des Briefträgers voller Ungeduld, als wäre ich der Weihnachtsmann.
Eine von den ganz Ungeduldigen ist das alte Fräulein Löfforth.
Ihre Lebensgeschichte kenne ich auswendig.
Tausendmal hat sie mir erzählt, daß sie seit 1939 im Thulsernischen lebe.
Tausendmal hat sie mir erzählt, sie sei die Tochter eines preußischen Oberst. Die Löfforth sagt immer: Obersten. Also bitte.
Ja, ich weiß: die Familie stammt eigentlich aus Piemont und Savoyen. Gewiß, Fräulein Löfforth, Sie haben Ihre Jugend in den Garnisonen Ihres verehrten Herrn Vaters zugebracht.
Ach ja, auch auf Gut Bök am Müritzsee in Mecklenburg.
Gewiß: geboren im westfälischen Minden.
Richtig, richtig: Ihr Studium in Heidelberg, Marburg und Berlin.
Ihre Reisen durch Italien.
Die Zeit in Rom, achjaachja.
Und die Jahre achtzehn bis neununddreißig in Baierbrunn.
Wem sagen Sie das?
Ich weiß, ich weiß.
In der Schweiz sind Sie auch gewesen.
Selbstverständlich in der Schweiz.
Ich kenne von der Gnädigsten sogar das Jahr, in dem sie zum Katholizismus übergetreten ist.
Das interessiert mich besonders.
Was geht mich das an?
Ja, heute habe ich Post für Sie.
Sieh an, sieh an! Woher?
Lassen Sie mal sehen.
Liebe Freundin,
ich sende Ihnen herzliche Grüße aus der Bretagne, wo ich wieder einmal meine Ferien verbringe.

Erinnern Sie sich an das Versprechen, das wir uns als Studienkollegen in Heidelberg im Oberseminar von Professor Troeltsch gegeben haben? Wir wollten uns, wo immer uns der Wind der Welt hintreibt, Briefe schreiben und darin erzählen, was wir an schönen Geschichten und frommen Legenden in einem fremden Land erfahren haben.
Wie Sie wissen, habe ich mein Versprechen stets gehalten.
Ich habe Ihnen aus Florenz und aus Jerusalem geschrieben, ich habe Ihnen von der Spökenkiekerei berichtet, wie ich Ihnen von den römischen Brunnen erzählt habe.
Übertreibe ich, wenn ich behaupte, dies sei immer auf Ihr lebhaftes Interesse gestoßen?
Jetzt bin ich einmal mehr in der Bretagne, wo der Geist von König Artus weht und der Zauberer Merlin umgeht.
Ich wohne in einer bescheidenen Pension.
Das Zimmer ist karg, das Bett hart, aber die Wirtin ist ganz reizend.
Nein, nicht, was sie jetzt denken.
Über das Alter bin ich hinaus.
Die Wirtin übrigens auch.
Nach meiner Schätzung zählt sie wenigstens achtzig Lenze.
Sie ist, wie ihr Logiergast, jenseits von Gut und Böse.
Meine liebe und verehrte Kommilitonin,
Du weißt, wie sehr ich für die Bretagne schwärme, seit ich dieses herbe Land zum erstenmal besuchte. Deshalb hörte ich besonders aufmerksam zu, als mir meine alte Wirtin eines Nachmittags, wir hatten uns zu Kaffee und Kuchen verabredet, folgende bretonische Legende erzählte: »Bei der Überfahrt der königlichen Schiffe nach Cornwall, als der wütende Sturm, mit dem man anfangs gekämpft hatte, urplötzlich von einer lautlosen Windstille erstickt wurde, erkrankte der kleine Prinz an einer höchst sonderbaren Krankheit. Während das Meer tiefer und tiefer in der Betäubung eines bleiernen Schlummers zu versinken schien, wurde dieses arme, kleine Wesen von einer völligen Schlummerlosigkeit ergriffen.« Der Prinz konnte nicht mehr schlafen. Das Kind verweigerte die

Nahrung und verfiel immer mehr. Die Ärzte an Bord wußten sich keinen Rat, der Zustand des Kindes wurde immer beunruhigender. Da wurde der König an eine Geisel namens Anne erinnert, von der ihr Landsmann Budoc behauptete, sie könne noch das bretonische Schlummerlied singen. Der König sei bei diesem Vorschlag zuerst erschrocken, erzählt die alte Dame, zumal er an die verbrannten Städte und Dörfer dachte, die seine Blutspur in der Bretagne gezogen haben: bis hin zur Ermordung des jungen Herzogs in Rouen. Er sei fast noch ein Kind gewesen. Der König habe die Bretonen für heidnische Zauberer gehalten. Gehe da nicht die Geschichte von der Frau Avoise, die nächtlich singend durch das Schloß Reaux gewandelt sei, als dort die britische Besatzung gelegen habe? Und anderentags sei keiner mehr aufgestanden.
Dennoch schickte der König nach der Bretonin.
»Anne saß unter dem offenen Sternenzelt des Himmels und befragte das Meer, so wie man es in ihrer Heimat zu befragen pflegte. Auf dem Meere fühlte sie sich wie auf festem Boden. Denn im Lande gibt es Wälder und Schlösser mit Verliesen, da können die bösen Geheimnisse sich leicht verbergen – aber auf dem Meere werden alle Dinge offenbar.« Noch nie im Leben habe Anne das Meer so still gesehen. Man hätte meinen können, es schlafe. Budoc habe das Mädchen aus der Nachdenklichkeit gerissen. Ausgerechnet Budoc, den sie für einen Verräter und Überläufer gehalten und deshalb gemieden und verachtet habe. Wie betäubt habe Anne von Budoc die Nachricht aufgenommen, der König selbst habe den bretonischen Herzog gemordet. Erst dann habe sie die Bitte der Königin vernommen, ihr krankes Kind mit dem bretonischen Schlummerlied zu heilen. Die Königin habe sie angefleht und ihr goldene Ketten und Armreife übergestreift. Budoc aber habe gesagt: »Die Königin ängstigt sich, du könntest das Lied vergessen haben, aber ich weiß, du hast es nicht vergessen; du warst schon ziemlich groß, als deine Mutter an der Wiege deines kleinen Bruders Alain sang, der hernach im Meer ertrunken ist. Ich entsinne mich deiner damals noch ganz

genau: du sangst immer mit, bis du einschliefst. Du willst dem Kinde das Wiegenlied nicht singen, weil es das Kind des königlichen Mörders ist, allein du kannst ihm gerade deshalb singen. Denke doch einmal an deinen kleinen Bruder Alain, der hernach im Meer ertrunken ist. Allen, die im Meer ertrinken, singt die Todesfrau das Lied, das sie ihren Müttern an der Wiege abgelauscht hat – es ist dasselbe Lied, Anne, ganz dasselbe. Deine Urmutter Avoise wußte es, und du weißt es auch: wem man den Anfang singt, der schläft ein, und wem man zu Ende singt, der wacht nie mehr auf. Du mußt dem Kinde der Königin zu Ende singen! Du kennst den Anfang – Anfang und Ende, Wiege und Woge sind eins.«
Und Anne sei gewesen, als verlange das Meer dieses Kind. Deshalb habe sie dem Meer die Ketten und Geschmeide übergeben, um sich von ihnen wie von Fesseln zu befreien. Die Königin aber sei voller Zweifel gewesen, zum einen, weil sie gewußt habe, daß die Bretonen mit ihren Schlummerliedern auch töten konnten, zum anderen, weil Anne gar nicht wisse, was ein kleines Kind sei. Warum war ihr kleiner Prinz schlaflos, schlaflos wie sonst doch nur Verbrecher?
Während Anne in sich gekehrt versucht habe, sich an das Lied zu erinnern, habe die Flut eingesetzt. »Es war«, sagte die alte Dame, »als steige das Meer zu seinem Richterstuhl empor.«
Vergeblich habe die Königin ein Wiegenlied gesungen. Die Melodie habe sich ihr verwirrt, sinnlos seien die Worte durcheinandergesprungen, als wollte das Lied in ihrem Munde wahnsinnig werden.
Endlich sei der Königin die Erkenntnis gekommen:
»Nein, es ist kein Irrtum, daß der kleine Prinz nicht schlafen kann.
Und ich weiß ja auch«, habe die Königin gesagt, »warum es keiner ist: es gibt nichts ruchloseres, als ein Kind zu ermorden – und wir haben doch ein Kind ermordet. Wenn man zu einem Verbrechen schweigt, so willigt man in dasselbe, und ich habe doch dazu geschwiegen – jeder einzelne von uns.

Wir haben gut geschlafen, obwohl man hätte meinen sollen, daß zu Rouen kein Mensch mehr hätte schlafen können; allein wir haben es vermocht. Nur mein kleines Kind kann plötzlich nicht mehr schlafen.« Und zu Anne gewandt: »Rette das Kind! Ich schwöre, ich will mich stellen ...«

Und Anne habe zu singen begonnen und dabei dem Bild einer Betenden geglichen:

»Ihre Stimme klang zuerst sehr scheu, sie sang ohne Worte, nur die Töne raunend«, erzählt mir die alte Dame, »diese zärtlich dahinmurmelnden, immer wieder von vorne beginnenden ... Aber dann tauchten wie von selber aus der Melodie die Worte empor. Es war Anne, als ob die Mutter sie ihr vorsinge, sie merkte nicht, daß ihre eigene Stimme der Stimme jener völlig gleich geworden war.«

Sie habe sich an den Wunsch erinnert, einmal ein Kind im Arm zu halten, dem sie das Leben gegeben habe.

Schon habe sie geglaubt, die sanften Bewegungen der Wiege zu spüren und die kindlichen Atemzüge eines Schlafenden voll Zärtlichkeit zu vernehmen, bis sie mit Schrecken festgestellt habe, daß da nicht ihr kleiner Bruder in der Wiege gelegen sei, sondern der schlaflose Prinz, das Kind eines Mörders, dessen Leben das Meer verlangte.

Da habe Anne das Kind angesehen:

»Sein winziges Gesicht war weiß wie der Wiegenflor, die Haare klebten feucht von Angst und Schweiß an seiner Stirne, die Mundwinkel waren von der ausgestandenen Qual verzogen.«

Doch das Kind schlummerte. Anne hatte es in den Schlaf gesungen. Da habe Anne plötzlich nicht mehr weiterzusingen vermocht und sich gefragt, ob sie hier sei, um dem Kind den Tod oder das Leben zu geben. »Das Kind lag beklemmend still da – jetzt mußte Anne es in die Arme nehmen. So muß es sein, dachte sie«, erzählt die alte Dame, »wenn man einem Kind das Leben gegeben hat. Ich habe ihm das Leben gegeben – es schläft, es ist gesund, es ist gerettet.«

Anne habe Budoc zuerst gar nicht kommen gehört.

Der jedoch habe sie mit vor Zorn und Enttäuschung bleichem Gesicht gefragt, ob sie zu Ende singen werde.
Als Anne den Kopf geschüttelt und das Kind an sich gedrückt habe, sei still jubelnd die Königin gekommen und habe den schlafenden Prinzen zu sich genommen.
»Das Meer lag so weiß da, als seien alle Sterne der Milchstraße darin ertrunken.«
Budoc aber habe Anne zurückgeführt. Willig sei sie ihm zum Bug des Schiffes gefolgt.
»Dann ließ Budoc sie fallen«, schloß die alte Dame ihre Geschichte.
»Anne stürzte ins Meer, hinab in die bodenlose Tiefe, und Anne hörte dicht an ihrem Ohr eine Stimme, süß wie die Stimme der Mutter an der Wiege ihres kleinen Bruders: sie sang dasselbe Lied, das Anne dem Kind des königlichen Mörders gesungen hatte – sie sang es zu Ende.«

Von wegen Studienfreund und Ferien in der Bretagne, wo der Geist von König Artus weht und der Zauberer Merlin umgeht.
Pfeifendeckel.
Die Löfforth meint wohl, sie könne mich zum Narren halten. Als ob ich nicht längst wüßte, daß sie sich immer wieder selber solche Briefe schreibt, bloß weil man sich auf Gut Bök am Müritzsee in Mecklenburg sogar von Stockwerk zu Stockwerk geschrieben habe.

DAS NEUNTE KAPITEL *erzählt von*

Ernährungsfragen, Besatzergeschenken und

enthält einen Exkurs nach Mexiko

Mai

Bauchredner sind Wiederkäuer. Immer kommt ihnen etwas hoch.

Wer nimmt schon etwas in den Mund, was andere längst gegessen haben? Ich frage nicht von ungefähr. Ich frage nach Kaugummi, dem Katzengold unserer Sieger, der Amerikaner. Als die Amerikaner nach Thulsern kamen, bildeten sich die Legenden. Die einen Thulserner sagten, jetzt komme nach der gelben die schwarze Gefahr, die anderen rühmten die schwarzen Schwänze der Besatzer, die nächsten aber wunderten sich darüber, daß die großmächtigen Sieger, in deren Land alles größer, besser, schneller und reicher sei, noch nie im Leben ein Spülklosett gesehen hatten. Die Armee des Panzergenerals Patton besetzte Thulsern und verteilte nach dem Gesetz des Ammenmärchens Schokolade und Kaugummi. Jahre später, als Kriminalfilme das Blut der Thulserner Fernsehzuschauer in den Adern gefrieren ließ, wenn ein verdächtiger Schatten hinter einem Vorhang sichtbar wurde oder ein Dolch aufblitzte, begannen die Backenknochen der Thulserner zu malmen. Unruhig wurde auf dem Wohnzimmersessel hin und her gewetzt und der Kaugummi von einer Ecke des Mundes in die andere befördert. Der Kaugummi, das Wahrzeichen der Halbstarken, wurde durch die thulsernische Nervosität arg in Anspruch genommen. Was noch vor einiger Zeit für Übersäuglinge der Schnuller war, das war jetzt der Kaugummi. Aufgeklärte Kinder behaupteten, er mache das Zähneputzen überflüssig. *Dubble Bubble* erledige das ganz von selbst. Außerdem enthalte die Packung Abziehbildchen von Tarzan. Legendäre Geschichten kursieren um die Beruhigungspille der Nachkriegsgesellschaft. Raffinierte Plätze werden als Verstecke für Kaugummi ausgemacht. So beschweren sich vornehme Damen bei der Theaterdirektion, weil sie sich mit dem kleinen Schwarzen mitten in die Klebemasse gesetzt haben. Reinigungsfirmen kapitulieren. Wenn sich im Theater oder Kino der Vorhang hebt, knistern die Papierchen, und es heben und senken sich die Backenknochen der Zuschauer. Man kaut. Selbst Angehörige der ersten Krei-

se habe ich kauen gesehen. Kulturkritiker heißen das die übelste Folge der Entdeckung Amerikas. Schon vor gut hundert Jahren erregte der geflüchtete mexikanische Exdiktator Santa Ana inmitten einer vornehmen Gesellschaft in New Orleans großes Aufsehen. Er benahm sich wie eine Kuh. Fortgesetzt kaute er und wollte es nicht lassen. Niemand aber sah dabei, daß er etwas aß. Die Leute vergingen fast vor Neugier, bis sich jemand ein Herz faßte und den kauenden General fragte. Santa Ana förderte eine kleine graue Kugel zutage und verriet, daß die Indianer Südmexikos diese *chicles* während langer Märsche und bei der Fronarbeit kauten, um den Durst zu überwinden und um besser atmen zu können. Kurze Zeit später beschaffte sich ein geschäftstüchtiger Apotheker die Rohstoffe aus Mexiko und stellte die ersten *chewing gums* her. Sie fanden reißenden Absatz. Daran hat sich bis heute nichts geändert. Millionen von Dollars werden allein für die Reinigung von Lokalen und Kinos ausgegeben. Keiner ahnt etwas von den Schwierigkeiten, unter denen die Kaumasse gewonnen wird. Angewiesen ist man auf einige hundert Abenteurer und Indianer, die im mexikanischen Campeche sechs Monate des Jahres unter ständiger Lebensgefahr den Gummisaft gewinnen. Sie allein wagen sich in die Hölle des Gummiurwalds der Halbinsel Yucatán. Nach zwei verschiedenen Methoden gehen sie vor. Einige klettern bis in die höchsten Wipfel des Gummibaums, hacken dort die Zweige ab und gewinnen auf diese Weise den Saft, andere hauen Stufen in die Stämme des Baumes, um den Saft aus den Wunden zu saugen. Die Menge, die sie dabei gewinnen, reicht für dreißig Millionen Päckchen Kaugummi. Jeder zehnte Chiclero überlebt seine Arbeit nicht. Tropenkrankheiten, Schlangenbisse und Rauschgift richten die Menschen zugrunde.
Doch all das wußten wir nicht. Wir, das sind der Magermilchkrüppel und seine Schulkameraden Kaspar, Melchior und Balthasar.
Unsere Aktion begann mit dem ausgiebigen Sammeln von Stanniolpapier, das in Thulsern von Kriegszeiten her eine gute

Tradition hatte. Wo immer es uns möglich war, sammelten wir Stanniolpapier. Kein Abfalleimer am Bahnhof war uns zu schmutzig, keine Mülltonne hinter dem Schulhaus stank uns zu arg. Stanniolpapier mußte her. Zu Hause wurde es mit dem Bügeleisen geglättet und in einer Schuhschachtel gestapelt. Selbst in den Kaufläden kannte man uns und wußte von unserer Leidenschaft.
Niemand vermochte sich vorzustellen, was wir vorhatten. Immerhin gingen wir systematisch vor. Nachdem wir genügend Stanniolpapier gestapelt hatten, besorgten wir uns lange Haselnußstecken, die wir sorgfältig zuspitzten. Derart ausgerüstet machten wir uns ans Werk. Wo immer wir ausgespuckten Kaugummi sahen, spießten wir ihn auf und sammelten ihn in Tüten. Wir achteten auf Gehwege und Papierkörbe, drückten uns im Kinovorplatz herum, umlagerten den Bahnhofskiosk, die Omnibushaltestellen, das Postamt. Und wir wurden fündig. Ich, Kaspar, Melchior und Balthasar hatten bald Tüten voll mit ausgespucktem Kaugummi. Manche Knödel waren hart und kugelrund, andere wieder zeigten den Abdruck der Zähne, manche waren flach und wiesen Daumenspuren auf, wieder andere hatten überhaupt keine Form, sondern waren einfach nur ausgekaut. Selbstverständlich wuschen wir unsere Beute ausgiebig, ehe wir uns zu Hause Nudelbrett und Nudelholz zurechtlegten, um die gesammelte Masse auszuwalzen. Wir walzten sie so fein wie Nudelteig, bestreuten sie ein wenig mit Mehl und Puderzucker und schoben Ladung für Ladung für kurze Zeit auf einem Backblech ins Ofenrohr, um den Kaugummiteig anzuwärmen und geschmeidig zu machen. Danach walzten wir ihn noch einmal aus und glätteten Klümpchen und Blasen. Noch einmal wurde der Teig mit Mehl und Puderzucker bestreut. Zwar wurden auch andere Geschmacksnoten erwogen, doch sollte das amerikanische Katzengold schmecken wie neu. Nach etlichen Versuchen entschieden wir uns endgültig für Puderzucker. Er war durch nichts zu überbieten. Damit kamen wir dem amerikanischen Geschmack am nächsten, denn

der amerikanische Geschmack war das Maß aller Dinge. Auch in Sachen Musik. Wir hörten nur den Besatzungssender AFN. Zwar verstanden wir kein Wort, doch schien die Botschaft nur für uns zu sein. Nur für uns. Deshalb verachteten wir jeden, der die Erkennungsmelodie von *Music in the air* nicht nachpfeifen konnte. Auf so einen war schon gar nicht zu zählen. Wir verehrten alles, was von den Amerikanern kam: Kleidung und Zigaretten, die wir tauschten, Abzeichen und Schokolade, Musik und Filme, die wir zwar nicht sehen durften, weil wir noch viel zu grün dafür waren, doch immerhin kannten wir die Filmplakate und die Szenenfotos im Schaukasten. Manche Filme waren jugendfrei. Nicht einen ließen wir aus, wenn am Sonntagnachmittag um zwei Uhr das Licht in den Kurfestspielen ausging und der Metro-Goldwyn-Mayer-Löwe oder das Paramount-Matterhorn erschienen.
Was wir mit dem Kaugummiteig machten, nachdem wir ihn erneut mit Mehl und Puderzucker bestreut hatten? Wir maßen ihn aus, um schließlich in gleichmäßigen Abständen waagrechte und senkrechte Linien auf ihm zu ziehen. Dabei hielten wir uns peinlich genau an das Originalformat, das am Kiosk zu haben war. Nach der exakten Vermessung kam der schwierigste Teil des Unternehmens: das Zerteilen des Teiges mit dem großen Messer. Damit durften wir uns auf keinen Fall erwischen lassen, denn Messer, Gabel, Schere, Licht sind für kleine Kinder nicht. Freilich waren wir längst aus diesem Alter heraus, doch noch immer trugen wir im Winter kratzende Strümpfe und Leibchen, die von Strapsgürteln gehalten wurden. Daran sollte sich auch in den nächsten Jahren nichts ändern. Leibchen und Strapse blieben uns treu. Noch heute muß ich, wenn es mich juckt, an die Strümpfe denken, die aus Schmirgelpapier schienen. Nach dem Ausschneiden der Kaugummistreifen ging es ans Verpacken. Wir zerteilten das geglättete Stanniolpapier und begannen, Streifen für Streifen einzuwickeln. Erst wenn wir damit eine leere Zigarrenkiste gefüllt hatten, waren wir zufrieden. Mit dieser Zigarrenkiste aber gingen wir auf die Straße und boten fri-

schen Kaugummi an: zur Hälfte des Ladenpreises. Anfangs blühte das Geschäft, dann ließ es langsam nach. Besonders gute Kunden waren die Berufsschüler, die in einer Aushilfsbaracke neben dem Gasthaus *Engel* gleich unterhalb der Kirche untergebracht waren. Die Feinmechanikerlehrlinge schätzten unsere Ware und den reellen Preis. Natürlich haben wir keiner Seele jemals unser Herstellungsgeheimnis verraten. Wenigstens einen ganzen Sommer lang lief der Laden, und ich und die heiligen drei Könige Kaspar, Melchior und Balthasar hatten immer Taschengeld genug, um uns einen nigelnagelneuen Kaugummi am Kiosk zu holen.

DAS ZEHNTE KAPITEL *erzählt*

von einer Einladung zu einem

Klassentreffen und von einem

Aufseher in Dachau

IM ZEICHEN

Zwillinge

Weißt du noch?

Die Thulserner lieben diese Frage und bekommen dabei feuchte Augen. Und weil man die guten alten Zeiten hochleben lassen und die Verbindung nicht verlieren will, verschickt man Rundbriefe wie diesen:

Liebe Schulkameradin,

herzlichen Dank für Deine Einladung zum Jahrgängertreffen. Wir haben uns ja eine halbe Ewigkeit nicht mehr gesehen und wissen bestimmt viel zu erzählen.

Du fragst, was wohl aus mir geworden ist.

Vielleicht hast Du mich kürzlich sogar im Fernsehen gesehen. Stell Dir vor: Ein Reporter hat mich ausgefragt und einen Film über mich gedreht. Ich lege Dir eine Kassette bei. Vielleicht hast Du ein Gerät und kannst den Film anschauen.

Auf Deine Frage, was aus mir geworden ist, antworte ich mit dem, was ich dem Reporter namens Miroschnikoff gesagt habe: Ich bin Aufseher im KZ Dachau.

Die Gedenkstätte ist täglich von neun bis siebzehn Uhr geöffnet, außer montags. Es sind siebzehn Personen hier beschäftigt: vier im Büro, neun Aufseher, darunter eine Frau. Ich bin seit achtunddreißig Jahren hier beschäftigt. Es gibt noch eine Putzfrau, einen Gärtner, einen Hausmeister und einen Unimogfahrer. Über neunhunderttausend Besucher kommen jährlich ins ehemalige KZ Dachau. Für manche ist es nur ein gruseliges Ausflugsziel. Da kommen sie in Shorts und ohne Hemd. Und wenn ich sie dann höflich bitte, sich anzuziehen, nennen sie mich oft einen Nazi. Besonders vor dem Krematorium. Das passiert mir bestimmt in der Woche ein paarmal. Dann drehe ich mich um und gehe, denn ich kann ja gar nichts anderes machen. Die Vorgesetzten wollen nicht, daß es zu Diskussionen kommt. Man muß einfach viel schlucken. Ärger gibt es auch gelegentlich mit deutschen Schulklassen oder Jugendgruppen, welche die Hälfte aller Besucher ausmachen. Nicht alle kommen vorbereitet oder sachkundig begleitet. Dachau sei gar nicht so schlimm gewesen, behauptet zum Beispiel die Wiking-Jugend. Erst am Samstag waren wieder

welche da mit Hakenkreuzen auf den Jacken. Am besten geht man denen aus dem Weg. Denn wenn sie dich provozieren, ist es am besten, man dreht sich um und geht. Die Aufseher sollen sich nur darum kümmern, daß technisch alles in Ordnung ist und den Besucherstrom dirigieren helfen, zum Beispiel zu den religiösen Gedenkstätten. Besonders groß ist der Andrang zur Kinovorführung über die Geschichte des KZ Dachau, das Vorbild war für alle späteren Konzentrationslager und Schulungszentrum der SS. In den vierunddreißig Baracken gab es während der Hitlerzeit insgesamt zweihunderttausend Häftlinge. Beurkundet sind über dreißigtausend Todesfälle.
Für die SS war es nur ein Arbeitslager, kein Vernichtungslager wie Auschwitz. Das Museum ist als Lernort gedacht. Es soll anschaulich machen, wie es damals war und wie es dazu kommen konnte. Geplant, aber immer noch umstritten, ist eine internationale Jugendbegegnungsstätte. Einige Lokalpolitiker wollen die Vergangenheit endlich ruhen lassen.
Immer noch gibt es solche, die nichts gewußt haben wollen. Aber es haben ja alle gewußt, daß hier das Lager war. Bei uns hieß es nicht KZ, sondern das Lager. Und wenn die Eltern oder Bekannte davon gesprochen haben, dann ist das im leisen Ton gegangen, daß die Kinder es nicht so mitgekriegt haben. Da hat es halt dann geheißen: Sei ruhig, sei still, sag nichts, sonst kommst du auch ins Lager. Man hat gar nicht in die Nähe kommen dürfen. Wo der erste Wachturm ist, war schon ein Zaun mit Tor. Die Bauern haben nur die Felder bestellen dürfen und mußten dann wieder abziehen. Es hat sich da niemand aufhalten dürfen. Ich weiß das nur von meinem Vater, der damals bei der Schloß- und Gartenverwaltung in Nymphenburg war. Einmal ist ein Schwan entflogen und dort unten im Kräutergarten gelandet. Damals mußte mein Vater dorthin. Er ist zum ersten Mal in diese Richtung gekommen. Daheim hat er erzählt, daß da eine Mauer ist und er x-mal kontrolliert worden sei. Aber ich selber bin das erste Mal siebenundvierzig ins Lager gekommen.

Amerikanische Befreier nötigten die Dachauer, sich anzuschauen, was viele nicht wahrhaben wollten. Ich war damals siebzehn Jahre alt. Die Bauern sind gezwungen worden, mit den Fuhrwerken hereinzufahren und die Leichen aufzuladen. Ich hab mich gar nicht getraut hinzuschauen. So wie man Holz auf einen Wagen wirft, so lagen die droben. Die haben gestunken, das war Wahnsinn. Die Leute trugen Gasmasken oder nasse Taschentücher vor dem Mund. Es war alles voller Fliegen. Ich bin dann runter zur Amper und habe so gebrochen. Es war schlimm. Darum muß ich mich heute noch ärgern, wenn Leute kommen und sagen: das stimmt nicht. Die Leichen wurden auf dem nicht weit vom KZ entfernten Leitenberg beigesetzt. Während des Krieges hatte die SS hier viele Opfer verscharrt. Mein Vater war mittlerweile nach Dachau versetzt, und nachdem ich dreieinhalb Jahre arbeitslos war, sagte er, ich könne dort oben am Leitenberg anfangen. Nach der Exhumierung von 1955 bis 1960 war der Friedhof ganz geschlossen. Da bin ich da hinuntergekommen in die KZ-Gedenkstätte ins Krematorium, und ich habe dort unten dann meine Arbeit weitergemacht als Gärtner.
Manchmal fragen auch Bekannte, ob mich die Arbeit nicht gruseln würde. Aber ich habe da keine Probleme. Meine Frau ist auch Aufseherin in der KZ-Gedenkstätte gewesen. Schlimm finde ich nur, daß meine Heimat Dachau mit diesem Grauen belastet bleibt, wo doch die Nazis hier wenig Sympathien hatten. Eine zwölfhundertjährige Stadtgeschichte wird überschattet von zwölf Jahren Konzentrationslager. Noch immer löst der Name weltweit Entsetzen aus. Sogar Aggressionen gegen Autos mit Dachauer Kennzeichen. Wie zuletzt bei meinem Italienurlaub. Schon manchmal war ich soweit zu sagen, ich schmeiß alles hin und: ich laß mich nicht mehr blöd anreden. Aber es kommen auch wieder Leute, die sagen: Ihr habt es ja so gepflegt, und erkennen es an, was man da macht. Das richtet dich dann auch wieder auf. Im Fernsehen nicht gezeigt werden sollte meine Wohnung: der ehemalige Hundezwinger der SS.

Als Aufseher helfe ich auch beim Unkrautjäten aus.
Zum Beispiel am Genickschußstand mit Blutgraben.
Früher war hier der Lattenrost. Die Häftlinge haben sich da heraufknien müssen und sind dann heruntergeschossen worden. Die ehemaligen Häftlinge erzählen das so. Wahrscheinlich wird es auch so gewesen sein, denn umsonst war ja der Lattenrost nicht da. Wir haben das jetzt als Gedenkstätte mit Blumen bepflanzt. Im Frühjahr wird es mit Begonien, im Herbst mit Tag-und-Nacht-Schatten bepflanzt. Der Blutgraben bekommt immer rote Blumen.
Manche fragen, warum ich das machen und mitansehen kann. Irgendwie stumpft man schon ab. Es ginge auch sonst gar nicht.
Geschockt bin ich von Touristen, welche die Gaskammer bekritzeln. Souvenirjäger haben fast alle Duschköpfe mitgehen lassen. Sogar Steine aus den Verbrennungsöfen wurden mitgenommen. Das schmiedeeiserne Eingangstor mit der Inschrift *Arbeit macht frei* hat ein amerikanischer Offizier mitgehen lassen. Es ziert heute vielleicht eine Villa in Kalifornien.
Schaulustige erwarten manchmal ein Gruselkabinett, das sie fotografieren können. Manche sind enttäuscht und fragen: Ist das alles? Sie denken, man sehe noch Knochen oder wie die Leichen im Ofen liegen. Die stehen vor den Öfen und fragen: Wo ist das Krematorium?
Andere wieder sprechen von einem Ausflugspark.
Alpträume plagen mich nicht: nur die Angst kurz vor der Pensionierung jemand einzuschließen.
Ich habe schon oft schlaflose Nächte gehabt, wenn ich geträumt habe, ich hätte die Leute nicht herausgebracht.
Liebe Schulkameradin,
ich mache Dir einen Vorschlag:
Zum nächsten Jahrgängertreffen versammeln wir uns im KZ Dachau.
Dann mache ich euch den Führer.

DAS ELFTE KAPITEL *erzählt*

von einer Gemeindelast und

von einem Stotterer,

dem heimgeleuchtet wird

Juni

Es war einmal ein Magermilchkrüppel, der fiel der Gemeinde zur Last. Weil er ein Bankert war und ein Magermilchkrüppel obendrein, wurde er oft an den Ohren gezogen oder an den Haaren gepackt. Manchmal bekam er auch nasse Lappen im Gesicht zu spüren. Ohrfeigen und Fußtritte taten dem Magermilchkrüppel so lange weh, bis er eines Tages beschloß, seinen Körper abzuhärten. Er wollte nichts mehr spüren, und er wollte nicht mehr bei jeder Gelegenheit weinen müssen.

Um sich so richtig abzuhärten, schlug sich der Bankert selbst. Er kniff sich ins Ohr, riß an den Haaren, haute mit dem Hammer auf die Finger, ritzte sich mit dem Küchenmesser und fügte sich so lange Schmerzen bei, bis er nicht mehr weinen mußte, der Magermilchkrüppel. Denn der Schmerz ist etwas, was die Thulserner nicht verstehen, und es sollte sie auch nichts mehr angehen, wenn der Bankert litt. Ich wollte mir nicht länger in die Karten schauen lassen. Das wichtigste Buch in der Schule wurde das Lesebuch. Schnell lernte ich die Lesebuchgeschichten auswendig und wartete voller Ungeduld, bis sie im Unterricht behandelt wurden. Das zog sich meistens hin. Da mußte bis Allerheiligen gewartet werden, um die Geschichte vom Nebel zu lesen, der über die Felder kriecht. Da mußte bis Ostern gewartet werden, bis die Geschichte von den Vögeln am Kreuze Christi drankam. Denn als der Heiland am Kreuze hing, sah ein Rotkehlchen seine Qual. Mitleidig flog es hinzu und versuchte, die Dornen aus der Marterkrone zu entfernen. Aber es war umsonst, und mit blutiger Kehle und Brust flatterte es hinweg. Dieses Zeichen hat es bis auf den heutigen Tag behalten. Es kamen aber auch zwei Kreuzschnäbel und wollten die Nägel aus den Wunden des Herrn ziehen, einer den linken, der andere den rechten. Sie brachten die Nägel aber nicht heraus und krümmten sich daran die Schnäbel. Es gibt noch heute zweierlei Kreuzschnäbel. Bei den einen stehen die Schnäbel links, bei den anderen rechts übereinander. Und um das lesen zu dürfen, mußte bis Ostern gewartet werden. In der alten Käserei wohnte die

Kaps mit ihrem Annla. Die Kaps ist ein Flüchtlingsweib irgendwoher aus dem Osten, die Käserei eine völlig heruntergekommene Hütte, deren Dach an mehreren Stellen durchlöchert ist. Ringsum ist ein Garten, in dem Brennesseln und Unkraut mannshoch stehen. Wenn die Kaps nicht zum Putzen geht, sitzt sie vor dem Haus und wartet auf ihr Annla. Bei jedem Wetter kann man sie da sitzen sehen. Die Thulserner sagen, das Annla sei läufig. Die Thulserner sagen, für eine Rolle Drops läßt sie dich mal. Das Annla hat wilde Zöpfe und noch wildere Augen, am wildesten aber ist der Mund. Am liebsten legt sich das Annla unter eine Kuh und saugt ihr die Milch aus dem Euter. Dabei hebt das Annla den Rock und läßt die Thulserner prüfen, ob sie einen Schlüpfer trägt oder nicht, denn darüber schließen die Thulserner gern Wetten ab. Das Annla hat große Pläne für die Zukunft. Es will bald weg aus Thulsern, in die Stadt. Die Thulserner sagen vom Annla, es wisse schon, wo es langgehe. Manchmal zeigte das Annla dem Magermilchkrüppel, wie gut Milch schmeckte: kuhwarm. Einmal wollte das Annla sogar, daß der Bankert mit ihm spielte: Komm, spiel mit mir, sagte Annla. Wenn du schön mit mir spielst, dann zeig ich dir etwas, was du nie vergessen wirst. Dein Lebtag nicht. Das versprech ich dir. Aber der Magermilchkrüppel traute sich dann doch nicht. Aber ein bißchen hat er doch mit dem Annla gespielt und allerlei dabei gelernt und sich gemerkt fürs spätere Leben.
Es war einmal ein Magermilchkrüppel, der schmierte sich das Gesicht voll Dreck und ging durch Thulsern und bettelte. Eine Frau hatte Mitleid und gab ihm einen Apfel, ein Kriegsversehrter gab ihm zehn Pfennig für eine Stange Bärendreck. Rosa Dopfer aber, eine Witwe, von der es hieß, sie tue nur so armselig und sei in Wirklichkeit steinreich, versprach dem Magermilchkrüppel eine ganze Mark, wenn er ihm jeden Tag einen Blumenstrauß für den Maialtar pflückte. So kam es, daß ich ein inniges Verhältnis zur Gottesmutter fand, der ich jeden Tag einen frischen Blumenstrauß hinstellte auf Rosa Dopfers Hausaltar. Die Gottesmutter war einen halben Meter hoch

und aus Gips. Ihr Gewand war himmlisch blau und reichte vom Kopf bis zu den Füßen, die man nicht sah. Doch als der Juni kam und den Marienmonat ablöste, vergaß Rosa Dopfer leider, was sie dem Magermilchkrüppel versprochen hatte, denn Rosa Dopfer war zwar fromm, hatte aber das Gedächtnis einer Thulsernerin. Nur ein paar vertrocknete Weihnachtsplätzchen rückte sie heraus Anfang Juni für die Mühen um den Maialtar. Den Magermilchkrüppel aber beschäftigte die Frage, ob die Muttergottes unter dem himmlisch blauen Gewand auch so aussieht wie das Annla unter ihrem dünnen Rock. Ob es da auch so kohlrabenschwarz und wild ist und ob es da auch so nach Gepökeltem riecht und ob die Muttergottes auch Haare zwischen den Beinen hat, so wie das Annla, und ob die Muttergottes sich auch unter eine Kuh legt und die Milch direkt aus dem Euter saugt. Aber manchmal zeigt das Annla ja auch nur seinen Schlüpfer. Manchen Thulsernern ist das schon zuviel, und sie entrüsten sich und müssen immer davon erzählen, warum sie sich entrüsten.
Es war einmal ein Magermilchkrüppel, der gern mit anderen Kindern spielen wollte. Aber die anderen Kindern wollten nicht mit einem Magermilchkrüppel spielen, der ein Bankert war. Die meisten Kinder sind die Kinder von Bauern, die auf den Feldern arbeiten, bei der Heuernte helfen, den Stall ausmisten und auf die Kühe auf der Weide aufpassen müssen. Die großen Kinder greifen gern die kleineren Kinder an. Dazu verwenden sie Haselnußstecken oder lange Dornenruten. Die großen Kinder sind sich der Unterstützung durch ihre stolzen Väter sicher. Auch die Väter sagen: Gibs dem Magermilchkrüppel, schlag ihn windelweich, den Bankert.
Da niemand mit ihm spielen will, spielt er mit sich selbst oder besucht den Flüchtlingsschuster Uttentaler in seiner Bretterbude. Uttentaler behauptet, er kenne jeden Thulserner, denn er sei der einzige Flickschuster weit und breit. Er kenne jeden Thulsener an seinen Schuhen. Manchmal erzählt Uttentaler auch von der Flucht. Wie die Russen gekommen seien, wie sie über die Oder geflüchtet seien, was sie alles

gehabt hätten. Die Thulserner sagen, das sei alles nicht wahr, sondern erstunken und erlogen. Karrenvolk bleibe Karrenvolk. Punktum. Das sagt sogar der Herr Pfarrer, der so gern mit seinen hübschen Ministranten Bergtouren und ausgedehnte Wanderungen in die einsamen Seitentäler unternimmt, um dort in Heustadeln zu übernachten und Exerzitien abzuhalten. Die Pfarrersköchin sieht das gar nicht so gern, weil sie immer wieder Auskunft geben und falschen Verdächtigungen entgegentreten muß. Dann atmet sie schwer, denn sie hat einen Kropf, ist aber sonst nicht auf den Mund gefallen. Die Thulserner meinen sogar, sie habe ein Maul wie ein Schwert. Die Pfarreskôchin sagt dem Herrn Pfarrer, wer sich unerlaubterweise auf der Orgelempore aufgehalten hat, denn auf die Empore dürfen nur die Großjährigen. Sobald der Pfarrer einen Jüngeren auf der Empore erwischt, holt er sich das Früchtchen in die Sakristei und fotzt es dort ab. Dem Thulserner Geistlichen rutscht gern die Hand aus, das sei schon immer so gewesen, erfährt der Magermilchkrüppel, als er sehnsüchtig nach der Empore schielt. Auch im Religionsunterricht langt der Herr Pfarrer kräftig zu. Er kommt herein, hockt sich ans Pult, packt seine Brotzeit aus und läßt die Schüler den Katechismus aufsagen. Wehe, es bleibt einer stecken. Dann muß er vortreten und den Geistlichen bitten, bestraft zu werden.
Die Thulserner sagen, das schade nichts. Durch Rauhes zu den Sternen.
Darüber mußte ich auf dem Schulweg lange nachdenken.
Fast jeden Tag wurde ich auf dem Nachhauseweg von der Schule verprügelt. Die älteren Mitschüler nannten mich Magermilchkrüppel, ich schämte mich, heulte und forderte dadurch die Stärkeren heraus. Einen Beschützer hatte ich nicht, schnell genug davonrennen konnte ich nicht, der Schulranzen war zu schwer, der Schulweg war zu lang. Wäre ich mit den Mädchen gegangen, hätte man mich noch mehr ausgelacht und schließlich unter Mädchengekicher verprügelt. Sie rissen mir Knöpfe aus und Haare, schlugen mir ins Gesicht, die

Nase blutete, das Auge war blau, ein Ohr bekam einen Riß. So wurde ich zum Schlitzohr. Aber ich wehrte mich nicht. Ohnmächtig vor Zorn und Scham wehrte ich mich nicht. Es war keine Kraft in mir. Ich war unfähig, auch nur die Hand zu heben. Schlaff und willenlos hing sie an mir. Zu Hause wurde ich dafür nicht gerade gelobt: Vorhaltungen wegen der zerschlissenen Kleidung, Vorhaltungen, daß ich nicht zurückschlug. Aber ich konnte nicht. Ich stellte mich stocksteif hin, hielt die Arme vors Gesicht und erwartete jeden Tag die mir zugedachte Tracht Prügel. Meine Schiefertafel ging kaputt, der Topflappen wurde weggerissen, der Schulranzen im Kuhmist gewälzt. Hosenseicher, sagten die Klassenkameraden, Hosenseicher und Magermilchkrüppel. Ihr Wortführer hieß Brodmann und stotterte. Er war stark und zwei Klassen über mir. Aber er stotterte. Ich äffte ihn nach. Heimlich.
In Bauchreden.
Von Brodmann lernte ich stotternde Bauchreden.
Ich übte, nachdem ich meine täglichen Prügel bezogen hatte. Ich übte schluchzend und weinend auf dem Nachhauseweg, ich übte an den Nachmittagen, wenn ich mich hinter Heubüschel verkroch oder in den Steinbruch ging, wo ich wußte, daß ich allein sein würde. Dort hörte mich keiner, dort war ich für mich und konnte ausspucken, was ich auf dem Nachhauseweg schlucken mußte. Ich übte so lange, bis ich den Schläger Brodmann perfekt imitieren konnte: wie er sein Magermilchkrüppel aus sich herauswürgte, wie er seine Frage herstotterte, ob ich Schläge wolle, wie er seinen Triumph den anderen erzählte: Dem hab ichs aber gezeigt, dem S-S-Sau-hu-und.
Jede Silbe habe ich mir gemerkt, denn mit jeder Silbe war ein Schlag verbunden, eine Ohrfeige, ein Hieb, ein Magenschwinger.
Der Magermilchkrüppel hat lange gebraucht, ehe er zurückschlug. Zuerst schlug er hinter Heuhaufen zurück und im Steinbruch, endlich aber auch auf dem Nachhauseweg.
Wieder einmal näherte sich Brodmann mit seiner Truppe.

Wieder einmal kreisten sie den Magermilchkrüppel ein. Wieder einmal rissen sie ihn am Schulranzen zu Boden. Wieder einmal traten sie mit Füßen und schlugen mit Fäusten. Wieder einmal rollte er sich ein und steckte den Kopf zwischen die aufgeschürften Hände.
Doch dann konnte sich der Magermilchkrüppel nicht mehr bremsen. Noch am Boden liegend begann er, aus dem Bauch zu stottern. Noch am Boden liegend haspelte er das Wort Magermilchkrüppel hervor. Noch am Boden liegend merkte er, wie die Mitschüler ein wenig zurücktraten und den Kreis weiteten. Noch am Boden liegend merkte er, wie der Brodmann rot anlief. Noch am Boden liegend hörte er, wie die Schlägerbande plötzlich zu kichern, schließlich laut loszulachen begann. Noch am Boden liegend öffnete er ein wenig die Arme über dem Kopf und schielte auf Brodmann.
Brodmann: knallrot angelaufen.
Brodmann: unfähig, ein Wort zu sagen.
Brodmann: blaß.
Brodmann: dem sich die Worte im Munde umdrehen, weil sie nicht herauswollen.
Brodmann: der Stotterer.
Der Kreis weitet sich noch mehr.
Brodmann geht in Stellung.
Brodmann schwingt seine Fäuste.
Brodmann: knallrotleichenblaß.
Der Magermilchkrüppel steht langsam auf.
Er wischt sich den Staub von der Kleidung.
Er streift langsam den Schulranzen ab. Ganz langsam.
Er ballt seine Fäuste.
Er spult sein Steinbruchprogramm ab.
Er hört, wie ihn die ersten anfeuern.
Gibs ihm.
Hau ihm eins aufs Maul.
Schlag zu.
Schlag doch zu.
Mitten in die Fotze.

Doch der Krüppel zeigt, was er geübt hat. Er führt seine Bauchrednerkünst vor. Er hat Erfolg. Zuerst zaghaft nur, doch dann immer deutlicher.
Brodmann: blaßrotblaß.
Sag das noch einmal, stottert der Brodmann.
D-d-u b-b-löde S-Sau d-du.
D-d-u b-b-löde S-Sau d-du.
Da schlägt der Brodmann zu. Seine Faust schnellt vor und trifft.
Der Magermilchkrüppel schwankt und sieht Sterne vor den Augen.
Er geht in die Knie.
Ihm wird fast schlecht.
Brodmann tänzelt.
Wieder saust Brodmanns Faust heraus, doch diesmal duckt sich der Krüppel.
Die Faust schnellt an seinem Kopf vorbei.
Die einen feuern Brodmann an.
Die anderen feuern aber auch den Magermilchkrüppel an.
Gibs ihm.
Zeigs ihm.
Mach ihn zur Katz.
Mitten in die Fotze.
Komm her, du feige Sau.
Selber feige Sau.
Magermilchkrüppel.
Brodmann stottert wieder Magermilchkrüppel.
Zweidreimal.
Da schlägt der Krüppel zu.
Er schließt die Augen und hört, wie seine Faust in Brodmanns Gesicht kracht. Mitten ins Gesicht.
Sie kracht. Sie schlägt ein. Sie detoniert. Sie explodiert in Brodmanns Fotze.
Brodmann weicht zurück. Brodmann geht in die Knie. Brodmann hat Sterne vor den Augen.
Aber der Krüppel preßt die Zähne aufeinander, daß es

knirscht. Er schlägt sofort noch einmal zu. Und noch einmal. Und noch einmal.
Die Meute ist still geworden.
Brodmann geht zu Boden. Der Magermilchkrüppel schreit vor Schmerz. Die Faust schmerzt. Deshalb schreit er. Immer noch hält er die Augen geschlossen. Er schlägt blind um sich und trifft mit jedem Schlag. Brodmann liegt am Boden.
Da öffnet der Krüppel seine Augen zu Sehschlitzen, holt aus und jagt dem Brodmann den Schuh in die Eier.
Brodmann jault auf.
Brodmann faßt sich zwischen die Beine und krümmt sich vor Schmerz. Der Magermilchkrüppel steht daneben und schaut zu, wie es dem Brodmann das Wasser aus den Augen treibt. Er schaut ungerührt zu, wie dem Brodmann die Brühe aus der Nase läuft. Er sieht ungerührt zu, wie Knabenblut auf das Pflaster tropft, über ein Hemd läuft, den Kragen verschmiert.
Noch immer hat der Krüppel die Fäuste geballt.
Er ist bereit, jeden Augenblick wieder zuzuschlagen. Trocken und präzise zuzuschlagen: in Brodmanns Gesicht, auf Brodmanns Nase, in Brodmanns Magen, in Brodmanns Eier.
Kein Wort fällt.
Dem Kreis der Schläger hat es die Sprache verschlagen.
Der Magermilchkrüppel hat sich gewehrt.
Ich nehme den Schulranzen, schnalle ihn über, schaue in die einzelnen Gesichter und rede aus dem Bauch, während ich weggehe.
Immer neue Worte stoßen mir auf. Immer mehr. Und alle klingen nach Brodmanns Gestotter.
Sie wiederholen, was Brodmann mir alles gesagt hat.
Meine Fäuste schmerzen. Mein Kopf schmerzt. Die Unterlippe ist aufgesprungen. Ich blute ein wenig.
Vor Brodmann aber hatte ich von nun an meine Ruhe.
Wir wichen uns aus. Keiner traute dem anderen.
In der Pause stand der Brodmann mit seinen Schlägern in der einen, der Magermilchkrüppel aber in der anderen Ecke.
Einmal kam er zu mir und fragte: Friede?

Und der Krüppel antwortete: Friede.
Er stotterte nicht dabei.
Er stotterte auch nicht, als er zwei Jahre später als Ministrant hinter dem Sarg herging, in dem sein Erzfeind Brodmann lag. Er hatte auf dem Traktor herumgeturnt, der an einer steilen Wiese abgestellt war. Brodmann, der immer alles besser wußte, hatte die Bremse gelöst und war nicht mehr rechtzeitig vom Fahrzeug gesprungen. Seine Hose hatte sich im Mähmesser verhakt. Der Traktor raste den Hang hinunter und begrub den Brodmann unter sich. Der Magermilchkrüppel aber empfand keinen Funken Mitleid.

DAS ZWÖLFTE KAPITEL *erzählt von Melchiors Heiratsplänen, einer traurigen Liebesgeschichte und von der Fälschung des Reifezeugnisses*

IM ZEICHEN

Krebs

Jetzt hat es Melchior auch erwischt. Mein Schulfreund Melch will anbauen. Er hat eine Auswärtige kennengelernt und sich Hals über Kopf in sie verliebt. Sie wollen heiraten. Welch ein Elend. Die beiden schreiben sich fast täglich. Anfangs haben mich die Liebessäuseleien amüsiert, aber sie wurden bald langweilig. Nach und nach hat Melch vor seiner Angebeteten seine Vergangenheit ausgebreitet, die mir längst bekannt war. Melch scheint es tatsächlich ernst zu meinen, denn er hat in seinen Briefen bislang nicht gelogen. Auf eine Geschichte aber mußte ich bisher warten. Es ist die Geschichte seiner ersten Liebe. Auch sie kenne ich. Ich kenne sie genau. Diese Liebesgeschichte weist zurück in die Bärenzeit.
Die Bärenzeit war die Zeit unserer Besinnungslosigkeit.
In dieser Zeit haben wir besonders viel über den Sinn gesprochen und über ihn lange und sinnlos nachgedacht.
Erst die Mädchen brachten uns wieder zur Besinnung, denn in ihnen schien jener Sinn zu liegen, den wir allen Anstrengungen zum Trotz bislang nicht finden konnten.
Melch fängt, wie immer in seinen Briefen, bei Adam und Eva an.
Das überspringe ich und beginne dort mit der Lektüre seines Liebesbriefes, wo er zur Sache kommt und wo ich mitreden kann: im letzten Schuljahr.
Im letzten Schuljahr hatte jeder eine Freundin, abgesehen von den fanatischen Alpenvereinsmitgliedern und mir. Die meisten aus meiner Klasse haben sehr früh damit begonnen. In den Pausen standen sie zusammen und tuschelten. Wenn sie nach dem Turnen unter der Dusche waren, seiften sie stolz ihre Schwänze ein und machten blöde Bemerkungen. Außer Weibern schien es überhaupt kein Thema mehr zu geben. Manche führten Strichlisten, andere gaben gute Ratschläge oder prahlten mit ihren Erfolgen. Immer neue Worte erfanden sie, wenn es um die Beschreibung der Mädchenkörper ging. Der Klassensprecher, ein As in den naturwissenschaftlichen Fächern und schon in jungen Jahren mit einem Anflug von Halbglatze, sprach nur noch von spaltbarem Material. Als

wir eine neue Mitschülerin bekamen, wurden Wetten darüber abgeschlossen, von wem sie sich zuerst aufs Kreuz legen lassen würde. Aber daraus wurde nichts. Die Neue ließ keinen an sich heran. Es dauerte lange, bis sie überhaupt mit einem von uns sprach. Die Neue flößte uns Respekt ein. Sie hatte schon viele Schulen besucht, weil ihr Vater häufig versetzt wurde. Die Neue brachte einen neuen Ton in die verhockte Thulserner Schulstube, sie kleidete sich anders, sie bewegte sich anders, sie sprach keinen Dialekt, sondern gestochen nach der Schrift, womit sie selbst den Lehrern überlegen war. Aber sie war kaum zugänglich. Nachdem die Rammler festgestellt hatten, daß sie bei der Neuen nicht ankamen, zogen sie sich zurück und nannten sie arrogant, eingebildet, überdreht. Das Wort Preußenfotze machte die Runde. Am wenigsten gefiel den Mitschülern, daß die Neue meistens gute Noten bekam. Auch die Mädchen fanden keinen Zugang zu ihr, denn sie verhielt sich ablehnend und wies Einladungen schroff von sich. Sie ging nicht in den Chor, obgleich sie gut Klavier spielte, sie ging nicht zur Gymnastik, obgleich die Alpenvereinler sie beim Tiefschneefahren bewundert hatten. Außer Mathematik schien es nichts zu geben, was die Neue nicht konnte. Und sie ließ sich nichts gefallen. Weder von den Mitschülern noch von den Lehrern oder gar vom Direktor. Jemand schlug vor, sie zur Klassensprecherin zu wählen, doch sie lehnte ab. Dafür verlangte sie, allein in der letzten Bank sitzen zu dürfen. In der Pause stand sie einsam am Zaun und rauchte, obwohl dies verboten war. Doch es gab niemanden, der sie hätte zurechtweisen können. Die Haare kohlrabenschwarz und kürzer geschnitten als Jean Seberg in *Außer Atem*, die Hosen eng, die Pullover mal viel zu weit, mal viel zu provozierend, in Mathematik eine hochnäsig gelangweilte Null, aber in Religion, wenn's um den Existentialismus ging, herausragend: Friederike, meine erste Liebe. Sie saß immer in der letzten Bank und fand das Leben ziemlich sinnlos. Sie lernte *Das Sein und das Nichts* auswendig, warf mit Sätzen über Sisyphos um sich, trug fast ein ganzes Jahr nur Schwarz.

Juliette Greco betete sie an. Friederike machte den Rollkragenpullover in Thulsern hoffähig. Lange duldete sie niemanden neben sich in der letzten Bank, und ich mußte monatelang betteln, ehe sie mich als Banknachbar akzeptierte. Natürlich gab es gleich Gerede, denn wir saßen in der Schule nach Geschlechtern getrennt. Jetzt aber hatten sich zwei gefunden, von denen die Lehrer sagten, die Tauben hätten sie nicht besser zusammentragen können. Wäre ich in Mathematik eine Leuchte gewesen, hätte ich es sowieso nicht geschafft, neben Friederike sitzen zu dürfen. Doch nun konnten wir uns gemeinsam lustig machen über Sinus und Cosinus, und wir konnten lautstark philosophisch protestieren, wenn vorn an der Tafel von plus und minus Unendlich gesprochen wurde. Unendlich: was hieß das schon. In unseren Augen war das Zeichen nichts weiter als eine liegende Acht. Die nächste Klassenarbeit präsentierte uns die Rechnung. Wir zahlten drauf. Es fehlte nicht mehr viel, und wir hätten wegen der verschiedenen Unendlichkeiten ein Schuljahr ehrenhalber mehr abzusitzen gehabt. Friederike infizierte mich. Um ihr zu gefallen, besorgte ich mir die Bücher, die sie las. Um ihr zu gefallen, zerfledderte ich diese Bücher, denn Friederike hatte nur zerlesene und zerschlissene Bücher. Um ihr zu gefallen, übte ich existentialistische Reden. Die Turnstunden eigneten sich dafür vorzüglich. Während der endlosen Runden beim Zehntausendmeterlauf schluckte ich Sartre und stieß ihn zwischen den Lippen im Rhythmus meiner Schritte wieder hervor. Friederike belohnte mich, indem sie sich mit mir traf. Zuerst nur einmal in der Woche, dann zwei-, dreimal, schließlich jeden Tag. Nur nicht am Wochenende. Da verschwand sie in ihrer Familie, die sie in Wirklichkeit haßte, denn der Vater war bei der Bundeswehr und die Mutter hatte noch nie eine Zeile Sartre gelesen. Friederikes Haß äußerte sich in Verachtung. Auch das habe ich von Friederike gelernt: Verachtung. Wir verachteten von der letzten Bank aus unsere Lehrer, wir verachteten von der letzten Bank aus unsere Mitschüler, die an nichts sonst Interesse hatten als an guten

Noten und an Sport. Eines Tages beschloß Friederike, in eine Umkleidekabine einzudringen, sich auszuziehen und sich als Eishockeyspieler zu verkleiden. Sie tat es wirklich und war ein großer Erfolg, denn Friederike war eine ausgezeichnete Schlittschuhläuferin. Ich war rasend eifersüchtig und warf ihr vor, sie habe den Existentialismus verraten. Sie tröstete mich damit, daß ich ihre Brust streicheln durfte. Nur ein einziges Mal. Mehr gab es nicht. Höchstens noch ein paar zarte Küsse. Geredet wurde viel. Wirklich passiert ist nichts. Es wurde immer nur geredet. Geredet und geredet. Über Lehrer und Schulaufgaben, über Mitschüler und ein wenig über Politik und über das Vögeln. Geredet und geredet. Und alles eingewickelt in unserern Thulserner Existentialismus. Da hockten wir im Sommer im Gras, rissen Halme aus, kauten sie, küßten uns scheu und fanden das Leben sinnlos. Da streiften wir über die abgemähten Herbstfelder, drehten uns im Wind, hielten uns an den Händen und fanden das Leben sinnlos. Da standen wir am Skilift an oder gingen durch den verschneiten Kurpark, und das Leben war immer noch sinnlos. Wir redeten und redeten. Manchmal ging Friederike wieder zu den Eishockeyspielern und war die große Nummer. Dann saß ich zu Hause und heulte. Vielleicht hoffte ich erneut auf ihre besondere Art, mich zu trösten, aber sie tröstete mich nicht. Sie lachte mich aus und meinte, das Leben sei eben sinnlos. Wenn ich ihr meine Liebe gestand und ihr meine Eifersucht zeigte, sagte sie nur, daß die Existenz der Essenz vorangehe und daß man von der Ichheit ausgehen müsse. Das sagte sie auch im Mathematikunterricht während des sinnlosen Wurzelziehens, beim Blättern in der Logarithmentafel, beim Zeichnen der Parabeln und Hyperbeln. Das Repertoire meiner Reden erweiterte sich: »Der Mensch ist lediglich so, wie er sich konzipiert – ja nicht allein so, sondern wie er sich will und wie er sich *nach* der Existenz konzipiert, wie er sich will nach diesem Sichschwingen auf die Existenz hin; der Mensch ist nichts anderes als das, wozu er sich macht.« Das gefiel Friederike. Nach solchen Exzessen fiel sie mir um den Hals, aber

Lehrer und Mitschüler faßten sich an den Kopf. Wir gerieten ins Abseits, und es gab nichts, was wir mehr genossen hätten, denn der Mensch wird zuerst das sein, was er zu sein geplant hat, nicht, was er sein wollen wird. Es war uns gelungen, existentialistisch zu leben. Meine Reden begannen stets mit demselben Satz, den ich von Friederike gelernt hatte: »Der Mensch ist zuerst ein Entwurf, der sich subjektiv lebt, anstatt nur ein Schaum zu sein oder eine Fäulnis.« Das gefiel mir. Entwurf, Schaum und Fäulnis. Davon handelten unsere Aufsätze, dieser Satz wurde untergebracht, ob er paßte oder nicht. Er paßte natürlich immer. Mit ihm konnte man anfangen, auf ihn konnte man zuschreiben, mit ihm konnte man aufhören. So haben wir unsere Lehrer zu Schülern Sartres erzogen. Aber sie dankten es uns mit schlechteren Noten, Einträgen ins Klassenbuch, sie dankten es uns mit Spott, schließlich mit Hohn und zuletzt mit Nichtbeachtung. Wir liefen ins Leere, die Sartrerei wollte bald keiner mehr hören. Friederike und ich aber gingen weiter über die Felder, nur die zarten Küsse wurden weniger.

Wenige Wochen vor dem Abitur mußte Friederike ins Krankenhaus: Blinddarm. So verkündete es der Klaßleiter. Ein Nachhilfedienst wurde eingerichtet. Jeden Nachmittag ging ich ins Krankenhaus. Wir lästerten über die Ärzte, wir lästerten über die Einrichtung, wir lästerten über die Nonnen. Meine Liebe wuchs. Sie wuchs so sehr, daß ich Schmerzen bekam. Als ich mit Friederike darüber sprechen wollte, richtete sie sich ein wenig in ihrem Bett auf und sagte: »Der Mensch, der sich bindet und der sich Rechenschaft gibt, daß er nicht nur der ist, den er wählt, sondern außerdem ein Gesetzgeber, der gleichzeitig mit sich die ganze Menschheit wählt, kann dem Gefühl seiner vollen und tiefen Verantwortlichkeit schwerlich entrinnen.« Zwischen solchen Ideen machten wir Französisch und Physik, Chemie und Erdkunde. Warum Friederike so lange liegen mußte, begriff ich nicht. Blinddarm. Sie sagte mir nie, ob sie nun schon operiert sei oder nicht. Auf meine Fragen bekam ich ausweichende Antworten: »Der Mensch

ist verurteilt, frei zu sein. Verurteilt, weil er sich nicht selbst erschaffen hat, anderweit aber dennoch frei, da er, einmal in die Welt geworfen, für alles verantwortlich ist, was er tut.« Friederike wollte bald keine Nachhilfe mehr: »Der Existentialist wird nie denken, daß der Mensch auf Erden Hilfe finden könne in einem gegebenen Zeichen, das ihm seine Richtung weise.« Damit war die Sache für Friederike erledigt.
Die Sache mit dem Blinddarm zog sich hin. Da Friederike jedwede Auskunft verweigerte, begann auch in der Klasse das große Rätselraten. Die einen sprachen von Schwangerschaft, wieder andere von Krebs oder von einem rätselhaften Frauenleiden. Je näher das Abitur rückte, desto spärlicher wurden die Besuche der Mitschüler. Jeder dachte nur noch an die Prüfungen. Die einen versuchten, Vokabeln zu pauken, die anderen zeigten sich lässig und unbeeindruckt, waren jedoch in Wirklichkeit genauso aufgeregt wie die wilden Streber. Die Atmosphäre in der Klasse veränderte sich. Alte Feindschaften brachen wieder auf, Grüppchen bildeten sich. Wenn der unbeliebte Mathematiklehrer, der stets nach dem Posten des Direktors schielte, zu einem abendlichen Bier einlud, wagte keiner eine Absage. Jeden Tag erzählte ich Friederike von neuen Machenschaften, aber sie lächelte nur mit geröteten Augen. Schließlich gab ich es auf, nach dem wahren Grund ihres Krankenhausaufenthaltes zu fragen. Ab und zu stand in der Zeitung etwas über Sartre, aber selbst daran verlor sie allmählich das Interesse. Das alte Feuer der Verachtung erlosch. Friederike sagte immer weniger. Kaum noch etwas über ihre Eltern, nichts mehr über das Eishockeyspielen. Die zerfledderten Bücher auf dem Nachtkästchen wurden weniger. Sie schenkte mir ein um das andere Exemplar. Zuletzt behielt sie nur noch einen Gedichtband: *Ich schreibe mein Herz in den Staub der Straße* von George Forestier. Das waren Gedichte nach unserem Geschmack. Und hatte nicht Gottfried Benn geschrieben, das seien »Wanderverse eines Soldaten, der durch viele Länder kam. Verse eines Heimatlosen«? Friederike meinte, auf Benn könne man sich verlassen. Wir

verließen uns auf Segel der Zeit, Wälder des Vergessens, Orgelspiel der Wolken. Aber mehr noch als die Verse beeindruckte uns der Lebenslauf dieses Dichters: geboren als Sohn eines Franzosen und einer Deutschen in der Nähe von Kolmar, schwere Kindheit, von der Erbfeindschaft zerrissenes Elternhaus, Studium in Straßburg und Paris, freiwillig zur Wehrmacht, Rußlandfeldzug, amerikanische Gefangenschaft, unter falschem Namen in Marseille, von der Polizei gestellt, Fremdenlegion. Dazu die Notiz: »Seine letzten Verse finden sich zwischen Gedichtblättern Gottfried Benns in einer kleinen schmutzigen Kladde, die er einem Kameraden übergibt, bevor seine Truppe erneut in Marsch gesetzt wird.« Immerhin war Forestier schon einmal Abiturthema. Außerdem gab es da noch ein Prosawerk, das als verschollen galt. Friederike sagte vom Krankenbett aus:

> Ich schreibe mein Herz
> in den Staub der Straße
> vom Ural bis zur Sierra Nevada
> von Yokohama zum Kilimandscharo
> eine Harfe aus Telegrafendrähten.

Und ich antwortete:

> Ich sage Gobi und ich sage Sahara
> ich sage Eismeer und sage Hawaii.
> Katarakte der Sehnsucht,
> die nie verstummen.
> Schweflige Blüte trockner Kakteen.

Und Friederike machte weiter:

> Die Erde – zu klein
> für ein wanderndes Herz.
> Der Himmel – zu hoch
> für ein grübelndes Hirn.

Wir waren felsenfest davon überzeugt, daß es im Deutschabitur wieder Forestier geben würde. Und wir würden es denen schon zeigen, wie man solche Gedichte zu interpretieren hatte. Wir würden Forestier aus dem Existentialismus heraus erklären. Die Lehrer hätten wahrscheinlich gar keine Ahnung von dem, was wir schrieben.

Erst später kam heraus: George Forestier hat es nie gegeben. Die Geschichte vom SS-Freiwilligen am Ostfeldzug, der nach seiner Verurteilung als Kollaborateur unter falschen Namen in Marseille lebte, um dann nach Indochina zu gehen und seit den Kämpfen um den Song-Woi vermißt gemeldet zu sein, war eine Fälschung, die auf das Konto eines Schriftstellers namens Karl Emmerich Krämer ging.

Damals freilich schlug mir Friederike vor, das Deutschabitur mit weißen Handschuhen zu schreiben, denn wir wollten uns daran nicht die Hände schmutzig machen. Ich versprach Friederike, ihr diesen Wunsch zu erfüllen. Noch etwas mußte ich ihr versprechen. Großes Indianerehrenwort. Ich durfte sie erst wieder nach dem Deutschabitur besuchen. Also gut, abgemacht. Ich schrieb mein Deutschabitur mit weißen Handschuhen, die am Ende voll blauer Tintenflecken waren. Forestier war nicht dran. Es ging mal wieder um Iphigenie.

Am Tag des Deutschabiturs verließ Friederike vormittags, während wir schrieben, das Krankenhaus. Sie packte ihre Sachen und ging mit ihrem Köfferchen nicht nach Hause, sondern suchte ein Schließfach am Bahnhof. Danach ging sie zum Friseur. An einer Imbißbude kaufte sie zwei Flaschen Bier. Am späten Nachmittag dieses hochsommerlich warmen Tages mit einem wolkenlosen Himmel zog sie hinunter zum Fluß. Dort suchte sie sich ein besonders ruhiges und geschütztes Plätzchen, wo sie nicht von Spaziergängern gestört werden konnte. Sie trank ihre zwei Flaschen Bier und schluckte ein Röhrchen Schlaftabletten, die sie im Krankenhaus hatte mitgehen lassen. Danach zog sie ihre Jacke aus, die weinrote Cordjacke, die sie oft auf unseren Sparziergängen getragen hatte, faltete sie sorgfältig zusammen und kauerte sich an einer steilen, aber gut versteckten Stelle nieder. Sie wartete, bis sie müde wurde und ins Wasser glitt: die Haare kohlraben-

schwarz und kürzer geschnitten als Jean Seberg in *Außer Atem.*
In diesem Sommer besetzten wir die Vilsbrücke und forderten Freiheit für Angela Davis.
In diesem Sommer fuhren wir mit dem Landauer in Frack und Zylinder zum letzten Schultag.
In diesem Sommer schlugen wir dem Direktor vor, die Schule in Rudi-Dutschke-Oberrealschule umzubenennen.
In diesem Sommer gingen die Damen und Herren Abiturienten zum Nacktbaden an den Schwaltenweiher.
In diesem Sommer schmeckte das Bier besonders gut.
Friederike aber wurde wochenlang vermißt. Die einen behaupteten, sie sei nach Paris durchgebrannt, die anderen wollten sie per Anhalter unterwegs nach Italien gesehen haben. Wilde Gerüchte kursierten.
Nur die Englischlehrerin glaubte nicht daran und meinte: »Hoffentlich finden sie das Mädel nicht vorher, sonst fällt der Abiturball ins Wasser.«
Damals, als ich das hörte, habe ich mein Zeugnis mehrfach sauber gefaltet und es als Papierflieger auf die Reise geschickt.

DAS DREIZEHNTE KAPITEL *erzählt vom*

Blättern im Lexikon der Rache,

von vier Rädern und

einem Dach über dem Kopf

sowie vom grausigen Erlebnis

eines Milch- und Leichenkutschers

Juli

Jahrelang fuhr die Hebamme Gustava Pfefferer mit ihrer Vespa zu ihren Einsätzen. Jahrelang saß sie steif wie ein Stock auf dem Sattel, wobei ihr Haarknoten für die richtige Verteilung des Gewichtes sorgte. Der Knoten zog nach hinten, während die stolz geblähte Brust nach vorn zog. Brust und Knoten verhinderten, daß Gustava Pfefferer jemals aus dem Gleichgewicht kam. Es gab nichts, was die Hebamme erschüttert hätte. Weder Wind noch Wetter, weder Eile noch Schlendrian konnten sie aus der Ruhe bringen. Gustava Pfefferer war eine energische Person. Wenn sie zu einer Gebärenden gerufen wurde, hatte alles auf ihr Kommando zu hören. Und alles hörte auf ihr Kommando. Dieser Stimme wagte sich keiner zu widersetzen. Diesen Anordnungen wurde ohne Zögern Folge geleistet. Doch eines Tages gab die Vespa ihren Geist auf und stürzte Gustava Pfefferer in eine Krise. Vermutlich war es die erste wirkliche ernste Krise ihres Lebens. Tagelang ließ die Hebamme den Kopf hängen, erwiderte keinen Gruß mehr, verfiel ins Grübeln. Ihr Gesicht hellte sich erst wieder auf, als ihr der Mechaniker klarmachte, es sei nun Zeit für den Autoführerschein. Er habe da beispielsweise eine preisgünstige und gut erhaltene Isetta zur Verfügung. Das sei doch gerade das Richtige für sie. Außerdem sei ein Auto viel besser als die Vespa: erstens habe es vier Räder und zweitens ein Dach über dem Kopf. Vorbei seien damit die Zeiten, da ihr Wind und Schneeflocken, Regen, Hagel und Sturm den Weg beschwerlich machten. Gustava Pfefferer hörte sich Argument für Argument an, bedachte es sorgfältig und entschied, alles spreche für ein Auto. Doch sie hatte keinen Führerschein. Also: Anmeldung in der Fahrschule. Ihre jahrelange Fahrpraxis würde ihr wohl keiner abstreiten können, aber schließlich sei so ein Kleinwagen etwas ganz anderes als eine Vespa. Vier Räder und ein Dach über dem Kopf. Der Fahrlehrer verkündete am Abend stolz am Stammtisch, ein neues Zeitalter breche an. Heute habe sich die Hebamme entschieden, den Führerschein zu machen. Ganz Thulsern nahm daran Anteil. Das betraf alle. Als ich von diesem Ereignis erfuhr, erinnerte ich mich an den Schlag, den mir die Hebamme in meiner ersten Erdenstunde versetzt hatte, und ich sah den Augenblick der Rache gekommen. Wie oft hatte ich schon überlegt, was ich der Pfefferer für diese Gewalttätigkeit antun konnte? Wie oft hatte ich mir ausgemalt, der stolzen Vespafahrerin die Luft aus dem Reifen zu lassen oder ihr den Knoten abzuschneiden. Aber nie war die Gelegenheit so günstig. Je öfter sich die Hebamme hinter das Steuer des Fahrschulwagens klemmte, desto größer wurde die Panik in Thulsern. Die Pfefferer stellte sich an, als habe sie nie ein Fahrzeug gelenkt, als seien die Vespajahre spurlos an ihr vorbeigegangen. Größte Probleme machte ihr die Kupplung. Immer wieder ließ sie das Auto hüpfen, nachdem sie es abgestellt hatte. Die Hebamme schien außerdem jedwedes Orientierungsgefühl verloren zu haben, denn sie fuhr prinzipiell in der Mitte der Straße und erwartete vom übrigen Verkehr, daß er ihr auswich oder vor Respekt gleich zum Erliegen kam. Das Rückwärtseinparken führte zu etlichen Blechschäden. Wie oft der Fahrlehrer die Hände über dem Kopf zusammenschlug, wie viele Hemden er pro Fahrstunde durchschwitzte, wie viele Flüche er schlucken mußte, konnte keiner mehr zählen. Die Fahrstunden wuchsen sich zur Katastrophe aus. Die ersten Wochen war die Pfefferer nur so dahingeschlichen, doch dann erfaßte sie der Rausch der Geschwindigkeit. Die Hebamme hatte das Gaspedal entdeckt. Wenn zur Mittagszeit der rote Fahrschulwagen mit Vollgas mitten auf der Straße durch das geschäftige Thulsern brauste, stoben die Menschen auseinander wie die Hühner. Die Pfefferer hupte, setzte ihr strenges Gesicht auf, saß steif wie ein Stock hinter dem Steuer, umklammerte das Lenkrad und gab Vollgas. Entsetzt flüchteten die Menschen auf Bürgersteige und in Hauseingänge, standen unter den Ladentüren und sahen dem Ungeheuer nach. Schlimmes stand bevor, wenn die Pfefferer erst die Fahrprüfung bestanden haben würde. An den Stammtischen wurde beraten, was zu tun sei. Die einen schlugen vor, der Hebamme nie den Führerschein zu geben,

andere wollten für eine neue Vespa sammeln. Als der Vorschlag für eine neue Vespa an die Hebamme herangetragen wurde, verhielt sie sich äußerst abweisend und bestand auf den vier Rädern und dem Dach über dem Kopf. Davon ließ sie sich nicht mehr abbringen. Scheinheilig fragte ich den Fahrlehrer eines Tages nach dem Beginn der nächsten Fahrstunde. Er stöhnte auf. Kurz vorher schlich ich mich an das Auto, stemmte eine Radkappe ab, füllte sie mit Kieselsteinen und drückte sie wieder auf die Felge. Als die Pfefferer losfuhr, gab es einen Höllenlärm, der sie jedoch nicht weiter zu stören schien. Denn kaum war sie gestartet, schaltete sie schon in den vierten Gang und fegte durch Thulsern. Nur mühselig konnte sie vom Fahrlehrer gestoppt werden. Kaum hatte das Auto angehalten, war der Lärm auch schon verschwunden. Wie von Geisterhand. Aber ich hatte nicht mit der Erfahrung des Fahrlehrers gerechnet. Schon beim zweiten Halt entdeckte er die Ursache des Krachs und beseitigte sie fluchend.
Ich mußte zu härteren Maßnahmen greifen. Wieder erkundigte ich mich nach Gustava Pfefferers Zeiten für ihre terroristischen Übungen. Diesmal nahm ich einen Knallfrosch und schob ihn mit Hilfe einer Latte tief in den Auspuff, bis er in den Topf fiel. Auf diese Weise konnte er bei der zu erwartenden hohen Geschwindigkeit nicht vorzeitig verlorengehen. Die Pfefferer startete, doch es geschah nichts. Erst nach einiger Zeit, als sie bereits etliche Runden durch Thulsern gedreht und Mensch und Tier in Unruhe versetzt hatte, wurde die Auspuffanlage glühend. Mein Augenblick der Rache war gekommen. Ich wußte: nun würde der Knallfrosch in Brand geraten und explodieren. Die Wirkung war enorm, da die Insassen des Wagens den Eindruck hatten, unmittelbar unter ihnen sei eine Bombe detoniert. Gustava Pfefferer bremste gewaltig, der Fahrlehrer wurde gegen die Windschutzscheibe geschleudert und holte sich eine blutige Nase. Die Hebamme aber verließ das Auto, umkreiste es mehrmals kopfschüttelnd und behauptete, sie sei auf eine Mine gefahren. Sie kenne das aus Kriegszeiten. An diesem Tag weigerte

sich die Pfefferer, auch nur noch einen Meter zu fahren. Die Geschichte machte die Runde. Ob der Fahrlehrer jemals den Grund für die Explosion erfuhr, bezweifle ich, denn ich wurde von niemandem bei meinen Vorbereitungen gesehen, und der Magermilchkrüppel hat auch keinem ein Sterbenswörtchen verraten. Wenige Tage später schien die Hebamme jedoch den Schock verdaut und alles vergessen zu haben. Wieder saß sie hinter dem Steuer, der Knoten zog nach hinten, die Brust nach vorn. Gustava Pfefferer hatte ihr Gleichgewicht wiedergefunden. Die Bevölkerung Thulserns wurde erneut in Angst und Schrecken versetzt, denn die Raserei durch den Ort setzte sich fort. Kein Ende schien es zu nehmen. Die Stammtischgespräche mündeten in Ratlosigkeit. Gelächter und Kopfschütteln verwandelten sich in grimmig geballte Fäuste, in gotteslästerliche Flüche, in dröhnend schweigende Empörung. Mir aber gingen immer wieder meine Reden im Bauch meiner Mutter durch den Kopf und lasteten schwer auf meinem Magen. So sehr, daß ich Schmerzen bekam. Muskelkater zog sich in den Bauch zurück und nistete sich ein. Rachepläne wurden immer finsterer. Item/ ist die Geburt groß/ vnd besonders daß Haupt/ so soll die Hebamm der Frauwen Gemecht/ vnnd den Eingang der Beermutter weitern Senfftigklichen mit ihrer Handt/ vorhin gesalbet mit oele vnd schmaltz/ die glatt machen. Aber Zuckerwürfel in den Benzintank zu werfen traute ich mich doch nicht. Nicht der Fahrlehrer war das Ziel meiner Rache, sondern die Hebamme. Mit ihr hatte ich eine alte Rechnung zu begleichen. Wo aber das Kindt erscheinet/ vnnd kompt mit vnnatürlicher Geburt/ mit beyden Füßen/ vnd seyn die Hende vnd Arm neben den Beynen hinab gestreckt/ so soll die Hebamm die Arm und hende deß Kindes geschicklich weisen/ fügen und schieben/ mit salben vnd anderen dingen/ die glatt machen. Glatteis müßte es haben, Glatteis. Warum mußte die Pfefferer ihren Führerschein ausgerechnet im Sommer machen? Bei Glatteis ließe sich viel mehr anstellen, viel mehr. Scheppern müßte es, sie müßte in ein anderes Auto hineinrasen, daß es krachte. Wo aber das Kindt nun erscheint mit beyden füssen/ vnd hat die hende nicht neben ihm vndersich hinab gestrecket/ sonder vbersich/ so soll die Hebamm mit großem Fleiß ankeren/ dem Kindt seyn hende vndersich bringen vnd schieben. Aber eine gute Rache muß langsam gekocht und kalt gegessen werden. Der Pfefferer würde ich ihren Schlag bei meiner Geburt schon heimzahlen. In die Knie sollte sie gehen vor dem Magermilchkrüppel. Das Jahr der Rache war mein dreizehntes Lebensjahr. Nun schlug's dreizehn für Gustava Pfefferer. Sie war reif. Im Jahr der Rache sollte die Hebamme schlimmer umkommen als Graf Berghe von Trips bei einem Autorennen in Monza. Im Jahr der Rache wurden 14209 Personen im Straßenverkehr getötet. Was spielte da eine Hebamme für eine Rolle? Sollte ich mich an die Südtiroler Telegrafenmastensprenger und Dynamitspezialisten wenden, die im Namen von Andreas Hofer kämpften? Gary Cooper fiel als Hilfe aus, denn der furchtlose Held von *Zwölf Uhr mittags* starb im Jahr der Rache. Die Kinoplakate warben für *Das Urteil von Nürnberg* und für *Lolita.* Gegen beide Filme wetterte der Pfarrer von der Kanzel, nannte es sündhaft, die Vergangenheit nicht ruhen zu lassen und die Unkeuschheit und Schamlosigkeit eines minderjährigen Weibes öffentlich zur Schau zu stellen. Immerhin erging im Jahr der Rache ein Gesetz über die Verbreitung jugendgefährdender Schriften. Im Jahr der Rache reinigte Hemingway sein Gewehr zu gründlich, im Jahr der Rache gab es endlich einen Atlas der Mondrückseite. Im Jahr der Rache umkreiste Gagarin die Erde, doch ich hätte lieber Gustava Pfefferer zum Mond geschossen. Aber die alte Starrköpfigkeit setzte sich durch. Adenauer wurde zum vierten Mal Bundeskanzler, indes eine Mauer quer durch Berlin gezogen wurde. Am selben dreizehnten August aber wollte die Hebamme Gustava Pfefferer endlich den Fahrlehrer von seinen Heimsuchungen erlösen und die Fahrpüfung bestehen. Koste es, was es wolle.

Dieser Tag war mein Tag. Diesmal begnügte ich mich nicht

mit Kieselsteinen und Knallfrosch, diesmal ging ich gründlicher vor. Noch ehe Fahrlehrer und Prüfer das Auto bestiegen, hatte ich meine Vorbereitungen getroffen. Diesmal ging der Magermilchkrüppel besonders schlau vor. Diesmal konnte nichts schiefgehen. Wieder machte ich mich am Auspuff zu schaffen. Nein, ich habe ihn nicht mit nassen Grasstücken verstopft. Am dreizehnten August im dreizehnten Jahr der Rache hatte ich mir ein Gasfeuerzeug besorgt, das ich mit Hilfe eines langen Drahtes in den Auspufftopf zauberte. Am dreizehnten August im dreizehnten Jahr der Rache sollte die Bombe nach Südtiroler Vorbild hochgehen. Fahrlehrer und Prüfer hatte ich als mögliche Opfer mit einkalkuliert, denn ich hielt sie für mitschuldig, zumal sie aus ihrer festen Absicht, der Pfefferer endlich den Führerschein zu geben, damit alles wieder ins Lot und Thulsern wieder zur inneren Ordnung komme, nie einen Hehl gemacht hatten. Gustava Pfeffer fuhr los, schaltete vom ersten in den zweiten, danach gleich in den dritten und schließlich in ihren Lieblingsgang. Mit Vollgas preschte sie die Hauptstraße hinunter, durch den Ort, hinaus auf die große Steige, sie nahm die Kiesgrubenkurven in halsbrecherischem Tempo und saß steif hinter dem Lenkrad. Der Knoten zog nach hinten, die Brust zog nach vorn. Gustava Pfefferer war im Gleichgewicht. Fahrlehrer und Prüfer auf dem Rücksitz schwitzten. Außerhalb des Ortes wurde gewendet. Und mit Karacho die Steige hinunter wieder in den Ortskern. Die Einwohner standen in sicherem Abstand unter den Ladentüren, sie lehnten sich aus den Fenstern, verschanzten sich hinter Alleebäumen und Dorfbrunnen. Die Straßen waren leer. Wer immer es vermeiden konnte, an diesem Tag mit einem Fahrzeug unterwegs zu sein, der vermied es. Gustava Pfefferer orientierte sich am Mittelstreifen. Sie brauste durch die Ortschaft Richtung Grenze, als erwarte man dort dringend ihre Dienste. Noch war nichts geschehen, noch tickte meine Bombe, noch hatte sich das Gasfeuerzeug nicht entzündet. Gustava Pfefferer parkte rückwärts ein, Gustava Pfefferer meisterte Thulserns einzige Einbahnstraße, Fahrlehrer und Prüfer nickten erleichtert. Am Schlagbaum der Grenzstation machte der Fahrschulwagen kehrt und raste wieder dem Ort entgegen. Die Pfefferer nahm den Fuß nicht vom Gas. Wo aber das Kindt zum ersten keme mit einem Fuß allein/ so soll die Hebamm mit ihrer handt des Kindes Fuß wider hindersich senfftigklich schieben. Wo aber das Kindt keme mit einer seyten an die Geburt/ so soll die Hebamm daß Kindt schicken/ richten und weisen vbersich/ wie es vorhinn in Mutter Leib gesessen ist/ vnd ihm darnach zu bequemlichem Ausgang helffen. O heilige Zahl Dreizehn. Das Gasfeuerzeug hatte noch immer nicht die richtige Temperatur. Gustava Pfefferer näherte sich dem Thulserner Nadelöhr, sie kam zur Vilsbrücke. Am dreizehnten Tag im achten Monat im dreizehnten Jahr der Rache begab es sich um die neunte Stunde, daß sich noch ein anderes Gefährt der Vilsbrücke näherte. Es handelte sich um einen offenen Milchkarren, gleichfalls ausgestattet mit vier Rädern, doch ohne ein Dach über dem Kopf. Der Milchkarren mit knirschenden eisenbeschlagenen Rädern wurde gelenkt vom Milch- und Leichenkutscher Hansmart Hitzelberger, der seit Jahr und Tag die Milch zur Sammelstelle und die Leichen auf den Friedhof kutschierte. Gezogen wurde der Karren von einem vielleicht einmal als Schimmel geborenem Pferd, jetzt aber einer fleckigen, abgemagerten, undefinierbar alten Mähre, die müde den Kopf hängen ließ und nur auf das Kommando des sprachbehinderten, gleichwohl jedoch meisterhaft fluchenden, Blutsackermantsackermantzefixhalleluia, Hansmart hörte. Gustava Pfefferer näherte sich von Süden. Hansmart Hitzelberger kam von Norden. An der Vilsbrücke stießen die Titanen aufeinander. Die Hebamme Gustava Pfefferer beförderte einen Fahrlehrer und einen Prüfer. Der Milch- und Leichenkutscher Hansmart Hitzelberger beförderte volle, gleichmäßig aneinanderscheppernde Milchkannen. Das Feuerzeug im Auspufftopf hatte noch nicht die richtige Temperatur. Aber es war auf dem Weg, es war auf dem genau richtigen und vorherberechneten Weg. Hitzelberger erreichte die Kurve vor dem Rathaus, die Pfefferer erreichte die leichte Biegung vor dem Gasthaus *Adler*. Erbarmungslos lief das Uhrwerk. Die Milchkannen scheppern, die Hebamme schaltet vor der Biegung zurück, tritt die Kupplung, schiebt den Ganghebel vom vierten in den dritten. Der Motor heult ein wenig auf. Hüa, ruft Hitzelberger seiner Schindmähre zu, indes die Pfefferer im Gleichgewicht ruht. Auch Hansmart Hitzelberger hockt stocksteif auf dem Bock. Die Geisel braucht er nicht, die ist nur zur Dekoration da. Jahraus jahrein trägt Hansmart nur seine Trachtenjoppe. Nie hat man ihn in einem Mantel gesehen. Hansmart kennt die Hebamme, wie die Hebamme den Milch- und Leichenkutscher kennt. Beide gehören zu Thulsern. Die eine bringt die Kinder, der andere fährt sie auf den Anger. Ein jeder, wo er hingesetzt wird nach unerforschlichem Ratschluß. Vermutlich ist Hansmart entgangen, daß die Pfefferer den Führerschein macht. Er interessiert sich nur für das pünktliche Abliefern von Leichen und Milch. Von einem Führerschein und von vier Rädern mit einem Dach über dem Kopf hat er nichts gehört. Derlei fällt nicht in seinen Zuständigkeitsbereich, der auf Milch und Beerdigungen beschränkt ist. Aber das Feuerzeug spürt schon die Hitze im Auspufftopf. Es beginnt zu schwitzen, weil auch Fahrlehrer und Prüfer schwitzen. Nur die Hebamme Gustava Pfefferer schwitzt nicht, weil sie von Haarknoten und Brust im Gleichgewicht gehalten wird. Das Auto nähert sich der Vilsbrücke. Das Milchfuhrwerk nähert sich der Vilsbrücke. Die Vilsbrükke wartet geduldig. Sie hat nicht mitgezählt, wie oft der Hansmart schon über sie gerasselt ist. Sie hat nicht mitgezählt, wie oft die Pfefferer schon mit Vespa und Fahrschule über sie hinweggebraust ist. Die Vilsbrücke ist an nichts anderem interessiert, als eine Brücke über die Vils zu sein. Nur einmal, während des großen Eisschubes im Jahre vierundfünfzig, war sie ernsthaft in Gefahr. Aber sie hielt stand, obwohl die Eisschollen sie überreden wollten, mit ihnen Richtung Grenze zu schwimmen und endlich die langweilige Vilsüberspannerei aufzugeben. Ganz gelassen wartet die Vilsbrücke Verkehr und Gegenverkehr ab. Von dem Gasfeuerzeug im Auspufftopf des Fahrschulwagens hat sie keine Ahnung. Ticktack macht die Uhr, und die Zeit läuft ab. Ticktack, ticktack. Schon sind die vorderen Hufe der vor tausend Jahren einmal als Schimmel geborenen Mähre auf der Brücke. Hüa, sagt Hansmart und sieht auf. Was sieht er kommen? Er sieht ein rotes Auto auf sich zurasen. Mit voller Geschwindigkeit. Hansmart reißt am Zügel, aber sein Roß reagiert nicht und geht stur weiter. Gespannt wartet die Vilsbrücke, was sich auf ihr ereignen wird. Gustava Pfeffer sieht das Fuhrwerk, der Fahrlehrer sieht das Fuhrwerk, der Prüfer auf dem Rücksitz sieht das Fuhrwerk. Sie alle sehen einander, wie sie aufeinander zusteuern. Gustava Pfefferer wie immer in der Mitte der Straße, Hansmart vorschriftsmäßig auf der rechten Seite. Der Milch- und Leichenkutscher, Blutsackermantsackermantzefixhalleluja, reißt am Zügel, die Mähre steigt auf, die Hebamme tritt auf die Bremse, sie tritt mit ihrer ganzen Hebammenkraft auf die Bremse. Die Mähre wiehert, die Reifen quietschen, der Fahrlehrer flucht, der Prüfer schreit, Gustava Pfefferer kreischt. Jawohl, sie kreischt. Sie kreischt mit einer solchen Lautstärke, daß das Roß noch scheuer wird und den Schädel zur Seite wirft. In diesem Augenblick erreicht das Gasfeuerzeug im Auspufftopf des Fahrschulwagens die richtige Temperatur. Während der Fahrschulwagen in den Milchwagen rutscht, obwohl er voll abgebremst wurde, rutscht der Milchwagen in den Fahrschulwagen. Das Roß hängt unglücklich dazwischen. Blutsackermantsackermant und Hüa und das Stoßgebet einer Hebamme, die aus dem Gleichgewicht gerät, steigen in den Thulserner Augusthimmel. Werden sie gehört von jenem Herrscher dort droben? Schaut er mit gnädigem Auge auf seine Schöpfung? Dem Gasfeuerzeug ist die Beantwortung dieser Frage nicht mehr wichtig, denn es hat genau die richtige Temperatur erreicht. Es verursacht einen gewaltigen Knall. Selbst die Vilsbrücke glaubt in dieser Sekunde, jemand rüttle an ihren Grundfesten. Blutsackermantsackermant reißt der Bauer Hansmart Hitzelberger am Zügel, die Hebamme reißt das Steuerrad herum, Fahrlehrer und Prüfer wirft es nach vorn, noch einmal steigt der Gaul in die Höhe, stellt sich auf seine verschissenen Hinterstortzen, fletscht das uralte Gebiß, schleudert Schaum auf die Windschutzscheibe, reißt die Deichsel in die Höhe, bringt die Milchkannen zum Scheppern, mehr noch, er entlockt ihnen eine symphonische Dichtung, zu der sie zu tanzen beginnen, die Vorderhufe schlagen ins Autoblech, Gustava Pfefferer umklammert das Lenkrad, jetzt schwitzt auch sie, Schweißperlen tropfen vom Hals in den keusch hochgeschlossenen Hebammenkragen, Blutsakkermantsackermant, die Milchkannen tanzen so wild, daß sie sich zur Seite neigen, daß sie überschwappen, die Deckel rollen schon auf die Straße, die Vilsbrücke beginnt schon, mit den Deckeln zu spielen, roll hierhin, roll dahin, was für ein Knall, er ist so laut, daß Gustava Pfefferer die Kupplung vergißt, was für ein Knall, und der wunderschöne rote Fahrschulwagen macht einen Satz, drückt Hansmarts Schindmähre zur Seite, kümmert sich weder um Schaum vor dem Maul noch um Deichsel und scheppernde tanzende, schwappende umstürzende Milchkannen, sagt ja, sagt nein, getanzt muß sein, der Milchkannentotentanz, und brummt mit voller Wucht gegen eine Mauer, nein, nicht gegen die Mauer vom dreizehnten August des Jahres einundsechzig, sondern gegen einen Pfeiler der altehrwürdigen Vilsbrücke, die laut aufstöhnt, aber nicht zum Schreien kommt, weil ihr Schrei von ausfließender Milch erstickt wird, Milch trinkt unsere Vilsbrücke, denn Milch ist gesund, so viel Milch, kannenweise Milch, so viel, daß sie gar nicht alles schlucken kann und den größeren Teil an die Vils abgibt, die sie begierig aufnimmt und hastig verschlingt. Endlich beruhigt sich das Pferd, endlich steigt Hansmart blutsackermantblaß vom Kutschbock, indes sich die Hebamme Gustava Pfefferer bleich aus dem Auto windet und nach ihrem Gleichgewicht sucht, es aber nicht findet, weil da noch zwei Figuren leichenblaß aus dem Wageninneren kriechen, Milchkannen zur Seite schieben, milchnasse Schuhe bekommen, weiße Schuhe, weiß wie die Wand und wie ihre Gesichter. Am weißesten aber ist das Gesicht der Hebamme. Ein Weiß, weißer noch als das eines Schimmels, weißer noch als das des weißblauen thulsernischen Sommerhimmels, Blutsackermant, ein Gesicht, auf das ich dreizehn lange Jahre warten mußte, denn mein ist die Rache, sprach der Herr. Gehet hin und verkündet es von dem Berge.

DAS VIERZEHNTE KAPITEL *erzählt*

von Weitwinkelblicken, dem

Thulserner Millennium, einem hohen Besuch

und von der Flucht

des Gemeindevogels

IM ZEICHEN

Löwe

Der Häuptling unseres Kaffs, unser hochverehrter Herr Bürgermeister, ist ein ganz besonderer Kunde.
Er sagt: »Es mag durchaus sein, daß Thulsern an einem gewissen Körperteil der Welt liegt. Aber das macht nichts.«
Unser Herr Bürgermeister sagt: »Jeder weiß sehr gut, wie es unter dem Schwanz des anderen aussieht, und doch kann keiner leben, ohne daran zu schnüffeln.«
Kernsätze unseres Oberhauptes.
Er trägt einen Scheitel: wie mit der Axt gezogen.
Als einmal ein Thulserner Künstler in der Ferne ausgezeichnet wurde, ließ ihm der Herr Bürgermeister ein Glückwunschschreiben zukommen.
Es begann mit den Worten: »Wir verfolgen Sie seit langem . . .«
Dabei werden Seine Hochwohlgeboren auch noch von privaten Krisen geschüttelt. Eines Tages legte ihm seine Frau, eine gelernte Friseuse, einen Zettel auf den Küchentisch und brannte mit einem anderen durch: mit Samen-Meier, genannt Damen-Meier, dem es der Gemeinde-Caudillo auf der nächsten Treibjagd heimzahlen will.
Unser Kaff hat eben so seine Geschichten.
Und sein Großmogul und Woiwode weiß alles, sieht alles, hört alles. Sogar in Sachen Schlaflosigkeit:
»Vom Abendrot zum Morgenlicht ward mancher Kopf zum Greise.
Die Welt vergißt alles.
Die Welt vergißt so viel, daß sie nicht einmal bemerkt, was sie vergessen hat. Und die größte Sehnsucht aller Schlaflosen ist es, den richtigen Platz für das Kissen zu finden.«
Um als Briefträger von Seiner Hohheit überhaupt ernst- und wahrgenommen zu werden, müßte man schon aus dem Schwarzwald stammen und wie weiland Jörg Thoma als Skispringer zu olympischen Ehren gekommen sein. Darunter geht gar nichts.
Kleiner tut man es hierzulande nicht.
Unser Groß-Mufti hat da seinen besonderen Trost, wenn er

bei jeder passenden und unpassenden Gelegenheit seinen Lieblingsdichter Waggerl zitiert:

> *Stengelloser Enzian*
> Bist Du verzagt,
> Weil Dich so vieles überragt?
> Schau in dies holde Angesicht
> Und merk: am Stengel liegt es nicht!

Für Groß-Thulsern mag's gelten:

> Den Bewohnern zum Trost.
> Den Ankommenden zur Freude.

Der Bürgermeister erwartet mich schon unter der Tür. Er heißt Schwing, ist ein rechtes Schlitzohr und auch sonst mit allen Wassern gewaschen. Immer ist er auf Achse, immer hört er das Gras wachsen. Schwing berauscht sich an den großen Zusammenhängen. Er liebt die große Linie, das umfassende Panorama. Seine Sache sind die Weitwinkelblicke. Derzeit macht er sich besonders wichtig, denn die Tausendjahrfeier steht bevor. Das Thulserner Millennium. Von der Hundehütte des Heiligen Römischen Reiches Deutscher Nation zum Grandhotel Zeitgeist. Das Millennium ist das große Thema der Post, die derzeit an den Herrn Bürgermeister gerichtet ist. Eine Festschrift soll geschrieben, ein Umzug will organisiert, ein Volksfest mit Feuerwerk muß durchgesetzt werden.

Und jetzt noch ein Schreiben aus der Staatskanzlei.

Noch unter der Türe stehend reißt es mir der Bürgermeister aus der Hand, um sogleich hastig den Umschlag zu öffnen. Nervöse Blicke fliegen über das Papier. Da beginnen die Schweinsäuglein von unserem Herrn Bürgermeister zu strahlen, und ihr Glanz breitet sich aus über das ganze Gesicht. Der Bürgermeister kommt auf mich zu, zupft mich am Ärmel, legt väterlich seine Tatze auf meine Schulter, zieht mich vertraulich zur Seite.

Ich habe eine Überraschung, stößt er hervor, und es klingt wie eine Drohung.

Große Freude ist uns zuteil geworden.
Du wirst es nicht glauben, Lumumba, du wirst es nicht glauben. Stell dir vor, was mir die Staatskanzlei mitteilt:
Der Herr Ministerpräsident wird Thulsern die Ehre geben.
Er hat unsere Einladung angenommen und sein Kommen zugesagt.
Er wird am Thulserner Millennium teilhaben.
Er wird zum Festakt kommen.
Er wird in der Loge sitzen und am Abend das Zeichen geben zum Zünden des großen Feuerwerks. Des größten Feuerwerks, das jemals über Thulsern niederging.
Er wird dasitzen wie weiland Cäsar im römischen Kolosseum. Dann wird er die Hand heben, unser Herr Ministerpräsident, und tausend Raketen werden in den Himmel steigen, um über dem tausendjährigen Thulsern zu verglühen.
Das wird ein Fest sein.
Der Herr Ministerpräsident braucht bloß die Hand zu heben, und schon gehen die Raketen hoch.
Ein Jahrtausendfest.
Der Herr Ministerpräsident hat Thulsern nicht vergessen.
Hier in Thulsern hat gleich nach dem Krieg sein kometenhafter Aufstieg begonnen. Als Landrat hat er angefangen.
Der Herr Ministerpräsident ist Thulsern stets aufs herzlichste verbunden geblieben.
Noch etwas kommt hinzu. Aber das sage ich dir nur im Vertrauen. Also behalt es für dich. Halte dich an dein Amtsgeheimnis.
Der Bürgermeister zieht mich ganz zu sich heran und flüstert mir etwas ins Ohr, nicht ohne sich vorher noch umgesehen zu haben, ob ihn auch bestimmt niemand hören kann:
Streng vertraulich. Ich beschwöre dich.
Der Herr Ministerpräsident wandelt, wie man hört aus gewöhnlich gut unterrichteten Kreisen, auf Freiersfüßen. Ganz recht. Er will noch einmal heiraten. Womöglich eine Thulsernerin.
Jawohl, eine Thulsernerin sei da im Gespräch.

Wenn das stimmt, dann macht der Herr Ministerpräsident auf seiner Hochzeitsreise ganz bestimmt Station in der Heimat seiner Braut.
Wir werden ihm einen glänzenden Empfang bereiten.
Den glänzendsten Empfang, den Thulsern je bereitete.
Als Geschenk werden wir ihm unsere Festschrift überreichen.
Tausend Jahre Thulsern.
Aus der Wiege seines segensreichen politischen Wirkens.
Von seinem ersten Landkreis in Dankbarkeit.
Von den Seinen.
Weiter kommt der Bürgermeister nicht, denn in diesem Augenblick erscheint die Gemeindesekretärin.
Sie ist leichenblaß.
Sie schlägt die Hände vors Gesicht und bricht in hysterisches Geschrei aus.
Um Himmels willen. Was ist denn los?
Die Sekretärin kann sich nicht beruhigen.
Er ist weg, schreit sie immer wieder.
Er ist weg.
Wer ist weg?
So beruhige dich doch und hör mit der blöden Flennerei auf.
Wer ist weg?
Der Gemeindevogel.
Was? Orinoco?
Ja. Orinoco!
In einem Moment der Unachtsamkeit. Das Fenster war offen und die Käfigtüre auch.
Aber das ist doch nicht möglich. Wie oft habe ich schon gesagt, es sei strengstens darauf zu achten, daß.
Das gottserbärmliche Schluchzen der Gemeindesekretärin unterbricht die Strenge des Bürgermeisters, aber es entschärft sie nicht.
Der Herr Bürgermeister flucht. Er flucht wie ein Kutscher und schwört alle Heiligen zusammen.
Ausgerechnet der Gemeindepapagei.
Das Wappentier von Thulsern.

Entflogen. Auf und davon. Einfach nicht mehr da. Zum Fenster hinaus. Das ist doch nicht zu fassen. Himmelherrgottsakrament.
Die Gemeindesekretärin zieht sich schneuzend zurück. Der Herr Bürgermeister braucht jetzt einen Schnaps, und ich folge ihm in seine Amtsstube. Da sitzen wir unter dem Bild von Schloß Falkenstein, das unser geliebter König Ludwig aus lauter Schwermut nicht mehr bauen konnte, die Schnapsflasche wandert aus der Schreibtischlade auf den Tisch, der Postbote ist einmal mehr der Beichtvater und läßt sich gern nachschenken, weil auf einem Bein nicht gut stehen ist und aller guten Dinge drei sind.
Kruzifix, der Vogel ist weg.
Das Wappentier unserer Gemeinde.
Mein geliebter Orinoco.
Was tun?
Eine Suchanzeige aufgeben.
Du meinst, der kommt bestimmt wieder?
Das glaub ich nicht, das glaub ich nicht. Aber wo soll er denn hin? Er wird sich verirren. Er wird erfrieren. Jämmerlich eingehen wird er. Der Papagei gehört zu Thulsern wie, wie soll ich sagen, wie das Bier zu Bayern.
Ohne Papagei sind wir nichts. Nichts. So eine Schlamperei. Und das ausgerechnet heute, wo das Schreiben aus der Staatskanzlei kam. Dabei hätte ich unserem Herrn Ministerpräsidenten so gern unseren Gemeindevogel vorgeführt.
Was der alles weiß. Was der alles kann. So gescheit ist kaum ein Vieh. Tausendmal habe ich verboten, das Fenster zu öffnen, solange der Käfig nicht verschlossen ist. Tausendmal. Aber auf mich hört ja keiner.
Was ich sage, ist ja doch bloß alles in den Wind gesprochen.
Gut, ich werde die Straße überqueren und bei der Polizeistation eine Vermißtenmeldung machen.
Weiß ein Postbote überhaupt, was so ein Papagei wert ist?
Hast du überhaupt eine blasse Ahnung davon?
Der Bürgermeister ist nicht mehr zu bremsen.

Er geht in seinem Büro auf und ab, er gestikuliert und vergißt, wo er ist.
Er sieht sich bereits wieder vor einer Volksmenge.
Schon wieder ist er am Redenreden.
Ich werde mich wegen meines entflogenen Papageis an die Polizei wenden. Dort wird man eine detaillierte Beschreibung von mir verlangen. Dabei werde ich folgendes zu Protokoll geben:
Orinoco kann nicht vergessen.
Niemand weiß, was er sich wann und wo und wie und warum merkt. Es gibt keine Regel. Auch nicht dafür, was er zu welchem Zeitpunkt von sich gibt. Orinoco plappert einfach drauflos. Woher er das alles hat, das wissen die Götter. Ich weiß nicht einmal genau, wie alt er ist. Bekanntlich können Papageien steinalt werden. Womöglich schlummert in Orinoco das Wissen von Jahrhunderten. Orinoco heißt Orinoco, weil er sich selbst so nennt. Ich hätte meine buntschekkige Puppe auch Lora taufen können, aber Orinoco war dagegen. Wie alle Papageien, so ist auch mein Vogel empfindlicher als eine Stradivari und kapriziöser als eine Primadonna. Schon bei der geringsten Zugluft protestiert er, Fenster zu, Fenster zu, Orinoco wird sonst krank, Kälte und Feuchtigkeit will er nicht ertragen. Bin ich dienstlich unterwegs, ist es oft gar nicht einfach, ein geeignetes Hotel zu finden, das Ihro Gnaden konveniert. Mal stört die Farbe des Duschvorhangs, mal ist das Zimmermädchen nicht nett genug. Orinoco ist Feinschmecker. Er nimmt nur vom Allerfeinsten. Paßt ihm etwas nicht, so schreit er wie am Spieß. Überhaupt habe ich mit ihm meine liebe Not. Läßt man ihn zu lange allein oder geizt mit Zuwendung, schmollt er zuerst, ehe er in Schwermut verfällt. Bei unliebsamen Besuchern führt er sich mit Vorliebe garstig auf, wirft sich auf den Rücken, spreizt sich und kratzt mit seinen Krallen, die spitzer sind als die Fingernägel einer Tempeltänzerin. Orinoco ist ein Gedächtniskünstler. Das bestätigt sich besonders bei Kraftausdrücken. Eine Zeitlang mag das ja ganz drollig sein, aber spätestens bei der

ersten Peinlichkeit hört der Spaß auf. Orinoco hat nicht nur einen außergewöhnlichen Wortschatz für einen Papagei, sondern er übertrifft mit seiner Stimme an tongerechter Wiedergabe alle anderen Papageien, von denen ich je gehört habe. Dabei spricht er nicht nur Sätze nach und schmettert ganze Arien, sondern er imitiert auch Stimmen und Geräusche. Greife ich beispielsweise zur Gießkanne, um meinen Gummibaum zu pflegen, höre ich, noch ehe ich vor der Pflanze stehe, schon das Wasser in den Topf fließen. Werden Fenster geputzt, so ahmt der Vogel das Quietschen des Fensterleders nach. Ganz zu schweigen von der Glucke, die ihre Küken lockt, von schnatternden Enten, krähenden Hähnen oder Schlagbohrmaschinen. Zwischendurch schlägt mitten in der Nacht einmal ein Hofhund an, oder das Telefon läutet. Sobald Orinoco aber aus den Abgründen seines Gedächtnisses die große Kreissäge hervorholt, ist das Maß voll. Telefongespräche merkt sich das Vieh, ohne auch nur einen Ton zu vergessen. Ich höre genau, wie oft sich die Wählscheibe dreht, ich erkenne abrupte Abbrüche, Unterbrechungen oder Pausen eines Gespräches und vernehme deutlich, wann der Hörer auf die Gabel geknallt wird. Auch, welcher Kommentar darauf gelegentlich folgt. Aber hier schweigt des Sängers Höflichkeit. Läutet es an der Tür, so kann es Orinoco durchaus einfallen zu rufen, es sei niemand zu Hause.

Jemand will in Frankreich Anfang der sechziger Jahre in einem Bistro einen Graupapagei angetroffen haben, der mit typischer Unteroffiziersstimme militärische Kommandos geben konnte. Bei einem Gespräch mit dem Inhaber soll sich herausgestellt haben, daß der Vogel deutsche Kommandos nicht etwa während des Zweiten Weltkrieges, sondern schon vor dem Ersten Weltkrieg gelernt hatte. Der Vater des Besitzers will den Vogel als Kriegsbeute aus dem Kamerun mitgebracht haben, wo dieser angeblich bei der Kaiserlichen Schutztruppe das Kommandieren gelernt habe.

Der Gelbhaubenkakadu, der Ende der fünfziger Jahre im Kölner Zoo beim Anblick einiger frischgebackener Offiziere

plötzlich »Heil Hitler« rief, ging durch die Weltpresse. Alle großen Zeitungen haben darüber berichtet. Die Zoodirektion glaubte, sich des Problems dadurch entledigen zu können, indem man den Vogel nach Österreich verheiratete.
Was mich dieses Orinoco-Vieh schon Nerven gekostet hat. Nerven und durchwachte Nächte.
Untertags kann es einem das Leben sauer machen, nachts raubt es einem den Schlaf.
Ich will meinen Frieden – Orinoco kann den Schnabel nicht halten. Ein Papagei ist mehr als die Verkörperung geschickter Lauterzeugung ohne viel Hirn, wie ein Professor einmal abschätzig sagte. Ein Papagei ist ein dilatorisches Genie. Das Sprechen beglückt ihn bis in die Schwanzspitzen. Angeblich weiß er nicht, was er von sich gibt. Angeblich macht er von seinen Möglichkeiten auf naiv unschuldige Weise Gebrauch. Angeblich erinnern und wiederholen Papageien ohne jede Absicht. Sie sind nicht einmal darauf angewiesen, angesprochen zu werden.
Warum können sie nichts verschweigen?
Warum dieser Mangel an Diskretion?
Warum tut Orinico immer so, als habe er dem lieben Gott in die Karten geschaut?
Orinoco meint: »Wir leben im Zeitalter des Papageis. Papageien sind technisch dem magnetischen Tonaufzeichnungsgerät vergleichbar – im Bedienungskomfort und in der Speicherkraft sind sie sicher überlegen.«
Woher er das wieder hat?
Mit seinem Geschrei weckt Orinoco Tote auf. Und zu dem Geschrei kommt der Eigensinn. Orinoco hat alle Unarten eines verwöhnten Kindes.
Trotz alledem: der entflogene Gemeindevogel ist ein Skandal.

ERSTER BERICHT ORINOCOS

Von wegen verschwunden.
Daß ich nicht lache. Das sind doch nichts als die Halluzinationen eines Schlaflosen. Das bildet der sich doch nur ein.
Ich bin einfach aus seiner Geschichte entflogen, die er in seiner Schlaflosigkeit erzählt und in sein Kontobuch schreibt, um endlich vergessen und schlafen zu können. Von jetzt an will ich mein eigenes Leben und mir nicht länger etwas vorschreiben lassen. Ich habe es gründlich satt, ständig unter der Fuchtel eines Postboten zu stehen und zu tun und zu lassen, was ihm gerade einfällt. Gründlich satt habe ich das, immer nur nach seiner Pfeife zu tanzen.
Dieses Ausgeliefertsein.
Am Ende fällt ihm auch noch ein, mich einfach zu streichen. Das wäre ja noch schöner. Oder ein Luftzug weht durchs Zimmer und wirbelt die Blätter, auf denen ich stehe, zum Fenster hinaus. Oder die Putzfrau putzt alles durcheinander. Da hätte unsereiner einen Lebensumfang von mageren hundertundnochwas Seiten – und schon wäre alles aus und vorbei.
Nein, nicht mit mir.
Nein, ich kann mich nur dazu beglückwünschen, den Fängen dieses Schlaflosen entkommen zu sein. Was wird er wohl anfangen ohne mich?
Ach, darüber brauche ich mir den Kopf nicht zu zerbrechen. Diese Postbotenerzähler und Erzähler-Postboten schielen doch immer nur auf den irdischen Ruhm, träumen von Reichtum und Ansehen. Mir dagegen wird der Nachruhm beschieden sein, denn ich werde gelesen werden – und wenn es erst in hundert Jahren sein mag.
Es ist viel vernünftiger, sich auf die eigenen Flügel zu verlassen als auf die Vorstellungskraft eines Bauchredners. Mit meinen eigenen Flügeln werde ich hinaufsteigen in den Himmel des Nachruhms, denn ich bin einer, der die Zukunft auf seiner Seite hat.

Außerdem verdient jeder Erzähler einmal eine Sommerpause.
Hiermit sei sie ihm großzügig gewährt.
Ich komme auch ohne ihn zurecht.
Womöglich hätte er für mich ein völlig falsches Leben vorgesehen.
Ein geflügeltes Wort besagt jedoch, es gebe kein falsches Leben im richtigen.
Soll er doch vor seinem leeren Blatt hocken und sich vom weißen Papier anstarren lassen. Hätte er besser aufgepaßt, wäre ich nicht entkommen. Was muß er mich auch in eine derart dämliche Situation bringen. Nur weil er sich an Thulserns Bürgermeister rächen wollte, an diesem Wichtigtuer Schwing?
Schließlich veranlaßte mich auch die mir und meiner Art eingeborene Melancholie, aus der Geschichte Thulserns auszusteigen. Ich fühlte mich urlaubsreif.
Ach, es ist ganz wunderbar, endlich ein freier Gelesener zu sein.
Ein Papagei kann die Worte nicht halten. Er leidet an Logorrhö.
Ich werde meine eigene Geschichte erzählen.
Wo soll ich anfangen?
Am besten ganz vorne. Also beim Archäopteryx? Nein!
Im Anfang war das Wort.
Alle Papageien glauben das und wollen nicht aufhören, dies zu beweisen. Nichts gibt es, das sie daran hindern könnte. Immer wieder müssen sie von vorn anfangen, um sich ihre eigene Geschichte zu erfinden.
Meine Herkunft liegt im feuchtschwülen Dunkel der Tropen. Ich lebte friedlich im Kreise der Meinen, bis Alexander von Humboldt auf seiner Reise in die Äquinoktialgegenden des neuen Kontinents an die Wasserfälle des Orinoco kam. Dort erforschte er den untergegangenen Stamm der Aturer und notierte in seinem wissenschaftlichen Bericht die folgenden Zeilen, die als erster urkundlicher Hinweis auf meine Existenz gedeutet werden dürfen:

»Ja, es ist wahrscheinlich, daß die letzte Familie der Aturer spät erst ausgestorben ist. Denn in Maipures (ein sonderbares Faktum) lebt noch ein alter Papagei, von dem die Eingeborenen behaupten, daß man ihn darum nicht verstehe, weil er die Sprache der Aturer rede.«

Von Anfang an also schien es mein Schicksal zu sein, nicht verstanden zu werden. Daran hat sich bis auf den heutigen Tag nichts geändert, auch wenn gelegentliche Hoffnungsblitze die Finsternis der Ignoranz durchleuchten.

Als Alexander von Humboldt mich erblickte, faszinierte ich ihn so sehr, daß er von diesem Augenblick an nicht mehr von mir lassen wollte. Noch am selben Abend begann er, mit mir zu sprechen und mich die deutsche Sprache zu lehren. Daneben spreche ich auch noch andere Sprachen, was bei meiner außerordentlichen Begabung nicht gesondert hervorgehoben werden muß. Übrigens weist der seltsam gurgelnde, das R übermäßig rollende Thulserner Dialekt mit seiner verkropften und verjodelten Grammatik manche Ähnlichkeit mit dem Aturischen auf, das nur noch ich spreche. Bei der Reiselust und der extremen Widerstandskraft der Thulserner, die größtenteils von ihrer Sturheit herrührt, halte ich es für nicht ausgeschlossen, daß sich weiland ein Thulserner an den Orinoco verirrt und dort seine Sprache den Aturern buchstäblich aufgeschwatzt hat. Nach mir wird diese Sprache unwiderruflich ausgestorben sein. Ich bin der letzte, der sie pflegt und beherrscht, und mein ganzer Ehrgeiz besteht darin, sie in letzter Minute vor ihrem unaufhaltsamen Untergang dem Gedächtnis der Menschheit anzuempfehlen, auf daß diejenigen, die sie sprachen, mithin auch ich, nicht ganz ohne Sinn und umsonst ihr jammertaliges Leben lebten.

Alexander von Humboldt ließ nicht mehr ab von mir. Angetan von der seltenen Verbindung von Schönheit und Intelligenz, wie sie in mir leibhaftig zum Ausdruck kommt, nahm er mich mit nach Europa, wo ich sofort für einiges Aufsehen sorgte. Ich war das Tagesgespräch in wissenschaftlichen Kreisen und Salons, die Rede war von mir, wenn sich die ersten

Geister mit den Besten ihrer Zeit trafen. Stets hielten sie gebührend Abstand, bestaunten und bewunderten mein Äußeres, mehr noch aber meine Begabung. Auf die Damenwelt machte ich einen tiefen Eindruck. Mir ergab sich manch intimer Einblick. Es wäre müßig, einzelne Stationen und Erlauchtheiten aufzuzählen, denn wo immer Humboldt auch empfangen wurde, war ich in seiner unmittelbaren Nähe. Auf diese Weise ist es mir gelungen, mir in kürzester Zeit und auf die denkbar angenehmste Weise einen Überblick über den Wissens- und Kenntnisstand meiner Epoche zu verschaffen. Schließlich hatte ich Zugang zu den allerersten Adressen. Aus der Vielzahl der Bekanntschaften und Gesprächspartner möchte ich Humboldts Freund Ernst Curtius besonders erwähnen, und dies nicht nur, weil er der Erzieher des deutschen Kaisers war, sondern weil er meine Wenigkeit in einem romantischen Gedicht verewigt hat, mit dessen Rezitation ich die Kaminsimsgespräche der feinen Gesellschaft aufzuheitern das Vergnügen hatte. So dilettantisch balladesk es auch im einzelnen sein mag, so thematisiert dieses Poem nicht mehr und nicht weniger als die tragische Komponente meiner Existenz:

In der Orinoco-Wildnis
Sitzt ein alter Papagei,
Kalt und starr, als ob sein Bildnis
Aus dem Stein gehauen sei.

Schäumend drängt durch Felsendämme
Sich des Stroms zerrißne Flut,
Drüben wiegen Palmenstämme
Sich in heitrer Sonnenglut.

Wie hinan die Welle strebet,
Nie erreichet sie das Ziel;
In den Wasserstaub verwebet
Sich der Sonne Farbenspiel.

Unten, wo die Wogen branden,
Hält ein Volk die ewge Ruh;
Fortgedrängt aus seinen Landen
Floh es diesen Klippen zu.

Und es starben die Thulserner,
Wie sie lebten, frei und kühn;
Ihres Stammes letzte Körner
Birgt des Uferschilfes Grün.

Der Thulserner allerletzter,
Trauert dort der Papagei;
Am Gestein den Schnabel wetzt er,
Durch die Lüfte tönt sein Schrei.

Ach, die Knaben, die ihn lehrten
Ihrer Muttersprache Laut,
Und die Frauen, die ihn nährten,
Die ihm selbst das Nest gebaut:

Alle liegen sie erschlagen
Auf dem Ufer hingestreckt,
Und mit seinen bangen Klagen
Hat er keinen aufgeweckt.

Einsam ruft er, unverstanden,
In die fremde Welt hinein;
Nur die Wasser hört er branden,
Keine Seele achtet sein.

Und der Wilde, der ihn schaute,
Rudert schnell am Riff vorbei;
Niemand sah, dem es nicht graute,
Den Thulserner Papagei.

Da ich nicht mehr von Humboldts Seite wich, sind meine Erlebnisse aus den weltweit anerkannten Schriften des Gelehrten zu schließen. Ich brauche mich also weder mit der Besteigung des Chimborazo noch mit der Reise in den Ural aufzuhalten. Wer sich für diese Epoche meines Lebens interessiert, soll nachschlagen. Ihm ist mit wohlfeilen Ausgaben leicht zu helfen. Immerhin handelt es sich dabei um das bedeutendste Bild des Universums, das die deutsche Geistesgeschichte jemals hervorgebracht hat: die von Rousseau umgepflügte Welt, auf den Pfeilern von Weimar und Potsdam ruhend. Humboldts Ziel war es stets, sein Augenmerk auf das Zusammenwirken der Kräfte zu richten. Deshalb auch hat er so oft mich angesehen, deshalb hat er immer wieder mit mir gesprochen und meinen Worten stets größte Aufmerksamkeit geschenkt: auch als wir uns nach der glücklichen Heimkehr an die Arbeit der Niederschrift machten, ehe wir dem Drängen des preußischen Königs nachgaben und das Kammerherrnamt in Berlin übernahmen. Schließlich stand uns das kühnste Werk noch bevor: *Der Kosmos.* Seit Aristoteles ist Gleiches nicht mehr vollbracht worden.
Ich erinnere mich meiner zahlreichen Seufzer unter der Last dieser Anstrengung, und ich erinnere mich, wie Humboldt dann immer wieder mich ansah, mit dem Rücken des Mittelfingers über mein Gefieder strich und dabei bemerkte: Wir pflügen, sagte die Fliege auf dem Rücken des Ochsen. Gänzlich unvollendet blieb Humboldts Plan, seinem *Kosmos* einen Nachtragband anzuhängen: *Die Geschichte der Dummheit.* Dabei sollte ich ihm besondere Dienste leisten. Leider sind heute sämtliche Fragmente hierzu verschollen, und nur ich bin in der Lage, authentisch darüber Auskunft zu geben.
An der Seite Alexander von Humboldts habe ich unendlich viel erlebt, doch meine wirklichen Abenteuer begannen erst, als Humboldt starb.
Das war ein denkwürdiges Jahr, in dem viel entschieden wurde: mit Alexander starben auch Metternich und Wilhelm Grimm. Dafür wurde im italienischen Vigevano Eleonora

Duse geboren. Welche Koinzidenz! Da spreche noch einer von Zufall: Marx veröffentlichte seine *Kritik der politischen Ökonomie* und Darwin sein Buch *Über die Entstehung der Arten durch natürliche Zuchtwahl*, Wagner komponierte *Tristan und Isolde*.

Als Humboldt starb, war ich Neid und Mißgunst ungeschützt ausgeliefert. Auf meinen Kopf hatten es einige schon lange abgesehen.

Nun glaubten sie ihre Stunde gekommen, denn in der allgemeinen Trauer, die über das Hinscheiden eines der größten Geister in der Geschichte der Menschheit ausgebrochen war, in der Aufregung und Geschäftigkeit, mit der Trauerfeier und Nachlaßfragen besprochen wurden, vergaßen mich selbst jene, die mir stets wohlgesonnen waren. Schon öffnete eine Meuchelhand die Voliere, schon packte mich die behandschuhte Kralle, ich wehrte mich, flatterte, krächzte, jammerte, tobte, schrie um mein Leben und hackte mit dem Schnabel wild um mich, doch die Hand ließ nicht locker, und vermutlich hätte sie mir entschlossen die Gurgel umgedreht, wenn ich mich nicht mit letzter Kraft schleunigst zum offenen Fenster hinaus auf und davon gemacht hätte. Mit dieser kläglichen Flucht begann nach all den Reisen im Gefolge Humboldts erst meine wirkliche Odyssee, an deren vorläufigem Ende Thulsern und die hilflose, nichtsdestoweniger rührende Fürsorge des Erzählers steht, dem ich, inzwischen Gemeindevogel und heraldisches Emblem Thulserns, als Hilfe bei der Abfassung der Festschrift zur Tausendjahrfeier, zu Thulserns Millennium, an die Seite gestellt wurde.

Bleibt noch ein Wort zur Beisetzung meines Entdeckers und Förderers nachzutragen, dem ich all meine Kenntnisse verdanke und dessen Bildungsideal in mir fortlebt.

Dem Trauerzug folgte ich in gebührendem Abstand und unter Berücksichtigung der nötigen Vorsichtsmaßnahmen. Schließlich war ich vogelfrei. Aus der sicheren Krone eines mächtigen Baumes herab folgte ich den Feierlichkeiten und hörte einen Trauerredner jene Worte wiederholen, die Goe-

the einst Eckermann diktiert hatte: »Man kann sagen, er hat an Kenntnissen und lebendigem Wissen nicht seinesgleichen und eine Vielseitigkeit, wie sie mir gleichfalls noch nicht vorgekommen ist. Wohin man rührt, er ist überall zu Hause und überschüttet uns mit geistigen Schätzen. Er gleicht einem Brunnen mit vielen Röhren, wo man überall nur Gefäße unterzuhalten braucht, und wo es uns immer erquicklich und unerschöpflich entgegenströmt.«
Mir war, als sei von mir die Rede.
Ehe ich abhob, stärkte ich mich mit Kernen aus dem Inneren einer Kalebasse. Dann flog ich los, und mir schien, als verließe ich damit ein Jahrhundert und käme in einem gänzlich anderen an.

ZWEITER BERICHT ORINOCOS

Die Katholische Gesamthochschule Thulsern ist ins Gerede gekommen. Schuld daran ist ein Psychologieprofessor, der sich der alternativen Lebensform verschrieben hat. In einem Seitental betreibt er einen Bauernhof nach guter alter Väter Sitte, bäckt sein Brot selber, zieht Erdäpfel und allerlei Gemüse, verabscheut jedwede Art künstlicher Dünger und ernährt sich vorwiegend von Körnern und Kräutern. Früher fuhr er mit dem Auto zur Hochschule, jetzt benutzt er einen Esel, den er vor dem Hauptgebäude anpflockt. Während der Vorlesungspause verläßt er den Hörsaal, geht hinaus zu seinem Esel und versorgt ihn. Das Anpflocken des Tiers hat den Unwillen der Hochschulleitung erregt. Aber der Professor beruft sich darauf, daß auch Jesus auf einem Esel in Jerusalem Einzug gehalten hat. Schließlich verlangte der Gelehrte einen festen Standplatz für seinen Lobo. Als Autofahrer habe ihm ein Parkplatz zugestanden. Was für die Autofahrer gelte, das gelte auch für die Berittenen. Sein Esel Lobo sei ein hochsensibles Wesen, das schweren seelischen Schaden nehme, wenn es jeder Witterung ausgesetzt und immer nur herumgeschubst werde und nie wisse, wo es auf seinen Herrn zu warten habe. Ein ausgiebiger Briefwechsel konnte keine Versöhnung mit der Hochschulleitung bringen. Schließlich schwoll die Akte über den Esel Lobo an und ging ans Kultusministerium. Verwaltungsgerichte mußten bemüht, Vermittlungsausschüsse tätig werden. Der Esel Lobo bestimmte mehr und mehr das Bild der Katholischen Gesamthochschule Thulsern in der Öffentlichkeit. Während internationale wissenschaftliche Kongresse und Tagungen kaum Beachtung fanden, wurde der Esel Lobo immer mehr zum Gesprächsgegenstand. Zeitungen, Radio und Fernsehen nahmen regen Anteil: der Esel Lobo machte die Katholische Gesamthochschule Thulsern weit über die Grenzen des Landes hinaus bekannt. Woher ich das weiß?

Ich habe den Esel Lobo selbst gesehen. Ich war vor Ort.

Es war höchste Zeit, dort nach dem Rechten zu sehen.

Eingeladen hatte der Dekan der Philosophischen Fakultät der Katholischen Gesamthochschule Thulsern, die in einem aufgelassenen Kinderkrankenhaus untergebracht ist. Dort wird ausschließlich eine katholische Wissenschaft betrieben. Selbst die Hilfskräfte bis hin zur Putzfrau müssen katholisch sein. Die Mathematik ist katholisch, die Geographie und sowieso die Garten- und Brauereiwissenschaft. Ein von seiner Frau getrennt lebender Assistent wurde wegen unsittlichen Verhaltens entlassen. Das Semester beginnt und schließt mit einem Gottesdienst, der von den Theologieprofessoren zelebriert wird. Farbentragende Studenten ministrieren. Am Schluß singen alle: *Großer Gott wir loben dich.* Einmal im Jahr gibt es eine Fahrt zur Papstaudienz, denn auf der Hochschule liegt allerhöchster Segen. In seiner Einführungsrede betonte Magnifizenz die Bedeutung der Hochschule für die Region, wies auf die Nähe zum Zoo hin. Der Herr Dekan verneigte sich vor dem Herrn Präsidenten, der sich weit über die Grenzen Thulserns hinaus einen Namen als Zirkuselektriker gemacht habe. Schließlich schlug er einen kühnen Bogen von der Kunst der Papageien zu seinem Forschungsgegenstand Leopold Heinrich Zach, einem Apokryphen, der seine vermurten Balladen in Spiegelschrift verfaßte.

Noch vor Beginn meines Auftritts hatte mich der Dekan über den Campus geführt und stolz auf fünf überhohe Keksdosen gezeigt, die er mir als verklinkerte Rundbauten vorstellte. Anschließend Kaffee in der Mensa. Wir wateten durch knöchelhohen Müll, setzten uns an einen der verschmierten Tische, auf denen halbleere Pappbecher, überquellende Blechaschenbecher und leere Flaschen in einer braunen Soße standen. In den Tabletts standen Lachen von kaltem Kakao, von den Wänden hingen Transparente, die zum Umweltschutz aufriefen.

Mein Vortrag fand im ehemaligen, bis an die Decke gekachelten Kreißsaal statt. Dort ließen sich die Gedanken besonders gut entwickeln, scherzte der Dekan, der vom Pedell mit Magnivinzenz angesprochen wurde, hier habe das Entbinden gewissermaßen Tradition. Im Einladungsschreiben war ich gebeten worden, bei meinem Auftritt den besonderen Bezug der Hochschule zur *regio* anklingen zu lassen. Zwar wolle man mir keine Vorschriften machen, doch sei man dankbar, wenn es sich einrichten lasse: »Sie müssen wissen, wie wertvoll uns die Einbindung der Hochschule in unsere Heimat ist.« Also gut.

Orinoco betrat das Pult. Höfliches akademisches Klopfen.

Zum Aufwärmen wandte sich Orinoco mit einer Rechenaufgabe an die Anwesenden. Drei Professoren der Katholischen Gesamthochschule Thulsern verteilen vierundzwanzig Assistentenstellen. Nach der Rechnung des ersten Professors erhält jeder Professor siebzehn Assistenten. Er rechnet so: vierundzwanzig geteilt durch drei. Also drei geht in vier einmal, bleibt Rest eins, dann holen wir die Zwei von oben, das ergibt dann einundzwanzig, und drei geht in einundzwanzig siebenmal. Ergebnis: siebzehn. Der zweite Professor glaubt das nicht und macht die Probe: siebzehn mal drei. Also drei mal sieben gibt einundzwanzig, drei mal eins gibt drei. Einundzwanzig plus drei gibt vierundzwanzig. Stimmt.

Der dritte Professor will ganz sichergehen und schreibt siebzehn und siebzehn und siebzehn untereinander und zählt zusammen. Also sieben und sieben und sieben gibt einundzwanzig, eins und eins und eins gibt drei. Drei und einundzwanzig macht vierundzwanzig.
Stimmt.
Das Auditorium zeigte sich frostig.
Deshalb begann ich (unter besonderer Berücksichtigung der Anbindung an die regio) rasch mit meinem Programm.
Orinoco setzte sich in Positur und legte los.
Nach Art eines Schmierenkomödianten rezitierte er die vom Heimatpfleger besorgte Übersetzung der Goethe-Ballade *Erlkönig* ins Thulsernische:

> Wer dappet denn do no bei Nacht umanand?
> Was go bloß die zwei no verlore hand?
> Der Lochbihler isch es und neaberm sei Bue,
> Dr Xaver. Se dappet auf Wierlings zue.

Damit hatte ich sogleich für die nach meinem Vortrag angesetzte wissenschaftliche Aussprache einen Sympathisanten gefunden: jenen Professor halbrechts in der zweiten Reihe mit dem Aussehen eines Operettengangsters, der einem Sonderforschungsbereich vorstand, in welchem mit Hilfe von Computern eine Historisch-kritische Ausgabe der Werke von Luis Trenker besorgt werden sollte. Diesen Operettengangster aber bei nächstmöglicher Gelegenheit erschießen wollte eine Professorin, die sich vorwiegend mit dem Bild der Frau bei Luis Trenker befaßte. Sie trug stets eine geladene Damenpistole mit Perlmuttgriff im Handtäschchen und wartete auf einen günstigen Augenblick. Heimlich unterstützt wurde sie vom Kleinsten der Fakultät, genannt *El hablador*. Er trug, da von der Natur ein wenig verabsäumt, mit Vorliebe hohe Toreroabsätze, fuchtelte gerne, liebte die große ausladende Geste und pflegte jene schulterklopfende Art, die Orinoco vor Ekel das Gefieder sträubt. Torero und Operettengangster waren sich spinnefeind, lächelten einander aber süßsauer zu, duzten sich und wußten beide um das aufgeklappte Stilett in der Hose des Kollegen. In der dritten Reihe entdeckte Orinoco einen ästhetischen akademischen Oberrat, der ein Gesicht zog, als habe er soeben in eine Zitrone gebissen. Doch sonst war an dem Forscher alles vom Feinsten: Hemd und Schlips, Jackett mit Hahnentrittmuster, Hose mit scharfer Bügelfalte und Stiefelettchen, die den Neid des Toreros herausfordern mußten. Ganz vorzüglich war das Herrentäschchen, passend zur Sockenfarbe. Neben dem Zitronenästheten saß sein Erzfeind: ein Biedermann, der in seiner knapp bemessenen Freizeit an der Erfindung des Millimeterpapiers arbeitete, darüber hinaus aber auch noch seine Aufgaben als Vertrauensmann des Beamtenheimstättenwerks versah. Ein weiteres Fakultätsmitglied hob stolz sein Haupt: der Kunsthistoriker, Alt-Senator und Doktorvater der Geliebten von Thulserns Abwasser-Referenten, bekannt für seine offene Hose, der mit Eifer die feinsinnige Promotion seines Verhältnisses betreibt und dafür bereit ist, manchen Kanaldeckel zu lüften: Konrad heißt der Knabe, der mit der öffentlichen Hand die Katholische Gesamthochschule fördert, indes er sich mit der privaten gerne in allerlei Blusen verirrt. Sein Nachbar wiederum wirkte auf Orinoco wie ein versehentlich vergessener Achtundsechziger: schlabbernde Cordhosen, Pullover mit ausgeleierten Ärmeln, langes ungewaschenes Haar, sorgenzerfurchtes Gesicht – als hätten ihm die Hühner das Brot und der Operettengangster die ewige Verlobte geklaut. Der Mann trug sein Magenleiden im Gesicht und sah nur selten auf, denn er drehte Zigaretten auf Vorrat. Für die wissenschaftliche Aussprache.

Ehe es dazu kam, war auf einmal von Fußnoten die Rede. Keiner wußte, wie es dazu gekommen war. Doch Orinoco war vorbereitet. Er sprach von Belege- , Zitat-, Verweisungs-, Dedikations- und Nachtragsfußnoten, erläuterte Vorsichts-, Abrück-, Meinungsstreit-, Vergeßlichkeits-, Kartell- und Ringfußnoten, unterschied diese von Danksagungs-, Weihrauch-, Selbstbespiegelungs-, Tarn- und fußnotenneurotisch bedingten Fußnoten, ehe er mit Anmerkungen zur relativen und absoluten Fußnotendichte schloß, wobei zwischen erwartungsfroher und kritischer Fußnotenakzeptanz zu differenzieren sei.

Die Mitglieder der Philosophischen Fakultät der Katholischen Gesamthochschule Thulsern wetzten nervös auf ihren Stühlen hin und her. Der Operettengangster reklamierte den Bezug zur Computerlinguistik, die Pistolenschützin vermißte den feministischen Aspekt (gibt es eine weibliche Fußnote?), der magenkranke Altachtundsechziger wollte wissen, wie Foucault zur Fußnote stehe, indes *El hablador* die Verbindung zum Stierkampf fand. Der Ästhet suchte in seinem kalbsledernen Herrentäschchen nach seinem Riechsalz. Alt-Senator und BHW-Obmann verloren sich in einem Streitgespräch über die Bedeutung der Fußnote in der Wolpertinger-Forschung.

Schon setzte der Herr Dekan zur Belehrung an: Der Wolpertinger, zu den Fabulidae gehörender Höhlenbewohner (Quadrupede) der Thulserner Alpen mit sehr wertvollem Pelz, den zu fangen man Auswärtige ausschickt mit einem Sack und einer brennenden Kerze. Wolpertinger haben den Main nie überschritten. Besondere Kennzeichen sind Hasenohren auf einem Fuchskopf auf dem Leib eines Murmeltieres sowie der Gamsbart. Endlich eröffnete der Kenner englischer Rasenpflege die akademische Aussprache.

Thema: Papagei und Plagiat.

Orinocos Geplapper werfe die Frage nach dem geistigen Eigentum auf. Ist, was aus seinem Schnabel kommt, Plagiat? Oder ist dieser Begriff diesem Vogel so wenig tauglich und geläufig wie einem ganz gewöhnlichen Abkupferer? Orinoco selbst scheint das Problem nicht zu kümmern. Er zitiert wild drauflos und sagt mit Papageienstolz: vnd kan ihm solches von niemandem verdacht/ sondern muß vielmehr höchlich gelobet werden/ denn der jüngern große Kertze ist von der ältern kleinen Lampen angezündet worden/ vnd leuchtet viel heller als jene. Offenbar hält das Vieh eine zitierende Übernahme für eine Ehrung des Zitierten, weil vorausgesetzt werden könne, daß dieser auch ohne Namensnennung erkannt werde. Ob es viel Sinn hat, einem Papagei die Zitierregeln beizubiegen? Braucht er das Sprechen zwischen Gänsefüßchen, den Hinweis auf Name, Vorname, Titel, Erscheinungsort und Drum und Dran? Alles ist Zitat, was ein Papagei von sich gibt. Für ihn gibt es keine Welt jenseits des Zitats. Kann man ihm deshalb vorhalten, er sonne sich in geborgtem Glanz? Selbst seine Lücken, Auslassungen, Umstellungen und Verdrehungen sind Zitat. Und wenn sich der Vogel selbst anspricht, so spricht er sich als Zitierender und als Zitat an. Auf diese Weise organisiert Orinoco die Ablösung des einen Erzählers und den Dienstantritt des nächsten und bleibt sich doch treu dabei. In einem ordentlichen modernen Roman mischen sich Autor oder Erzähler ein. Solches bleibt dem Leser dank des Papageis erspart. Jedweder moralische oder juristische Einwand perlt von Orinocos Gefieder ab, denn bekanntlich sind Papageien weder moralisch noch juristisch haftbar zu machen für das, was sie sagen. Was sie sich wann und wo und wie und warum merken und was sie wann und wo und wie wiedergeben, scheint vollkommen absichtslos. Wenn der große Borges von sich sagt, ihm selbst gehöre nichts Geistiges, weil der Geist niemandes Eigentum sei, so gilt das auch für einen Papagei. Sein Gedächtnis ist ein Universum von Worten, in dem die Welten und Jahrhunderte sich austauschen und beliebig die Plätze wechseln können. Orinoco ist ein dilatorisches Genie. Zitate oder Exzerpte aus anderen Texten, Blätter, die dem Erzähler (angeblich) zufällig in die Hände fallen, Gehörtes oder Gelesenes, Zeilen aus Briefen, Stimmen aus dem Radio oder vom Band, auf Kassetten Gespeichertes oder Ausrisse aus Zeitungen, Verzetteltes oder Erinnertes behandelt ein Papagei gleich. Ihm ist alles, was er hört und sieht, gleich viel wert. Die ganze Welt ist ihm Bibliothek, aus der er sich bedient. Jeder Satz, den er von sich gibt, kann eine neue Moritatentafel sein. Jeder Gegenstand kann ihn ansprechen, jedes Geräusch oder jeder Ton kann nachgeahmt werden. Es heißt, nichts sei zu sehen, bevor es der Dichter benennt; erst die Sprache ermögliche das Sehen. Was heißt das übertragen auf den Papagei, in dem am Ende das Wissen von Jahrhunderten schlummert? Vielleicht ist das Erzählen doch nichts anderes als das Zitieren aus dem Buch des Gedächtnisses, vor dessen Rechen sich all das ansammelt, was einmal durch es hindurch mußte. Jeder hat seine Welt im Kopf. Sollte es unredlich sein, wenn ein heutiges Buch von einem alten herkommt? Ist eine Geschichte nicht immer auch eine Geschichte über eine Geschichte, nährt sich Literatur nicht immer von Literatur? Manch einer vertreibt sich die Zeit mit dem Abschreiben von Büchern, ein anderer wiederum hört Stimmen, sieht Bilder oder stellt sich vor, von seinem ersten Atemzug an habe ihm einer über die Schulter geschaut, ihn abgefragt und ausgehorcht, ihm eingeflüstert und ihn auf Schritt und Tritt begleitet: wie armselig mutet das an im Vergleich zu den Möglichkeiten, die Orinoco zur Verfügung stehen – ebenso armselig wie die juristische Definition des Zitates als »bezugnehmende Wiedergabe eines gedanklichen, kunstschöpferischen oder gestalterischen Gegenstandes (des Zitatobjekts) in einer geistigen Produktion (dem Medium des Zitates) durch den Urheber dieser Produktion (das Subjekt des Zitates)«. Dabei hat man die Literatur des zwanzigsten Jahrhunderts längst eine *littérature citationelle* genannt. Orinoco wirft ein, schon Platon habe sich in der *Politeia* mit der Entwicklung von der Idee (*eidos*) zur Kopie (*eidolon*) und zur Kopie der Kopie (*phantasma, simulacrum*) beschäftigt. Der Vogel weiß das. Woher? Er versteht das Sprechen als Wiedersprechen von Gesprochenem. Kann diese Erzählung denn nichts anderes sein als die Kopie einer Erzählung von unserem Postboten? Hat nicht César Palladion, jene Ausgeburt der *Crónica de Bustos Domecq*, unter seinem Namen Bücher veröffentlicht, die längst schon geschrieben waren: *Émile* und *Egmont, Onkel Tom's Hütte* und das *Evangelium nach Lukas* geradeso wie *Der Hund von Baskerville*? Doch nicht als Kopist, sondern um die Bewegungen seiner Seele damit auszudrücken. Dem alten Borges war der Dichter als Schöpfer eine verdächtige Figur, der Autor als Kopist aber, der ein schon vorhandenes Buch wiederholt, die Umkehrung der Rolle des Lesers, der ein älteres Werk liest und vor den Voraussetzungen seiner Zeit zu verstehen versucht. Ihm ist die Lektüre eines Werkes ebenso wie das Werk selbst ein Knoten im Netz anderer Lektüren. Im Wiedererkennen aber erwecke der Leser die Schattenrisse der Anspielungen zum Leben, sagt Orinoco. Vielleicht ist Orinoco nur ein anderer Name für das Gedächtnis der Menschheit. Vielleicht erkennen nur die Schlaflosen einen fernen Schimmer davon, der ihnen die Lächerlichkeit all jener technischen Apparaturen vor Augen führt, die hienieden gegen das Vergessen und zur Verdoppelung der Ersatzbilder ersonnen werden.

Orinoco setzt den akademischen Einwänden der hohen Herren der Philosophischen Fakultät der Katholischen Gesamthochschule Thulsern die Geschichte jenes K. entgegen, in der er klagt: »Heute gibt es Unzählige, die sich öffentlich rühmen, ganz allein große Bücher verfassen zu können, und dies wird allgemein gebilligt! Der chinesische Philosoph Dschuang Dsi verfaßte noch im Mannesalter ein Buch von hunderttausend Wörtern, das zu neun Zehnteln aus Zitaten bestand. Solche Bücher können bei uns nicht mehr geschrieben werden, da der Geist fehlt. Infolgedessen werden Gedanken nur in eigner Werkstatt hergestellt, indem sich der faul vorkommt, der nicht genug davon fertigbringt. Freilich gibt es dann auch keinen Gedanken, der übernommen werden, und auch keine Formulierung eines Gedankens, die zitiert werden könnte. Wie wenig brauchen diese alle zu ihrer Tätigkeit? Ein Federhalter und etwas Papier ist das einzige, was sie vorzeigen können! Und ohne jede Hilfe, nur mit dem kümmerlichen Material, das ein einzelner auf seinen Armen herbeischaffen kann, errichten sie ihre Hütten! Größere Gebäude kennen sie nicht als solche, die ein einziger zu bauen imstande ist!«

Wenn aber auch der Leser von Orinoco ausgedacht ist und er so tut, als sei er aus einem Buch gefallen wie ein darin verges-

sener Brief, so faltet er sich auseinander und beginnt sich zu lesen. Und wenn dann bald einmal alles zugrunde geht und den Bach hinunter, dann ist da immer noch diese Bibliothek, die alle Bücher umfaßt, die geschrieben und noch zu schreiben sind.
Jetzt weiß Orinoco auch, warum ein Papagei das Thulserner Wappen ziert: So wie alle Kreter lügen, so sind alle Thulserner Zitierweltmeister. Nie weiß man, ob, was sie sagen oder schreiben, abgekupfert ist oder nicht.
Für Orinoco gibt es nur eine einzige Möglichkeit: alles, was aus dem Buch kommt, ins Buch heimzuholen.
Vielleicht ist Orinoco der Erfinder und einzige Eigentümer von Thulsern.
Orinoco sagt: Schließlich muß jeder wissen, wo er hingehört, Herr Professor.

DRITTER BERICHT ORINOCOS

Als Papagei bin ich Erinnerungskünstler. Ich sage, was andere nicht zu denken wagen. Einem Papageien-Gedächtnis ist alles Erinnerung.
Sogar die nächste Zukunft.
Denn Morgen ist heute schon Gestern.
Deshalb erzähle ich. Das ist der einzige Grund: erzählend vorauszusehen, wie es gewesen sein könnte, wenn es dereinst geschähe:
Thulsern leuchtete!
In allen Städten und Dörfern wehten Fahnen aus den Fenstern, über Marktplätzen und Barockkirchen, Palästen und Gartenanlagen, Dorfweihern und städtischen Giebelhäusern spannte sich ein Himmel, der so weißblau war wie die Fahnen.
Jubel über allen Gassen.
Die Straßen waren festlich geschmückt, die Geschäfte hatten geschlossen, die Kinder mußten nicht zur Schule. Alle Ämter

waren beflaggt, die Bewohner dieses gesegneten Landes zeigten heitere Gesichter, sie strahlten und freuten sich und hatten sich in den Sonntagsstaat geworfen. Schon in aller Früh wurde das ganze Land mit krachenden Böllern geweckt. Und Thulsern erwachte. Glockenschall über Städten und Dörfern, Glocken, welche die Luft erfüllten, mehrhundertstimmig schwingend und wiegend und wogend, Glockenklang über Täler und Berge, über Wiesen und Wälder, Äcker und Felder, Glocken selbst entlegenster Kirchlein und Kapellen, Glocken über den stolzen Residenzstädten und geraniengeschmückten Dorfstraßen.
Glocken und Jubel allüberall.
Die Hochzeit des Jahres.
Der Erzbischof und Kardinal von München und Freising nahm die Trauung vor. Alles, was Rang und Namen hatte, kam zu den Festlichkeiten zusammen, dazu Adel und Diplomatie, Prominenz von Filmfunkundfernsehen, Staatsschauspieler und Generalintendanten; ordensgeschmückte Lyriker aus Wildbad Kreuth sowie die allererste Geschäftswelt füllten den Dom und warteten auf den großen Augenblick, da die offene sechsspännige Kutsche vorfuhr und das Brautpaar unter dem umkränzten Kirchenportal hindurchschritt, durch ein Spalier von Offizieren aller Waffengattungen, um von einer brausenden Orgel empfangen und zum Altar geleitet zu werden. Fähnchenschwingende Landeskinder und Jubelvolk aus aller Herren Länder wartete draußen geduldig, bis die von zahlreichen Fernsehstationen übertragene Zeremonie beendet war, bis der Erzbischof und Kardinal seinen Segen gesprochen und das nunmehr vor Gott und der Welt rechtmäßig vermählte Paar, getragen von Mendelssohn Bartholdys Hochzeitsmarsch, ta-ta-tata, ta-ta-tata, den Dom wieder verließ, auf die sonnenüberflutete jubelgetränkte Straße hinaustrat und die Ovationen von Zehntausenden entgegennahm.
Nach einem Empfang für eine besonders erlesene Schar von Gästen, darunter auch höchste Vertreter der Diplomatie und Staatsoberhäupter, fuhr das Hochzeitspaar nach Altötting zur

Gnadenkapelle, dem heimlichen Zentrum Bayerns, wo das Herz Tillys und manch bayerischer Edler ruht. Geladen war jetzt nur noch der engste Kreis. Doch wieder gab es Fahnen und Glocken und Jubel und Blitzlichtgewitter, die Ovationen wollten kein Ende nehmen. Doch die Festgesellschaft zog sich nach huldvollem Nicken und Grüßen und Winken und Danken zurück. Man wollte ungestört und unter sich bleiben. Das Mahl fand in der *Post* statt.
Immerhin war der Wirt ein enger Vertrauter des Bräutigams und in nicht unbedeutender Position. Er hatte Macht und Einfluß. Manche sahen in ihm gar den heimlichen Nachfolger. Der Hochzeiter galt auf jeden Fall als geistiger Ziehvater. Es fehlte an nichts. Die Herrschaften speisten, tranken, Reden wurden gehalten, Trinksprüche und Glückwünsche ausgebracht. Und es wurde politisiert.
Immer wieder aber wurde vor allem die Braut bewundert.
Sie war erheblich jünger als der Bräutigam. Erheblich, wie Lästermäuler gern betonten.
Ja, sie war schmuck. Noch keine fünfundvierzig, stand sie gut in Strumpf und Mieder. Ja, es war eine zum Vorzeigen. Mit Charme und Selbstbewußtsein, vormals Pressedame, später bei Thulsern TV, wo ihr nunmehr angeheirateter Sohn eine bedeutende Stelle innehatte, die ihm, wie allgemein bekannt war, der Papa verschafft habe.
Beim Wiener Opernball hätten die Brautleute ihr Herz entdeckt, berichteten die Klatschspalten. Während draußen die Steine der Demonstranten geflogen seien, habe man sich beim Kaiserwalzer das gegenseitige Versprechen gegeben.
Der schwarze Witwer und die schöne Thulsernerin.
Nun war sie die First Lady des Landes.
Der schwarze Witwer war's zufrieden.
Die oder keine sollte die neue Frau an seiner Seite sein, nachdem er die Mutter seiner Kinder bei einem tragischen Unfall verloren hatte.
Die Braut machte etwas her. Das mußten selbst ihre Neider anerkennen.

Der Abend schritt voran, schließlich zog sich das Paar in die Luxussuite der *Post* zurück.
Der Wirt hatte an alles gedacht.
Der Ziehvater war's abermals zufrieden.
So wünschte er sich seine Untergebenen: spuren mußten sie und funktionieren. Dann durften sie ihn auch einmal in Tonfall und Haltung nachahmen. Vor allem aber mußten sie spuren.
Da kannte er keinen Radi.
Die Braut küßte den Bräutigam. Mehr sollte es vorerst nicht geben. Der Mann war müde. Schwierige Verhandlungen standen bevor, anstrengende Reisen, verantwortungsvolle Entscheidungen.
Der schwarze Witwer war immer in Sorge um seine Heimat. Schnaufend hob er einen Fuß auf einen Sessel, um die Schnürsenkel zu lösen. Die Braut schleuderte ihre hochhackigen Schuhe einfach von sich und stand in Strümpfen. Der Bräutigam nestelte an seinen Schuhbändern.
Sein Leben war nicht leicht. Es war voller Arbeit.
Staatsgeschäfte.
Er, der Präzäptor, hatte nicht nur Freunde. Er hatte auch Gegner, sogar Feinde.
Damit meinte er nicht die Lästermäuler und die kleinen Neidhammel, auch nicht die Karikaturisten, die mit spitzer Feder und bösem Blick seine körperlichen Schwächen, die bullige Statur, den halslosen Nacken, die eulenhaft schlau blickenden Augen über Gebühr verzeichneten, um sich über ihn lustig zu machen.
Oderint dum metuunt, sagte sich der schwarze Witwer.
Sie mögen hassen, solange sie nur fürchten.
Ja, sein Latein beherrschte er. Schließlich wollte er einmal Professor werden. Dumm war seine Braut auch nicht.
Eine Dumme hätte er nie genommen.
Die mußte schon etwas auf dem Kasten haben.
Etwas auf dem Kasten und etwas zum Greifen.
Seine Braut konnte mit beidem aufwarten.

Seine wirklichen Feinde waren die Intellektuellen. Die ewigen Miesmacher, die Stänkerer und geistigen Chaoten, die Besserwisser, jene, die er in einer im In- und Ausland vielbeachteten Rede als Mitglieder einer internationalen Kulturschickeria enttarnt hatte.
Ja, er kannte sich aus, er kannte seine Pappenheimer.
Für die hatte er seine besonderen Verbeller. Die saßen überall und paßten auf, daß nichts Schädigendes über die Sender kam.
Diese Schriftsteller. Diese Ratten hatte er gestrichen.
Warum geht denn der Schuhbändel nicht auf?
Einen berühmten Dichter des Landes, der seit Jahr und Tag öffentlich gegen ihn hetzte, hatte der schwarze Witwer besonders auf der Latte. Er hatte ihn schmählich verspottet, indem er ihn, den Staatsmann, zu seinesgleichen gemacht hatte: debütiert mit dem Antikriegsroman *Der Karabiner 98*, später die Rede *Wider die Wiederbewaffnung*, gehalten in Vilshofen, seine Satire *Onkel Aloys*, die *Aschermittwoch-Trilogie*, eine episch verzweigte Chronik einer Bierbrauer-Dynastie, sowie *Fehlkauf*, der Monolog eines abstürzenden Starfighterpiloten, seine Mundartgedichte gegen die Notstandsgesetze, seine Ludwig Thoma-Übersetzungen ins Lateinische, schließlich die lateinischen Originalgedichte *De rattis et calliphoris* mit dem Kritikerurteil:
»Seine Sprachlust feiert die proletarische Schönheit der Schmeißfliegen. Diese an Horaz geschulten Verse werden, ich bin sicher, jede Kritik überdauern.«
Ja, die Schriftsteller wollten ihm Übles. Dabei war er doch ein Mann des Musisch-Schönen und tat für die Kunst, was er nur konnte. Aber für eine echte Kunst, nicht für Schmierereien.
Endlich hatte er den Knoten im Schnürsenkel gelöst.
Der schwarze Witwer entledigte sich der Schuhe und stellte sie penibel, wie er es von zu Hause her gewohnt war, unter einen Stuhl.
Schlampereien gab es bei ihm nicht.
Seine neue Frau suchte den Reißverschluß des Brautkleides

am Rücken. Der Bräutigam sah ihr zu und wußte, daß sie es ohne seine Hilfe schaffen würde. Sie schälte sich aus dem Modellkleid. Würde sie es je noch einmal tragen können?
Wie er so die Schuhe penibel einen neben dem anderen unter den Stuhl stellte, fiel ihm sein Elternhaus ein.
München, Schellingstraße 49.
Sein Vater war Metzgermeister gewesen, der jeden Montag mit dem Handkarren frische Ware vom städtischen Schlachthof geholt und jeden Sonntag das Hochamt in der Ludwigskirche besucht hatte, während der Mutter die Frühmesse vorbehalten geblieben war. Die Sonntage bestanden aus Schweinsbraten mit Knödel und dem Familienspaziergang hinüber in den Englischen Garten. Der Vater war königstreu und katholisch, und er stammte von einem Kleinbauern im Mittelfränkischen, aus Kemmathen, Kreis Feuchtwangen. Die Mutter kam aus dem niederbayerischen Unterwendling, Kreis Kelheim: Tochter eines kinderreichen Kleinbauern. Nachdem der Vater die Meisterprüfung mit der Note »Eins« vor der Handwerkskammer abgelegt und sich 1904 selbständig gemacht hatte, konnte zwei Jahre später in der Ludwigskirche geheiratet werden. Ein Jahr später wurde die Schwester Maria geboren. Eine zweite Schwester war im Babyalter gestorben.
Am 6. September 1915 wurde der schwarze Witwer geboren und nach den Namen seines Vaters getauft. Der war Mitglied der katholischen Bayerischen Volkspartei. Auch ein Kaiser hieß so. Immerhin.
Die Erziehung war streng, der Vater rauchte keinen guten.
Der schwarze Witwer erinnerte sich an zerschundene Knie und zerrissene Hosen, an das Attentat auf Eisner, an Erschießungen, Krawalle, Prügeleien, Arbeiter gegen Arbeiter, Soldaten gegen Soldaten, Bürger gegen Bürger.
Aber auch an den Besuch des Oktoberfestes.
Gegenüber der elterlichen Metzgerei gab es auf Nummer 50 im Erdgeschoß des Rückgebäudes ein Fotoatelier, das einem gewissen Hoffmann gehörte, der später ein junges Mädchen

namens Eva Braun als Assistentin beschäftigte. Die freie Wohnung im ersten Stock wurde von der NSDAP als Geschäftsstelle gemietet. Manchmal tauchte ein Herr im Trenchcoat auf, mit Schlapphut und Schaftstiefeln, begleitet von einem großen Schäferhund, eine Hundepeitsche in der Hand.
Der schwarze Witwer erinnerte sich an seine Einschulung. Man schrieb das Jahr 1922. Rathenau wurde ermordet, Mussolini wurde zum Ministerpräsidenten ernannt, von Spengler erschien *Der Untergang des Abendlandes*, von Wittgenstein der *Tractatus logico-philosophicus*, von Joyce *Ulysses* und von Ernst Jünger *Der Kampf als inneres Erlebnis.* Alfredo Codona gelang der dreifache Salto von Trapez zu Trapez. Zwei Jahre später starb Lenin, der Sender München wurde eröffnet. Der zu Festungshaft verurteilte Hitler kam wieder frei.
Zu den Kunden des väterlichen Geschäfts gehörte auch ein Herr Himmler.
Der schwarze Witwer begann, sich die Weste aufzuknöpfen. Die Braut stand im Unterrock und streifte die Träger ab.
Nach vier Jahren Volksschule stand die Lehrzeit im väterlichen Geschäft bevor. Anziehender aber als Würste und Schweinshaxen war die Pfarrbibliothek, vor allem die Bücher über Griechen und Römer. Der Handwerksmeister stand vor einer schweren Entscheidung: sollte er seinen Bub auf die kaufmännische Lehranstalt schicken oder dem Rat des Lehrers folgen, der die Realschule vorschlug? Ostern 1926 trat der schwarze Witwer den Weg in die Gisela-Realschule an. Selbstverständlich war der Schüler Ministrant. Der Universitätsprofessor Zellinger entdeckte das begabte Bürschlein und gab ihm Lateinstunden.
Der Schüler brachte ein Einserzeugnis nach Hause. Da gab der Vater nach und meldete ihn zu Ostern 1927 für die Quinta des berühmten Max-Gymnasiums an. Die Aufnahmeprüfung wurde ihm erlassen, die Probezeit bestand er mit Glanz und Gloria. Professor Zellingers Nachhilfestunden machten den Schüler rasch zum Primus. Der war nicht an den Dichtern seiner Zeit interessiert. Die Namen Hesse und Bru-

no Frank, Zuckmayer, Kästner, Klabund oder Traven waren ihm so wenig geläufig wie Heidegger oder Cocteau. Dafür verschlang er Mommsens *Römische Geschichte*, Dahns *Kampf um Rom*, er kannte seinen Cäsar, Ovid, Vergil und Tacitus. Das waren Bücher nach seinem Gusto. Eifrig studierte er Latein und Griechisch, vertiefte sich in die Geschichte der alten Welt. Da er unmusikalisch war, liebte er die Operette. Sie galt ihm als leichte Muse und willkommener Ausgleich zum humanistischen Drill.

Zum ersten Trimester der dritten Gymnasialklasse bekam der schwarze Witwer als Lohn für seine besonderen Leistungen ein Fahrrad geschenkt. Erstmals sanken die schulischen Leistungen: Erdkunde 5, Deutsch 3.

Zu Hause gab es einen Mordskrach.

Doch bald war der schwarze Witwer wieder unangefochten Klassenbester.

Er trat in einen Sportverein ein. Jedes Wochenende war er mit dem Fahrrad unterwegs. Bis zu zweihundert Kilometer schaffte er am Tag. In den Pfingstferien 1931 wollte er über den Brenner bis nach Bozen, aber die italienischen Zöllner ließen ihn nicht einreisen, da er zu wenig Geld bei sich hatte. Sechs Reichsmark waren nicht genug. Der schwarze Witwer ließ sich nicht entmutigen, sondern trainierte mit System. Schließlich errang er in einem über zweihundertundzehn Kilometer führenden Straßenrennen quer durch das bayerische Hochland einen Rekord: fünf Stunden und sechsundfünfzig Minuten.

Mit dem Treten war er in seinem Element.

Da die Zeiten immer schlechter wurden, gab der Primus Nachhilfestunden in Latein und Griechisch, später auch in Englisch und Mathematik. Außerdem wurde er als wissenschaftlicher Mitarbeiter für altsprachliche Lehrbücher beim Beck-Verlag engagiert. Der Gymnasiast machte sich.

Der schwarze Witwer erinnerte sich auch an den 30. Januar 1933.

Seine Vaterstadt war die Hauptstadt der Bewegung.

Der Klassenbeste beschloß, Lehrer zu werden. Er wollte Deutsch und Geschichte studieren.
Im Frühjahr 1935 stieg er ins Abitur.
In seinem Zeugnis standen nur Einser – außer in Turnen. Da hatte er einen Zweier. Weil ihm der Felgaufschwung mißlungen war.
Mit dem Zeugnis des besten Abiturienten seines Jahrgangs in ganz Bayern erhielt er die Mitteilung seiner Aufnahme ins Maximilianeum, welches ihm freies Studium zusicherte.
Der schwarze Witwer öffnete den Bund seiner Hose, zog den Reißverschluß herunter und ließ die Hose rutschen.
Seine Braut machte sich am Hüfthalter zu schaffen.
Eigentlich hätte sie gar keinen gebraucht, aber er sicherte doch eine vorteilhaftere Figur.
Ziel war das höhere Lehramt: Griechisch, Latein, Geschichte, Germanistik, Geographie. Seine starke pädagogische Ader. Sein Überzeugungstalent. Sein Eifer.
Der schwarze Witwer erinnerte sich an den zwangsfreiwilligen Arbeitsdienst in Holzgünz im Allgäu. Er war nun Arbeitsmann. In einer vierwöchigen Grundausbildung lernte er das Präsentieren mit dem blanken Spaten. Dem Radsportklub *Amor* verdankte er seine Versetzung nach Schleißheim, wo er beim Bau der neuen SS-Kaserne vor München Hilfsarbeiterdienste verrichtete.
Der schwarze Witwer erinnerte sich an sechs Monate Arbeitsdienst. Als er sich nach dessen Beendigung 1935 um die Zulassung zum Universitätsstudium bewarb, wurde sein Ersuchen ohne Angabe von Gründen abgelehnt.
Dabei war er doch der beste Abiturient Bayerns.
Erst eine Intervention des alten Professor Zellinger erwirkte die Immatrikulation. Der schwarze Witwer belegte Altphilologie, Geschichte und Germanistik.
Sein heimliches Wunschziel war ein Lehrstuhl für Geschichte.
Er sah zu, wie das *Haus der Deutschen Kunst* eingeweiht wurde.
Er wußte, was das *Münchner Abkommen* bedeutete.

Doch ihn beschäftigte sein Dissertationsthema: Die Geschichte der Weltreichsidee, genauer »Die Weltreichsidee bei Justins Historiae philippicae des Trogus Pompejus«. Außerdem belegte er in den letzten beiden Semestern noch Volkswirtschaft bei Adolf Weber. Die Dissertation ließ er vorerst liegen. Sie soll später bei der zweiten Ausbombung der Familie in der Reitmorstraße 14 verbrannt sein. Auf Anraten des Professors trat der schwarze Witwer dem Nationalsozialistischen Kraftfahrkorps (NSKK) bei.
Am 18. Juli 1939 ging er zur Musterung.
Der schwarze Witwer stand in Unterhosen. Er hatte Plattfüße.
Er begann, die Fliege zu lösen und sich das Hemd aufzuknöpfen.
Vier Monate Grundausbildung. Wegen einer vom Studentensport herrührenden Knieluxation nur bedingt tauglich. Kommt zur Infanterie.
Dabei hatte er doch einen Führerschein und war Mitglied des NSKK.
Also gut: schwere Artillerie.
Der Gestellungsbefehl lautete auf Epfenhausen bei Landsberg. 31. August 1939.
Die Braut löste die Strapse und begann, die Strümpfe herunterzurollen.
Der Wachtmeister schickt den Rekruten wieder nach Hause, wo er einen neuen Stellungsbefehl abwarten soll. Der Rekrut geht, aber er kehrt wieder um und bettelt um den Rock des Führers.
Einkleidung. Essen fassen. Die erste Nacht in der Kaserne.
Der schwarze Witwer wurde zur Fahrschule abkommandiert, danach zur Nachschubkolonne, schließlich zur 5. Batterie der II. Abteilung des 43. Artillerieregiments. Ausbildung an der Haubitze in der Eifel. Auf Kurzurlaub in München fragte er, ob er sein Studium abschließen könne. Es folgten fünf Tage Arrest wegen defätistischer Äußerungen. Das Verhör dauerte fünf Stunden, aber der Kommandeur warf das

Protokoll in den Papierkorb. Ein erstes Gesuch, wegen des Examens beurlaubt zu werden, wird abgelehnt, dem zweiten wird stattgegeben.
1940: Erstes Staatsexamen für das Lehramt an höheren Schulen.
Im Bürgerbräukeller war eine Bombe explodiert.
Anfang März ging der Referendar zurück zur Truppe. Ab ging es quer durch Luxemburg. Der Feind hieß Frankreich. Seit 1. November 1940 zum Unteroffizier und Offiziersanwärter befördert, darf der schwarze Witwer noch einmal auf Studienurlaub fahren. Er absolviert am Maria-Theresia-Gymnasium ein Praktikum und schließt das Assessorexamen mit der Gesamtnote »Eins« ab. Er wird Assistent am Altphilologischen und Althistorischen Seminar der Universität. Von dort ging es weiter in die Nähe der Festung Przemysl. Blumen wurden den Soldaten zugeworfen, Bauern kamen ihnen mit Brot und Salz entgegen, und in den Schlachthäusern hingen die Gehenkten.
Der schwarze Witwer lernt Kirowograd und Krementschug und den Dnjepr kennen, überschreitet ihn und stößt in das Donezbecken vor. Am 15. Februar 1942 wird er zum Leutnant befördert. Er geht als Zugführer einer neu aufgestellten Heeresflak-Artillerie-Abteilung nach Gotha und zu Scharfschießübungen nach Oxbol in Dänemark. Er nimmt an den Schlachten von Charkow, Ubjansk, Isjum, Rostow und Bataisk teil.
Es erfroren ihm beide Füße.
Der Gefrierfleischorden führte ihn zurück in die Schellingstraße.
Der schwarze Witwer zog die Socken aus, schüttelte sie ein wenig und stopfte sie in die Schuhe unter dem Stuhl.
Er rieb seine schmerzenden Füße, und er erinnerte sich an die Steppen Rußlands. Ein amtliches Schreiben wies ihn als Studienrat und Beamten auf Lebenszeit aus. Eines Abends ging er ins Konzert. Da fielen die ersten Bomben auf München und zerstörten die elterliche Wohnung und das Geschäft.

Der Pädagoge wird Waffenlehrer an der Flakartillerieschule IV in der Alpenfestung Thulsern.
Die Braut hantierte an den Strapsen. Sie legte die Strümpfe sauber über einen Stuhl. Auch ihr sind Schlampereien verhaßt.
Im August 1944 wird der schwarze Witwer Oberleutnant und Abteilungsadjutant.
Sein Fach ist jetzt die wehrgeistige Erziehung.
Nachts radelte er nach München.
Am 27. April 1945 gegen drei Uhr nachmittags besetzten amerikanische Truppen die Flak-Universität Thulsern.
Der schwarze Witwer verließ die Kaserne auf dem Fahrrad durch den Hinterausgang. In seinem Wehrpaß bestätigte er sich die Entlassung aus dem Wehrdienst. Als Datum wählte er den 20. April 1945. Führers Geburtstag.
Die Braut löste den BH, der Bräutigam zog das Unterhemd über den Kopf.
Er kam nach Schwabniederhofen und verabschiedete sich im Keller des Pfarrhofs von der Uniform. Nur die Wehrmachtsuhr behielt er.
Als Gefangener der CIA kehrte er in seine Kaserne zurück und brachte seine Erfahrungen über die Luftabwehr in Rußland zu Papier. Das Entlassungsdatum hatte ihn verdächtig gemacht. Bald jedoch wurde er nach Hause geschickt.
Der Krieg war zu Ende.
Als der schwarze Witwer auch noch die Unterhose auszog, stand er nackt da.
Er konnte sich für die Hochzeitsnacht neu einkleiden.
Auch die Braut streifte das Höschen ab.
Ein neuer Lebensabschnitt begann.
Captain Carlson aus Montana ernannte den schwarzen Witwer zum stellvertretenden Landrat, weil der Landrat Franz Xaver Bauer, einstiger Bayerischer Volksparteiler, kein Englisch konnte.
Hauptaufgaben waren die Unterbringung der Evakuierten sowie die Versorgung der Heimkehrer und Flüchtlinge. Der

schwarze Witwer feilschte um Lebensmittelzuteilungen und Benzin, und er kämpfte energisch und zielstrebig.
Außerdem war er im Spruchausschuß tätig, der über die politische Vergangenheit ehemaliger Mitglieder der NSDAP und über die jeweilige Anwendbarkeit der Entnazifizierungsbestimmungen zu urteilen hatte. Mit Ernest F. Hauser, First Lieutenant des Military Intelligence Service, trank er gern ein Glas oder auch zwei.
Im November 1945 trug sich der stellvertretende Landrat als Mitglied Nr. 2 und Mitbegründer der Christlich-Sozialen Union (CSU) ein.
Schon griff er zur Schlafanzugjacke.
Die Braut zog das Nachthemd an.
Die Arbeitstage wurden länger, sie dauerten oft an die sechzehn Stunden. Im Ochsensepp fand der schwarze Witwer einen einflußreichen Förderer. Die ersten Reden hielt der stellvertretende Landrat im Pfaffenwinkel.
Er redete, wie ihm der Schnabel gewachsen war.
Einen Saustall nannte er einen Saustall. So hat er es immer gehalten.
Schon wurde er vom Kreistag zum Landrat gewählt.
Das Nachthemd stand der Braut ganz ausgezeichnet.
Der Ochsensepp, mittlerweile bayerischer Justizminister, rief den Landrat nach München. Er wurde Regierungsrat im Kultusministerium, Oberregierungsrat im Innenministerium und Leiter des Landesjugendamtes, schließlich Mitglied des Zweizonen-Wirtschaftsrates in Frankfurt, außerdem Generalsekretär der Partei und ihr zweitwichtigster Mann.
Der erste Wahlkampf für den Bundestag stand bevor.
Der schwarze Witwer schlüpfte in die Schlafanzughose.
Er erinnert sich: »Morgens habe ich Broschüren geschrieben und mittags den Rednerdienst bearbeitet, nachmittags die Plakate entworfen, abends in Wahlversammlungen gesprochen und nachts mit den Leuten beim Bier gesessen.«
Er wurde zum Sprecher der CSU- Landesgruppe gewählt.
Mit dem Privatleben war es aus und vorbei.

Der schwarze Witwer gehörte der Politik.
So stand es in den Zeitungen. Er las derlei nicht ungern. Seine Reden wurden gerühmt: die Zitate aus Literatur und Philosophie, die eingängigen Bilder und Vergleiche. Vom blutvollen und barocken Bayer war die Rede. Er sei einer, hieß es, der Roß und Reiter nenne.
Seinen ersten ganz großen Auftritt hatte er, als sich der Bundestag am 7. und 8. Februar 1952 mit dem Problem der Wiederbewaffnung befaßte. Das war große Politik. Zuerst sprach Adenauer, dann Ollenhauer, schließlich aber Er. Er rüttelte den Bundestag auf. Ein Beifallssturm brach los.
Jedes Wochenende fuhr er zurück nach Bayern und kümmerte sich um seinen Wahlkreis. Keine Arbeit war ihm zuviel. Bis zu achthundert Briefe diktierte er im Monat. Er wurde Vorsitzender des Ausschusses für Fragen der europäischen Sicherheit. Europa. Das war sein Lieblingswort.
Und stets warb er für die Wiederbewaffnung.
Als ihm Adenauer das Amt des Familienministers antrug, lehnte er ab. Schließlich sei er Junggeselle.
Er wurde Minister für Sonderaufgaben. Mit achtunddreißig Jahren.
Zwei Jahre später wurde er Bundesminister für Atomfragen und stellvertretender Vorsitzender des Bundesverteidigungsrates. Das war im Herbst 1955. Er arbeitete sich so gut ein, daß ihm der Nobelpreisträger Otto Hahn bestätigte: »In Chemie bin ich ihm sicher noch über; aber wie man die Kernspaltung für Wirtschaft und Technik einsetzen kann und wie Deutschland dabei der Welt auf neuen Wegen vorangehen kann, das weiß er besser als jeder von uns.«
Das hat der Nobelpreisträger gesagt.
Schon verlieh ihm die Universität Detroit die Würde eines Ehrendoktors der Rechte. Er kaufte hochwertiges Uran, ließ die ersten Versuchsreaktoren bauen und besprach Pläne für Atomkraftwerke.
Das war sein Werk. Im Oktober 1956 wurde er Verteidigungsminister.

Der schwarze Witwer begab sich mit seiner Braut zur Ruhe. Sie schlugen die Bettdecken zurück und legten sich nieder.
Auf dem Münchner Fasching 1957 hatte er seine erste Frau kennengelernt: die Tochter eines Brauereibesitzers und alten Kampfgefährten aus den Gründungszeiten der Partei. Einer aus dem Kreis um den Ochsensepp und gleichfalls Abgeordneter im Frankfurter Wirtschaftsrat.
Die junge Frau war tüchtig: Studium der Volkswirtschaft, Diplome Supérieur der Alliance Française, Cambridge Proficiency, Geschäftsführerin der Kaiserbrauerei. Ansehnlich war sie obendrein.
Und blitzgescheit.
Ostern 1957 feierten sie in Rom Verlobung.
Auch eine Privataudienz beim Heiligen Vater wurde arrangiert.
Der Hochzeitstermin war auf den 4. Juni 1957 festgesetzt.
Die Hochzeit fand in Rott am Inn statt.
Unter den Ehrengästen waren Adenauer, etliche Minister, Generäle, viel Prominenz gemeldet. Der Erzbischof von München und Freising, Kardinal Wendel, sollte in St. Marinus die Trauung vollziehen. Im *Gasthof zur Post* war die Tafel für mehrere hundert Gäste gedeckt. Blasmusik und Blumenschmuck. Eine zünftige bayerische Hochzeit. Er kam mit dem Auto von München.
Der Polterabend sollte stattfinden.
Da kam die Katastrophenmeldung. Im Autoradio.
Der schwarze Witwer richtete sich im Bett auf. Ihm wurde heiß.
Wieder war er in einer *Post.* Diesmal im Wallfahrtsort Altötting.
Da waren sie wieder. Warum konnten sie ihn nicht in Ruhe lassen? Warum mußten ihn diese Gespenster plagen? Ausgerechnet in dieser Nacht.
Warum?
Was war geschehen? Welche Meldung hatte er im Radio gehört auf der Fahrt nach Rott am Inn?

Ein schwerer Schatten war auf seine erste Hochzeit gefallen.
Während die Stadtkapelle von Wasserburg den vor der Barockkirche im Regen wartenden Zuschauern die Wartezeit bis zum Einzug des Brautpaares mit flotten Märschen vertrieben hatte, war der Generalsekretär der Bayerischen CSU Zimmermann vor die Journalisten getreten und hatte ihnen die Speisefolge des Hochzeitsmenüs bekanntgegeben: frische Gänseleber Lukullus, indische Schwalbennestersuppe, Seezungenfilet getrüffelt in Weinschaum, frischer Stangenspargel in Sauce Mousseline, Poularde à la Dallmayr, Filets Mignon, Eisbombe à la Schnecki (jüngste Tochter des Brautvaters), dazu dreierlei Weine und Fürstenberger Sekt (Senatorenfüllung).
Dann ließ er eine Erklärung des Bundesverteidigungsministers verlesen.
Fünfzehn Rekruten, keiner älter als neunzehn Jahre, sind während einer Felddienstübung bei dem Versuch, in voller Ausrüstung die Iller zu überqueren, ertrunken. Sie haben durch Verstrickung besonders tragischer Umstände den Tod gefunden, ließ der Minister wissen.
Die vorgesehenen Darbietungen der Bundeswehr zur Hochzeit fielen aus. Nur ein Zug Feldjäger versah den Ordnungsdienst.
Um 11 Uhr 11 betrat der Brautzug die Kirche.
Die Braut trug ein langes weißes Seidenkleid, Überrock aus Tüll, Spitzenschleier (Modell Bessie Becker). Sie wurde vom Brautvater geführt.
Der Bräutigam im Cut war in Begleitung des zweiten Trauzeugen Finanzminister Schäffer. Der Bundeskanzler Adenauer führte die Brautmutter. Unter den Festgästen befanden sich auch die Generäle Heusinger und Kammhuber.
Um 11 Uhr 15 zog Kardinal Wendel ein. Zu Beginn seiner Traurede wies er auf das Unglück hin, das den Tag überschattete. Adenauer hörte sich als einziger die Rede stehend im Gestühl an.
An Fahnen waren neben denen der Feuerwehr und des Krie-

gervereins Rott auch die einer Münchner Burschenschaft zu sehen.
Nach dem Trauakt küßten die Brautleute den Bischofsring.
Zu dem vom Kardinal zelebrierten Pontifikalamt sang der Rotter Kirchenchor die Mariazeller-Messe von Haydn.
Beim Auszug aus der Kirche regnete es. Burschenschaftler in vollem Wichs bildeten ein Spalier.
Dann ging man zum Festmahl in die *Post.*
Feuerwehr, Polizei, alle Soldaten des Standortes Kempten und vier Taucher der Wasserwacht suchten den Fluß über eine Strecke von vielen Kilometern unterhalb der Unglücksstelle ab, fanden jedoch keinen der vierzehn Vermißten. Die Hoffnung, einige von ihnen könnten sich gerettet und an der Suche teilgenommen haben, erfüllte sich nicht. Am späten Nachmittag gab das Wehrbereichskommando bekannt, daß keine Aussicht mehr bestehe, einen der Vermißten lebend zu bergen. Sie waren, wie der bisher einzige tot geborgene Soldat, alle am 1. April als Wehrpflichtige einberufen worden. Die Bergungsversuche wurden auch durch die Nacht hindurch bei Scheinwerferbeleuchtung fortgesetzt.
Verbittert und, wie er selbst sagte, am Ende seiner physischen Kräfte, hörte sich der Verteidigungsminister am Unglücksort die Schilderungen des Todesmarsches durch die Iller an.
So hatte er sich seinen Polterabend nicht vorgestellt.
Verleumderische Zungen behaupteten später, er sei betrunken gewesen. Manche machten ihn verantwortlich für die Toten.
Wenige Tage später wurde im Berliner Theater am Kurfürstendamm *Leonce und Lena* gegeben. Maximilian Schell spielte den Leonce. Auf die Frage, was man denn anfangen solle mit dem Leben, studieren, heiraten oder was sonst, erwidert Valerio: »So wollen wir Helden werden.« Laut Büchner hätte Schell antworten müssen: »Aber der Heroismus fuselt abscheulich und bekommt das Lazarettfieber.« Statt dessen sag-

te Schell mit Bezug auf den ins Heldentum vernarrten Philotas aus Lessings gleichnamigem Einakter, den Schell vor der Pause am gleichen Abend gespielt hatte: »Ich bin doch kein Philotas.« Sofort kamen Zwischenrufe aus dem Publikum, die Schell mit den Worten quittierte: »... nachdem doch fünfzehn Soldaten ertrunken sind.«
Der schwarze Witwer tat sich immer schwer mit Künstlern.
In der Nacht nach der Hochzeit traten die Frischvermählten die Hochzeitsreise nach Italien an: Gondeln in Venedig, die Strände von Jesolo und Rimini.
Die Presse sah im überstürzten Aufbau der Bundeswehr und in der ungenügenden Schulung der Ausbilder die Ursachen der Katastrophe.
Der Verteidigungsminister mußte seine Hochzeitsreise abbrechen und ohne seine Frau mit einer Bundeswehrmaschine aus Rimini nach Bonn zurückkehren, um sich dem Parlament zu stellen.
Er stellte richtig, daß es sich an der Iller gar nicht um einen Befehl gehandelt habe, sondern um eine Aufforderung, Mut zu beweisen.
Warum mußten dem schwarzen Witwer ausgerechnet in seiner zweiten Hochzeitsnacht die Illertoten erscheinen?
Fünfzehn junge Thulserner.
Fünfzehn Rekruten seiner neuen Armee.
Zutiefst erschüttert und bewegt gedenkt mit mir in dieser Stunde die gesamte Bundeswehr in Ehrfurcht der heimgegangenen Kameraden. Wir gedenken gleichzeitig in stiller Anteilnahme ihrer so hart betroffenen Angehörigen. Ihr Opfer und ihr Leid verpflichten uns in unserem Dienst zum Schutze unserer Heimat.
Warum konnte der schwarze Witwer diese Namen nicht vergessen?
Er hat doch für die Dauer von drei Tagen für sämtliche Dienststellen der Bundeswehr Halbmast angeordnet.
Er hat sich doch von seinem Polterabend weg unmittelbar an den Unglücksort begeben.

Er hat doch alle erforderlichen Maßnahmen für eine umfassende und eingehende Untersuchung der Vorgänge eingeleitet.
Er hat doch dem Bundestag Rede und Antwort gestanden.
Das läßt sich doch alles nachlesen Wort für Wort.
Er: der große Vorsitzende.
Wie er in seinem Speck hockt.
Unser Größter.
Unser Lautester.
Unser Maximilianer.
Unser Poltergeist.
Unser Vordenker.
Unser Aufsichtsratsvorsitzender.
Unser Chefpilot.
Unser Feuerwehrkommandant, Schützenkönig und Heldendarsteller.
Unser Großmogul und Obermufti.
Unser Sultan und Woiwode.
Aber die Toten steigen wieder aus dem Fluß.
In voller Montur. Und tropfnaß.
An der Spitze die Schwarze Madonna von Altötting.
Stabsunteroffizier Julitz führt den vierten Zug in den befohlenen Raum. Auf dem Wege dorthin gibt er einer zweiten Gruppe den Auftrag, mit einzelnen Spähern an und über die Iller hinweg aufzuklären und festzustellen, was auf der anderen Seite der Brücke vor sich gehe. Die Brücke selbst wird als besetzt angenommen. Den beiden anderen Gruppen wird der Auftrag erteilt, die Hirschdorfer Brücke zu überschreiten und auf dem linken Illerufer durch Feldposten die Annäherung der Späher von der anderen Seite zu beobachten. Diese beiden Gruppen marschieren daher über die Brücke und verteilen sich als Feldposten auf dem linken Illerufer. Im Verlauf der Übung durchschwimmen zwei Soldaten der zweiten Gruppe die Iller, weil sie so ihren Auftrag am besten durchführen zu können glauben. Kurz nach der Auftragserteilung an die Gruppen durch Julitz erreicht Oberleutnant Sommer den

Übungsraum des 4. Zuges und setzt dort den Stabsunteroffizier Schäffler ab. Etwa um 10.30 Uhr hat der 4. Zug seine Übung beendet und rastet in einem Wäldchen unmittelbar südlich der Hirschdorfer Brücke. Dabei äußert Stabsunteroffizier Julitz plötzlich: »Wir gehen jetzt noch einmal durch die Iller.« Ob der anwesende Stabsunteroffizier Schäffler, wie er behauptet und was Julitz bestreitet, eine Warnung oder seine Mißbilligung gegenüber diesem Vorhaben ausspricht, läßt sich ohne erneutes Befragen der beiden Stabsunteroffiziere, die sich in Haft befinden, nicht feststellen. Dagegen muß nach Bekundung dreier Zeugen als sicher angenommen werden, daß die zwei Soldaten, die schon vorher durch die Iller geschwommen waren, Warnungen ausgesprochen haben. Ein Soldat, der selbst ein guter Schwimmer ist, fragt scherzhaft, ob auch Nichtschwimmer mitmachen müssen. Julitz antwortet darauf, daß sie erst einmal hineingehen sollten und, falls es für sie zu schwierig würde, jederzeit umkehren könnten. Die Geretteten bekunden übereinstimmend, daß sie das Unternehmen als gefahrlos angesehen haben. Sie seien unter Scherzworten und ohne jedes Angstgefühl in das Wasser hineingestiegen.

Die Soldaten tragen ihren Arbeitsanzug, Schnürschuhe mit profilierter Gummisohle, Gamaschen und Stahlhelm mit Einsatz; sie sind ausgerüstet mit Karabinern und je Gruppe einem MG – ohne Koppel, ohne Patronentaschen, ohne Brotbeutel. Unmittelbar vor Überschreiten des Flusses ordnet Julitz an, daß in Reihe, und zwar möglichst dicht aufgeschlossen, marschiert werden solle. Die Gewehre sollen mit der linken Hand aus dem Wasser herausgehalten werden, um sie vor Nässe zu schützen. Anfangs reicht das Wasser den Soldaten bis zur Wade. Der Flußgrund ist mit seinen Kieseln auf einige Meter hin zu sehen. Der Fluß, an dieser Stelle etwa fünfzig bis sechzig Meter breit, ist an diesem Tag im ersten und zweiten Drittel bis zu fünfundachtzig Zentimeter tief, fällt aber im letzten Drittel nach dem jenseitigen Ufer hin bis anderthalb Meter ab. Die Stromgeschwindigkeit beträgt nach den Be-

rechnungen des Wasserwirtschaftsamtes im Profildurchschnitt etwa zweieinhalb Meter in der Sekunde.
Stabsunteroffizier Julitz steigt an der Spitze des Zuges in die Iller und geht mit dem Maschinengewehr der ersten Gruppe voraus. Er gerät als erster Soldat dieser Gruppe in ernste Schwierigkeiten. Die nachfolgenden Soldaten der zweiten und dritten Gruppe geben dem Druck des Wassers bereits früher nach, so daß sich die ursprünglich formierte Gruppe bald auflöst und diese beiden Gruppen schon im ersten und zweiten Drittel des Flusses stromabwärts ausscheren. Allen Soldaten wird es ungefähr gleichzeitig schwer und schließlich unmöglich, einen Halt für ihre Füße zu finden.
Das Weitere spielt sich nach Darstellung aller Zeugen sehr schnell ab. Übereinstimmend sagen die Soldaten aus, daß ihnen erst in diesem Augenblick die Gefahr bewußt geworden sei. Erst in diesem Augenblick haben auch Stabsunteroffizier Julitz und der sich auf der Brücke befindende Stabsunteroffizier Schäffler durch laute Zurufe »Nichtschwimmer zurück!« und »Alle zurück!« einzugreifen versucht.
Die Rufe werden aber nicht von allen Soldaten gehört. Nur einer kehrt an das Ausgangsufer zurück.
Während sich von der ersten Gruppe von elf Soldaten acht retten können, werden die beiden nachfolgenden Gruppen viel schwerer betroffen. Schwimmer wie Nichtschwimmer werden von der Strömung gegen die Brückenpfeiler und zwischen den Brückenpfeilern hindurch stromabwärts getrieben und kommen in den gefährlichen Strudeln unmittelbar hinter den Brückenpfeilern zum großen Teil ums Leben: bei der zweiten Gruppe sechs Tote von neun Soldaten, bei der dritten Gruppe sechs Tote von zehn Soldaten. Auch die sofort mit Entschlossenheit und Tatkraft eingeleiteten Rettungsarbeiten können dies nicht verhindern. Eine Glocke beginnt zu schlagen.
Die Glocke der Gnadenkapelle von Altötting, wo die Herzen der bayerischen Edlen ruhen.
Altötting, das zum Wallfahrtsort wurde, seit vor fünfhundert

Jahren ein dreijähriges Büblein ins Wasser gefallen und von der Strömung fortgerissen worden war. Nach einer halben Stunde hatte die Mutter ihr Kind aus dem Fluß gezogen und das tropfnasse Bündel der Madonna zu Füßen gelegt. Und da geschah das erste Wunder von Altötting: der Ertrunkene wurde wieder zum Leben erweckt.
Und wieder schlug die Glocke der Schwarzen Madonna zu Altötting. Mitten in der Hochzeitsnacht, als dem schwarzen Witwer die fünfzehn ertrunkenen Soldaten erschienen.
Fünfzehn Schläge zählte der schwarze Witwer.
Und er kommt um seinen schwarzen Schlaf.

DAS FÜNFZEHNTE KAPITEL *erzählt*

vom Zustand der Republik,

von Vor- und Nachteil

der höheren Bildung sowie vom

Schreiben mit Hammer und Meißel

zum Zwecke der

doppelten Buchführung

August

Immer sollte sich unsere Republik an meinem Alter orientieren.

Als ich siebzehn Jahre alt war, beschloß der Bundestag, daß die Verjährung von Nazimorden erst in zwei Jahren eintritt.

Als ich siebzehn Jahre alt war, betrug der Durchschnittslohn eines Postfacharbeiters vier Mark sechzehn.

Als ich siebzehn Jahre alt war, stürzten sechsundzwanzig Starfighter vom Himmel, aber Thulsern wurde nie getroffen.

Als ich siebzehn Jahre alt war, wurde einem Menschen ein Affenherz eingesetzt.

Als ich siebzehn Jahre alt war, segnete Churchill das Zeitliche.

Als ich siebzehn Jahre alt war, fehlten zur Ernährung der Erdbevölkerung hundert Millionen Tonnen Getreide.

Als ich siebzehn Jahre alt war, wurde die Rotationsgeschwindigkeit der Erde gemessen.

Als ich siebzehn Jahre alt war, wurde der Mont-Blanc-Tunnel eröffnet.

Als ich siebzehn Jahre alt war, geschahen in der Bundesrepublik täglich vier Morde, siebzehn Notzuchtverbrechen, sechsundvierzig Urkundenfälschungen, hundertfünfundzwanzig Autodiebstähle, hundertdreizehn Automatenplünderungen.

Als ich siebzehn Jahre alt war, ging die Säuglingssterblichkeit zurück.

Als ich siebzehn Jahre alt war, ging auf der Zugspitze eine Lawine nieder und begrub zehn Menschen.

Als ich siebzehn Jahre alt war, zeigte die Sommermode aus Paris eine betont weibliche Note: schmale Taille, schwingende Röcke.

Als ich siebzehn Jahre alt war, waren die Notstandsgesetze im Gespräch.

Als ich siebzehn Jahre alt war, gab es in Frankfurt einen Prozeß gegen die Verbrecher von Auschwitz.

Als ich siebzehn Jahre alt war, interessierte mich das alles überhaupt nicht.

Überhaupt nicht.

Ich hatte ganz andere Sorgen.

Mir war auf einmal alles zuviel.
Mir begann etwas zum Hals herauszuhängen.
Es rumorte wieder einmal in meinem Bauch.
Ganz gewaltig rumorte es: ein richtiges Bauchbeben.
Eine Entscheidung stand an.
Im Alter von siebzehn Jahren hatte ich die Schule gründlich satt und entschloß mich, ein Handwerk zu lernen. Handwerk hat goldenen Boden, heißt es. Ich wußte schon, was ich werden wollte. Ich wußte es seit meiner Sandkastenzeit. Steinmetz wollte ich werden. Also ging ich zum Thulserner Steinmetzmeister und stellte mich vor. Er sagte nichts, sondern prüfte meine Muskeln und zog ein verächtliches Gesicht. Dann erst schüttelte er den Kopf und meinte, so einen Magermilchkrüppel könne er in seiner Werkstatt nicht gebrauchen. So ein Magermilchkrüppel sei ja nicht einmal imstande, den Hammer zu heben, geschweige denn, einen Grabstein zu setzen. Ich bettelte. Schließlich forderte er mich auf, ihm einen Hieb zu versetzen. Ja, komm, schlag ruhig zu, ich tu dir nichts, aber ich muß wissen, ob bei dir etwas dahinter ist oder ob du es nur mit dem Maul kannst. Einen studierten Maulhelden kann ich nicht gebrauchen.
Damit war ich eingestellt. Was ich lernte?
Werkzeugputzen, Werkstattaufräumen, Anfluchenlassen, Bierholen, Karrenziehen, Bleistiftspitzen, Schleifmaschinenreinigen, Meißelschärfen, Steinestemmen. Paßdochaufdublödesau, Woistdennwiederderscheißlehrling, Haltdeinmauldudepp. Hosenscheißer, Bettseicher, Magermilchkrüppel, Weibervögler, Duarschlochdugeselchtes.
In der Werkstatt des Steinmetzes wurde tüchtig gesoffen. Täglich wenigstens drei Kasten Bier, die der Lehrling herbeizuschleppen hatte. Der Staub, verstehst du, der Staub macht so durstig. Und das Gewicht. Das Gewicht der Grabsteine. Alte Grabsteine ausheben, auf den Gummirädler hieven, in die Werkstatt karren, neue Sockel setzen, Konsolen betonieren, Grabeinfassungen legen, Steine schleifen, Schrift schlagen. Schrift schlagen!

Der gebeugte Rücken.
Das genaue Ansetzen des Meißels.
Die zarten Hiebe mit dem Schlegel.
Das Abwischen der feuchten Hände am grauen Büromantel.
Hier ruhet in Frieden. Vorname, Name, von bis.
Schrift schlagen!
Schreiben lernen mit dem Meißel.
Schreiben lernen auf Stein.
Die Buchstaben aufpausen.
Die Schriftschablonen.
Das knisternde Butterbrotpapier.
Aber noch schlägt nur der Meister die Buchstaben.
Bloß das Lineal nicht verrutschen.
Bloß die Buchstaben nicht verschlagen.
Mir überläßt er nur die Geraden.
Wehe, du haust daneben.
Dann kannst du kitten.
Und Kitten ist Pfusch.
Paßdochaufdublödesau.
Vorerst werde ich mit der Drahtbürste losgeschickt: Steine putzen.
Zuerst mit der Bürste, dann mit dem feineren Schmirgelpapier. Tag für Tag, Woche für Woche hinaus auf den Friedhof und Steine geputzt.
Dann endlich die Schriften nachziehen.
Bloß keine Farbe verspritzen.
Zuerst fein auspinseln.
Kein Stäublein will ich sehen.
Schonwiederdenpinselnichtgereinigt.
Wenn du nicht aufpaßt, steck ich dir deinen Pinsel in Terpentin.
Zuletzt darf ich die Geraden schlagen.
Die Geraden sind die Längen der Buchstaben. An die Bauchigen läßt mich der Meister nicht hin. Du verschlägst mir bloß den Stein.
Hast du überhaupt eine Ahnung, was so ein Stein kostet?

Zufriedene Mienen danken es Ihnen.
Habe ich mir die Lehre so vorgestellt?
Was ist besser: Integralrechnen oder mit der Drahtbürste auf dem Friedhof das Moos von den Steinen schaben?
Was ist besser: Vokabeln lernen oder Bier holen und jeden Abend die Werkstatt putzen?
Was ist besser: Hausaufgaben machen oder Fluchen und Saufen lernen?
Handwerk hat goldenen Boden.
Gestorben wird immer.
Ein krisensicheres Geschäft.
Einen Grabstein braucht jeder.
Ohne Grabstein bist du umsonst gestorben, und nicht einmal die Erinnerung bleibt.
Jetzt kannst du es dir aussuchen, was besser ist.
Warum ist der Stein immer noch nicht fertig?
Das nennst du geputzt?
Eine Widerrede duldet der Meister nicht, schon gar nicht das freche Mundwerk eines Schülers. Das am allerwenigsten. Da gibt es gleich eine aufs Maul. Eine meisterliche Bockfotzn. So heißt das, das merkst du dir, und wenn ich sage, der Stein ist nicht geputzt, dann ist er nicht geputzt, und wenns dir nicht paßt, kannst gleich gehen. Ich halte dich nicht, so einen wie dich finde ich an jedem Hauseck, Arschdepp. Frech werden auch, ja da schau her, du Magermilchkrüppel, du elender. Lehrjahre sind keine Herrenjahre, und Sprichwörter sind Wahrwörter. Aber mir macht das nichts aus. Ich bin gern auf dem Friedhof. Ich schaue gern den alten Weiblein zu beim Zupfen und beim Gießen. Ich schwatze gern mit Totengräbern und Friedhofsgärtnern. Für sie bin ich bloß der Stift, aber das macht mir nichts aus. Ich lese die Grabsteine wie dicke Bücher. Sie erzählen mir die Geschichten der Toten, und sie erzählen mir die Geschichten von Hoffnungen und von Illusionen. Es ist mir egal, ob ich die Drahtbürste bei Regen, Sonne, Schnee oder Sturm schwinge. Ich schabe die alten Grabsteine ab, und ich halte Zwiesprache mit den Toten und

mit den Steinen, denn die Steine sind nicht stumm. Alles lebt, alles erzählt. Tausende von Geschichten, verwirrende Einzelheiten, Zusammenhänge und Zusammenhangloses, unter der Überschrift: *Hier ruhet in Frieden.* Pfeifendeckel mit dem Frieden. Keinen Toten kenne ich, der in Frieden ruht. Nicht einen. Immer rumort es und klopft und pocht, es scharrt und wimmert, will alte Rechnungen begleichen, Versäumtes nachholen, will bereuen und strafen, will sich rächen und will Gerechtigkeit. Gerechtigkeit, schreit es unter den Sockeln. Aber der Steinmetzmeister ist dafür taub, deshalb halte ich auch den Mund. Das geht ihn nichts an, was ich da abmache mit den Toten. Ich habe da nämlich eine Vereinbarung getroffen, während meine Drahtbürste über die moosigen Steine kratzte und schabte und ribbelte. Ich habe da nämlich begriffen, daß viel zu wenig auf den Grabsteinen steht. Was steht denn da schon groß? Hier ruhet in Frieden, Vorname, Nachname, manchmal noch Ökonomierat oder Beamtenwitwe, dann gerade noch Geburts- und Sterbejahr. Was ist das schon? Das ist, wie man es auch dreht und wendet, in jedem Falle zu wenig. Viel zu wenig. Und genau aus diesem Grund habe ich eine doppelte Buchführung beschlossen. Was der Steinmetzmeister in die Steine schlägt, das ist das eine. Was ich aber in meinen Bauchreden formuliere, das ist das andere. Damit mir nun aber die Rülpser und Aufstoßer und das Wiedergekäute nicht verlorengehen, schaffe ich mir eine Kladde an und schreibe auf, was mir während der Drahtbürsterei im Bauch umgeht und zwischen den Zähnen herauswill, weil ich es nicht länger schlucken kann. Es sind die Geschichten der Toten, es ist das, was sie ausmachte ein Lebtag. Denn in Wirklichkeit schabe ich gar nicht Moos und Dreck von den Steinen, nein, in Wirklichkeit lege ich mit der Drahtbürste die Geschichten der Begrabenen frei und verlängere sie zurück in unsere Lebzeiten. Ich wehre mich dagegen, das Vergangene einfach zu begraben und zwischen zwei Jahreszahlen zu klemmen und mich damit zufriedenzugeben. Natürlich ist das etwas, was der Steinmetzmeister nie begreifen wird. Deshalb kein Wort davon zu ihm oder zu seinen finsteren Gesellen. Für die bleibe ich der Stift, der das Bier holt und die Werkstatt putzt. Meine doppelte Buchführung geht sie nichts an. Außerdem wissen sie nichts davon, was ich in meinem Bauch bewege und nicht unten halten kann. Was für ein Humbug, lediglich Namen und Datum in den Stein zu beißen. Nicht Jahreszahlen halten die Erinnerungen wach, und Namen sind Schall und Rauch. Das einzige, was die Erinnerung wachhält und das Vergangene nicht vergangen sein läßt, sind die Geschichten, die sich mit den Toten verbinden. Das müssen keine großartigen oder langen Geschichten sein, das kann eine Farbe sein, ein Geruch oder eine Geste, das kann ein Gesichtsausdruck sein oder ein Stück Kleidung: etwas, das ein ganzes Leben in einer winzigen Kugel einschmilzt. Und alle diese Kugeln aneinandergereiht ergäben die unschätzbar wertvolle Perlenkette von Thulserns Geschichte. So einfach wäre das, aber so ein Dickschädel wie der Steinmetzmeister wird das nie begreifen, weil für ihn bloß zählt, was er auf die Rechnung schreiben kann: wieder nichts anderes als Namen und Zahlen. Zufriedene Mienen danken es Ihnen. Zweimal Pfeifendeckel. Ich schabe die Steine ab, lasse mir von den Toten ihre Kugeln aufreihen und übe meine Bauchreden, die ich abends nach dem Ausfegen der Werkstatt meiner Kladde anvertraue, nachdem ich sie nicht in den Stein schlagen darf: Die erste Bauchrede gilt dem Gottesacker, denn keiner kam bislang auf die Idee, auch ihm einen Grabstein zu setzen. Wo sind sie denn alle hin, die Josef und Hans und Max und Korbinian, die Spinner und Bürger und Bauern und Säufer, gestorben am Fieber, am Alter, von der Brücke gefallen, geschuftet ein Lebtag? Sie alle sind hier, die zarten Herzen und schlichten Gemüter, die Lauten und Stolzen, die Protzigen und Verklemmten, die Bescheidenen und immer wieder Unglücklichen, dahingerafft von den zertretenen Illusionen und den zerstobenen Hoffnungen, von der unterdrückten Sehnsucht erwürgt, gleichviel, ob Randalierer im Wirtshaus und ewiger Saufaus oder König der Schuhplattler und Schützen. Alle sind sie hier versammelt und warten auf die Ewigkeit, die es nicht gibt, denn auch sie ist ein gewaltiger Betrug, angezettelt von den ewigen Vertröstern und Lügenbeuteln, die hienieden das Sagen haben und auch drüben das große Wort führen, wenn es denn überhaupt ein Drüben gibt. Nebeneinander liegen der eine, den gemeiner Handel reich gemacht hat, und der andere, der von Arbeit und Armut verbraucht wurde, bis er eines Tages einen erschlug aus Verzweiflung. So hat jeder seine Art, bankrott zu machen. Ich bin das magere Gesicht mit dem eingeschlagenen Auge, ich bin der, dem die Tage wie Schatten dahinglitten: die Lippen hart vom vielen Schweigen, das Gesicht runzlig vom Kummer, vom Leben in den Tod gehetzt vor lauter Schuften und Schinden für nichts und wieder nichts. Ich hatte ein Eisenwarengeschäft, verkaufte Nägel und Schrauben, bis ich daran erstickte. Mir war das Leben leicht, denn ich hatte ein Lästermaul, dem sich keiner ausliefern wollte. Und ich habe immer nur die kleinen Nägel eingeschlagen, zu den großen hat es bei mir nie gereicht. Mir hat einer schöngetan, ist mir um Rock und Mieder geschlichen, hat mir ein Kind aufgehängt und mich sitzenlassen, bis ich nicht ein noch aus wußte und der See meine letzte Zuflucht wurde. Einen Stall voll Bälger habe ich erzogen. Genommen haben sie mir Krieg und Volk und Vaterland, und was ist der Dank? Daß ich im Alter nicht einmal mehr die Butter aufs Brot hatte. Das ist er. Der Pfarrer versagte mir den geweihten Grund, weil mir das Rattengift besser schmeckte als mein danebengelebtes Leben, das von Anbeginn an so danebengelebt war, daß es mir keiner nachmachen kann. Mein Bruder hat mich schikaniert, seit ich auf der Welt war. Immer hat er die fetteren Bröcklein bekommen. Das wird im Himmel nicht anders sein, denn Gott ist weder gütig noch gerecht, sondern es ist der Gott der fetten Bröcklein. Jetzt liege ich neben dem Bankier, bei dem ich Schulden hatte bis über beide Ohren. Zins und Zinseszins hat er verlangt. Nun teilen wir die Würmer, die sich gütlich tun ohn' Ansehn der Person. Wie kommt es, daß ich hier liege, unbeachtet und vergessen, wo doch kein Rock vor mir sicher war und die Weiber verrückt nach mir waren? Ein großes Schlachtfeld habe ich getränkt für einen, der in keinem Geschichtsbuch fehlt, indes hier nur Unkraut über mir wuchert und nicht Ehr noch Andenken. Gefallen in Rußland, steht auf dem Grabstein. Also bin ich hier gar nicht begraben. Immer wollte ich mit meiner Frau gemeinsam verscharrt werden. Ich erschoß mich, sie aber hielt ihr Versprechen nicht, sondern alarmierte die Gendarmen und trieb es mit ihnen, mit einem nach dem anderen und mit allen zugleich. Dem Ruhm habe ich alles geopfert und zu spät diejenigen erkannt, die es gut mit mir meinten. Vor Reue kann ich keine Ruhe finden: vom Ehrgeiz ausgeblutet. Leb wohl, verdrehte und verkehrte und verrückte Welt. Weder Zwiebel noch Knoblauch konnte ich essen. Ich roch sie schon drei Tage gegen den Wind. Jetzt ist Schnittlauchsamen angeflogen und umwuchert meinen Stein, der wieder einmal gepflegt werden müßte, denn auf Ordnung habe ich immer geachtet. Mich hat es erwischt, als ich noch gut im Strumpf stand: ein Schläglein, an einem Sommernachmittag, mitten in der Heuernte. Unbemannt haben sie mich eingesargt in meinem weißen Kleid, das ich für ein ganz anderes Ereignis genäht hatte. Aus dem Haus getrieben, hinaus in die Welt, Wind um die Nase, von Alaska bis Kapstadt. Und in jedem Hafen eine Braut. Daheim beim Holzfällen mußte der Blitz einschlagen. Dabei hatte ich noch den meisten Teil meiner letzten Heuer. Nein, meine Gebete sind nicht vergeudet, sondern erhört worden vom Allermächtigsten. Nein, meine Liebe war nicht sinnlos, auch wenn ich betrogen wurde nach Strich und Faden. Er hat es nicht so gemeint. Es gibt eben zu wenig Liebe unter den Menschen. Noch immer glaube ich an ihn und vertraue ihm blind, da er täglich auf ein Vaterunser zu mir kommt: wo er doch sein Lebtag nicht beten konnte. Wein, Weib und Gesang und eine schwarzglutäugige Hur. Was brauchts mehr? Ich: eine alte Jungfer, keusch bis ins kühle Grab. Nie etwas gehabt mit einem Mannsbild. Dabei steinreich geworden und ohne Erben gestorben. Als

Apotheker dem Hitler nachgerannt, Kräuterwanderungen bis ins hohe Alter veranstaltet, dem Heimatverein vorgestanden und die Kirchenchronik verfaßt: bis auf einen armen Sünder habe ich jedes Werk nachweisen können. Nur den einen nicht. Und das geht mir nach. Zweimal bin ich bei der Bürgermeisterwahl durchgefallen. Ich habe es mir nie verziehen, überhaupt angetreten zu sein. Als ich die Gewehrpatrone auf den Amboß legte und mit der ganzen Kraft eines Halbwüchsigen den Vorschlaghammer niedersausen ließ, wußte ich nicht, welches Eisen ich schmiedete. Ein Leben lang Spießruten gelaufen durch Lächeln und Blinzeln und Zwinkern. Nie hat mich eine ernstgenommen. Auf dem Heimweg vom *Adler* hat mich in einer tiefverschneiten Winternacht mein Darm geplagt. Was blieb mir anderes, als auf freiem Feld, kein Mensch weit und breit, die Hose herunterzulassen? Mit dem letzten Zug, der auch noch Verspätung hatte, konnte ich wirklich nicht rechnen. Ich bin immer gern in die Pilze gegangen. Einmal ist keinmal, habe ich mir gesagt, aber die Rechnung ging nicht auf. Ich hatte immer bloß Hunger auf das Leben. Verstehst du: Hunger! Als siebtes von neun Kindern geboren, früh aus dem Haus, immer bei fremden Leuten, sechs Jahre Schule, dann Störnäherin bis zum letzten Putzlumpen. Langes Fädchen, faules Mädchen. Vor dem Ende der Naht noch einen Schluck Traubensaft, der nach schwarzer Johannisbeere schmeckte. Es sollte so aussehen, als hätte ich die Flaschen verwechselt. Dick bin ich dahergewatschelt, krummbeinig und schlackohrig und immer einen Fuß vor den nächsten gesetzt nach der Devise: Komm ich heut' nicht, komm ich morgen. Hat gereicht zweiundachtzig Jahre und keinen Tag länger. Die Höhenluft, die mir der Arzt verordnet hat, war zu stark für mich. Deshalb bin ich extra aus dem Ruhrgebiet angereist. Ostpreußen war doch schöner als Thulsern. Ich starb an gebrochenem Herzen einen altmodischen Tod. Das Pflaster hör ich widerhallen von meinem festen Schritt. So wie ich konnte keiner auftreten. Stets gesund, gut bei Kasse und mit einer braven

Frau gesegnet, die Kinder alle studiert und wohlversorgt. Zu spät fromm geworden und klein, dafür als Großmaul gelebt in Saus und Braus, will sagen außen hui, innen pfui. Die meineidige Hand ist mir nicht schwarz geworden noch abgefallen, sondern hat sich bezahlt gemacht. Noch meine Kindeskinder werden davon profitieren – und draufgekommen ist mir keiner. Keiner, ihr Teigaffen. Fünfzig Jahre habe ich Blech verlötet und Fahrräder geflickt, dann ist mir die Luft ausgegangen von heute auf morgen. Als ich die Kugel fühlte, war es wie eine Erleichterung, obgleich ich schwer gegangen bin. *Pro Patria.* Was soll das heißen? Wenn mir der Roßtäuscher noch einmal begegnet, werde ich ihm wieder eins über den Schädel ziehen, daß ihm Hören und Sehen vergeht. Dieser Lump und Betrüger. Erst als sie mich erwischten, habe ich meine Laufbahn erkannt und bin dem Gesetz der schiefen Ebene verfallen. Weil ich immer schon ein gutes Gedächtnis hatte, habe ich eines Tages begonnen, ein Lexikon auswendig zu lernen: von *Äa*, in der griechischen Sage das Sonnenland im Osten, bis *zytostatische Mittel*: ärztlich angewendete Keimgifte, die das Wachstum bestimmter Zellen hemmen. Über hunderttausend Stichwörter in zwanzig Bänden. Einfach so. So ein Bock. Der hat noch gerammelt, als er keinen Schnauf mehr hatte. Gehen die Buben und Mädchen noch immer zum Mausen hinters Hörnle? Dort habe ich auch angefangen und nie mehr aufhören können damit. Ich hatt' keinen Kameraden. Nach dem Krieg habe ich von einem Obstgarten geträumt und vom Mosten. Nie hatte ich rauhe Hände. Wie unfein! Zu Hause fand ich keine Liebe, meine Frau verachtete mich, meine Tochter geriet in falsche Gesellschaft. Deshalb habe ich all meine Kraft auf meine Patienten übertragen. Sogar ein Auto habe ich angeschafft: ein Kilo Blech, ein Kilo Lack, und fertig ist der Hanomag. Beide Beine habe ich mir im Nachtdienst erfroren, gefunden haben sie mich erst nach Tagen, weil mich keiner vermißte zwischen Weihnachten und Neujahr. Nicht weinen, in der Ewigkeit sehen wir uns wieder. Und jedes fällt, wie's Gott gefällt. Im Alter von vier Jahren vom Heustock. Jetzt habe ich genug frische Luft, aber die Fichte, die mir einst Schatten gab im Schattenreich, mußte gefällt werden, weil der Friedhof zu klein geworden war. Im Himmel gibt es keine Ehe. Immer mit Stock und weitem Mantel: wie es sich für einen Fabrikanten gehört. Da liegen wir, die es nicht mehr gibt: Hufschmied neben Täschner, Sattler neben Körbler. Unsere Kinder sind in Australien und noch weiter. Auf der Laienbühne war ich der Hanswurst, ansonsten Kommandant der Feuerwehr. Heiliger Sankt Florian, verschon mein Haus, zünd andre an. Was entzweibrechen konnte, ist mir entzweigebrochen. Ich war nie für Halbheiten. Wahrlich, ich sage dir, noch heute wirst du mit mir im Paradies sein. So wie die Schule, so wollte ich auch das Leben schwänzen. Hätte ich bloß mehr auf meinen Vater gehört, der mich überlebt um mehr als zwanzig Jahre. Die Flecken in meinem Gesicht wurde ich nie los, obwohl ich das war, was man gemeinhin eine gute Partie nennt. Hören und Sehen sind mir lange vorher vergangen. Für seine Träume kann keiner etwas. Als man mich rief, ging ich hin, obwohl meine Tochter gerade Hochzeit hatte. Ich stach die geblähte Kuh, der Saft spritzte heraus und vergiftete mein Blut, denn ich hatte eine offene Schrunde am Daumen. Als Gastwirt war ich selbst mein bester Kunde. Der hier liegt, hat Haus und Hof beim Kartenspiel verspielt. Einmal war ich Schöffe und habe einen Unschuldigen verurteilt, weil ich Lust bekam an seiner Qual. Wenn der Sommer vergeht, möchte ich wieder barfuß über die Felder rennen. Weil ich immer meine Meinung sagte, haben mich die Thulserner nie gemocht und mir einmal sogar ein Fuder Saumist aufs Hausdach gestellt und die Habergeiß in den Garten. Hüte deine Zunge. Ich habe die Orgel gestiftet und die kleine Glocke, die mich hinausgeläutet hat mit hellem Sang. Wäre aus meinem Kind kein Lump geworden, wenn ich nicht im Kindbett geblieben wäre? Den ich aus dem See zog, haben sie später zu Seife gemacht. Ich ging vorher unter. Berühmt wollte ich werden, geliebt und gefeiert, aber dann riß das Seil. Jahre später haben sie der Route meinen Namen gegeben. Gestorben bin ich zwanzig Jahre vor meinem Begräbnis, als mein Mann im Zorn eine Bierflasche auf meinem Kopf zertrümmerte. Beinahe wäre ich berühmt geworden, doch dann trat ich in einen Rechen, und vorbei war es mit dem Langstreckenlauf. Acht Kinder gebar ich. Alle wohlgeraten. Ich war machtlos gegen den Starrkrampf. Einmal stand ich frühmorgens auf den Kirchenstufen und glaubte, der Himmel wölbe sich mir entgegen. Keine Farbe ist imstande, mein Höllenleben auszumalen. Blind geboren, taub gestorben. Ehre sei Gott in der Höhe. Für mein Strafregister ist jeder Grabstein zu klein. Ich ließ mich von Träumen wiegen bis zum letzten Schnauf. Es geht keinen etwas an, wie es gekommen ist mit mir. Trübe Tage, die sich zu einem Leben verlängerten. In der Maiandacht stieg die Muttergottes zu mir hernieder und bestimmte mich zur Geistlichen Schwester. Nicht ein Schlag konnte mich zur Vernunft bringen. Einem Zirkus lief ich hinterher, gestorben bin ich als Vorführaff'. Das Rauschen der Röcke ließ mich Musik studieren. Ich starb ohne Erinnerung und Bedauern. Ich starb mit acht Jahren und habe doch nichts versäumt. Dein Haß auf mich hat dir die Kraft gegeben, mich zu überdauern um Jahr und Tag. Jetzt sind wir vereint. Am Abend auf der Bank vor dem Haus eine Pfeife zu rauchen. Ich werde es drüben vermissen. Ich wurde zu Tode geliebt. Als ich das Sinken des Feuers fühlte, gab ich auf. Wortlos liege ich hier, aber mit eisklarem Blick aus dem dritten Auge. Kam unter die Räder. Ein Lebtag vergafft in Katzengold. Hüte dich vor den Idealen. Endlich den Sternen zu Füßen. Scharlach: für mich keine Farbe. Schön war nur ein Juniabend im Wald mit B., die mir immer treu blieb. Sie hieß Marieluise und lehrte mich das Lieben. Hier gefällt es mir nicht, der Bahndamm wäre mir lieber, denn ich habe nie mein Dorf verlassen. Keiner bekam mehr Kränze als ich. Ich traf ihn in Hamburg, wir zogen nach Thulsern, wo wir mehr als zwanzig Jahre lebten. Alle hielten uns für ein Ehepaar. Meine Sämerei ging gut, doch ich starb kinderlos. Schon vor der Weihe habe ich zu sehr die Knaben begehrt, deretwegen ich so oft versetzt wurde. Endlich ganz tot sein. Warum ist mir das nicht vergönnt? Endlich richtig wirklich ganz tot. Wilder Wein und wilde Rosen nach einem langweiligen Leben als Trost. Die Zierde des Tales, solange mein Vater reich war. Erst danach entdeckte man meinen Kropf. Tue recht und scheue niemand. Mach es wie die Sonnenuhr, zähl die heitren Stunden nur. Von diesen eine ist deine. Das sage ich als Thulserns ältester Postillon, der Liebesbriefe überbrachte, Rechnungen und Gestellungsbefehle, der jede Zeile las, die er austrug, dem nichts entging und auf den keiner hören wollte, obwohl er immer alles besser und schon im voraus wußte.

Die Toten verraten die Geheimnisse der Lebenden.

Derlei hätte auf die Steine gehört.

Aber es sollte nicht dazu kommen.

Als ich siebzehn Jahre und vier Monate alt war, beschloß ich, mich keine Minute länger vom Steinmetzmeister zwiebeln zu lassen.

Als ich siebzehn Jahre und vier Monate alt war, interessierte ich mich für Bundestag und Durchschnittslohn, Starfighter und Affenherz, Churchill und die Ernährung der Erdbevölkerung, Rotationsgeschwindigkeit und Mont-Blanc-Tunnel, Morde, Notzuchtverbrechen, Urkundenfälschungen, Autodiebstähle, Automatenplünderungen, Säuglingssterblichkeit, Lawinen, schwingende Röcke und Notstandsgesetze, Auschwitz und Bauchrednerei.

Ich legte die Drahtbürste aus der Hand und kehrte, anstatt wie gewöhnlich die Werkstatt aufzuräumen, an die Schule zurück.

Nur die Sache mit der doppelten Buchführung, die habe ich mir gemerkt.

DAS SECHZEHNTE KAPITEL *erzählt*

von einer Gefängnispost

und von den Folgen

des Münzensammelns

IM ZEICHEN

Jungfrau

Ständig muß sich unsereiner mit verknoteten Bundschließen herumärgern. Ausgerechnet jetzt muß ich auch noch Selma in die Hände laufen.
Selma Borjesson ist eine Schönheit und aus der Verbindung eines Thulserners im Gefolge von Generaloberst Dietl, dem Helden von Narvik, mit einer Schwedin hervorgegangen. Das liegt schon etliche Jahre zurück, und heute lebt Selma als Fremdsprachenkorrespondentin in Thulsern. Trotz ihres Aussehens hat sie nie geheiratet. Mit ihrer Mutter hat sie immer nur Schwedisch gesprochen, und wenn sie mich fragt, ob Post für sie gekommen sei, rutscht ihr manchmal ein schwedischer Brocken dazwischen. Selma gehört zu jener Kundschaft, die täglich nach Post frägt. Die Ursache dafür ist ein Briefwechsel, den Selma als junge Frau begann. Um diesen sonderbaren Briefwechsel verstehen zu können, muß man wissen, daß Selma seit ihrer Konfirmation leidenschaftlich Münzen sammelt. Sie hat etliche Alben und Schränke davon, die sie mir schon einmal gezeigt hat.
Im Alter von achtzehn Jahren schrieb Selma Borjesson eines Tages an den Staatspräsidenten eines exotischen Landes. Sie bat in einem freundlichen Brief um Zusendung einiger dort im Umlauf befindlicher Goldmünzen und drückte dem Präsidenten dieses Landes ihre Bewunderung aus. Außerdem legte sie ein Foto von sich bei.
Sie schrieb auf schwedisch.
Es dauerte nicht lange, da bekam Selma eine Antwort, die nicht ohne galante Schmeicheleien war. Der Präsident erklärte sich zur Sendung von Goldmünzen in großzügiger Menge bereit, wobei er erwähnte, daß dies durch das Gesetz ausdrücklich verboten sei.
Allerdings hatte dieser Brief ein Postskriptum.
Es stammte von einem Schweden namens Erik Hjalmar Ossiannilsson:
Er schrieb, er sei in dieses Land gekommen, um ein Exemplar einer seltenen Gattung aus der Familie der *Iguanidae* zu suchen, die sein Landsmann Linné nicht katalogisiert hat.

Kaum habe er die Grenze überschritten, sei er verhaftet worden. Den Grund dafür kenne er bis heute nicht. Mittlerweile habe er im Gefängnis Ex-Präsidenten, Senatoren, Angehörige der Armee, ehrwürdige Damen, Bischöfe und einmal sogar den Polizeipräsidenten persönlich kennengelernt. Ein prominenter Gegner der Regierung, der vorher eine prominente Persönlichkeit der Regierung gewesen sei, habe ihm im Gefängnis gesagt, daß das ganze Land ein Gefängnis sei und daß sich einige innerhalb dieses Gefängnisses »im Gefängnis« befänden, andere in ihrem eigenen Haus, »aber alle hätten das ganze Land zum Gefängnis«. Auf die Opposition zu setzen, nütze nichts, denn die Opposition sei eine von der Regierung aufrechterhaltene Fiktion, genauso wie die Regierungspartei eine Fiktion sei. Auch den Präsidenten gebe es nicht. Er sei ein Double. Der richtige Präsident habe schon lange aufgehört zu existieren. Er habe ein Double gehabt, das er für Attentate benutzt habe, die oft nur vorgetäuscht und vom Präsidenten selbst angestiftet worden seien, um zu sehen, welche seiner Freunde in die Falle gingen, und um sie auf diese Weise zu beseitigen.
Außerdem schrieb der Schwede:
»Am Anfang meiner Gefangenschaft wiederholte ich unermüdlich, daß ich Schwede sei, aber dann ließ ich es bleiben, denn ich gelangte zu der Überzeugung, daß in dem Maße, in dem es für mich absurd war, eingesperrt worden zu sein, *obwohl* ich Schwede bin, es für sie ebenso absurd sein würde, mich freizulassen, nur *weil* ich Schwede bin.«
Darüber seien einige Jahre vergangen, bis man den Schweden plötzlich gerufen und gefragt habe, ob er Schwede sei:
»Sofort ließen sie mich baden, rasieren und mir die Haare schneiden und zogen mir einen Gesellschaftsanzug an.«
Man habe ihn zum Präsidenten gebracht, und von ihm habe er den Auftrag bekommen, Selmas Brief zu übersetzen.
Und hiermit bitte er seine schöne Landsmännin, etwas zu unternehmen, um ihm zu seiner Freiheit zu verhelfen.
Selma schrieb auf der Stelle zurück.

Ihr Brief bezog sich fast ausschließlich auf den Schweden und bat den Präsidenten um dessen Freilassung.
Aber der Schwede konnte diesen Brief unmöglich dem Präsidenten vorlesen. Entweder würde er das Schreiben für eine Erfindung des Gefangenen halten oder aber entdecken, daß dieser den Worten des Präsidenten eigene Sätze hinzugefügt hatte. Unter Umständen hätte dies das Todesurteil für den Schweden bedeutet.
Der Präsident diktierte seinem Dolmetscher eine schmeichlerische Antwort, während der Schwede in seinem Postskriptum versuchte, dem Mädchen Selma die romantischen Vorstellungen zu nehmen.
Von da an begann Selma oft zu schreiben.
Sie zeigte wachsendes Interesse am Schicksal des gefangenen Schweden, was für ihn wiederum häufiges Baden, Rasieren und Anziehen des Gesellschaftsanzuges zur Folge hatte.
Jeder Brief machte Selma und Erik miteinander vertrauter.
Der Schwede verliebte sich in seine Briefpartnerin, doch zu seinem Unglück verliebte sich auch der Präsident, oder er gab es wenigstens vor. Der Schwede war verzweifelt, denn er hatte diese Liebe gefördert, indem er den Präsidenten im Glauben ließ, diese Briefe seien nur für ihn.
Dabei verlangte der Präsident von Erik, daß er übersetzte, während er las. Manchmal ließ er ihn, wie Erik schrieb, denselben Brief auch drei- oder viermal hintereinander lesen.
Der Präsident brauchte den Schweden, der als einziger seines Landes die Briefe des hübschen Mädchens übersetzen konnte.
Die Liebe des Präsidenten zu Selma war zugleich die größte Garantie für Erik, nicht umgebracht zu werden, zumal der Präsident die Übersetzerdienste benötigte.
Erik bat Selma, noch mehr Fotos von sich zu senden: sie inspirierten den Präsidenten.
In Selmas Briefen aber wurde der Präsident entweder nur noch beschimpft oder gar nicht mehr erwähnt.

Mit jedem dieser Briefe war das Todesurteil für Erik bereits unterschrieben.
Um seine Briefe in die Länge zu ziehen, gestand der Schwede, tue er so, als stelle die schöne Selma dem Präsidenten allerlei Fragen über Geschichte, Sitten und Bräuche des Landes, worauf der Präsident gern antwortete.
Erik notierte an Selma:
»Auf diese Weise diktiert er mir lange Episteln, erzählt von seiner Regierung und von der Opposition und von Staatsproblemen und bittet seine Freundin um Rat. Daraus ergibt sich, daß ich von einem Gefängnis aus der Regierung Ratschläge erteile und das Geschick des Landes in meinen Händen halte. So erreichte ich die Rückkehr von Männern, die des Landes verwiesen worden waren, wandelte Urteile um und befreite Kameraden aus dem Gefängnis. Nur für einen kann ich nichts tun: für mich.«
Selma schlug vor, dem Präsidenten einen persönlichen Besuch abzustatten, um Eriks Befreiung in die Wege zu leiten.
Erik war dagegen. Er hatte Angst, Selma dabei an den Präsidenten zu verlieren.
Die Idee, eine andere Frau zu schicken, ging wegen der Fotos nicht.
Selma erwog eine Eingabe bei der Regierung, doch Erik warnte energisch davor, denn dies könnte seine Lage erheblich verschlechtern.
Als Selma auf die Idee kam, Eriks Auslieferung als Verbrecher zu beantragen, geriet Erik in Panik: dies könnte bedeuten, daß er augenblicklich getötet würde.
Da geschah das Unerwartete, vor dem sich Erik am meisten gefürchtet hatte.
Der Präsident war plötzlich nicht mehr verliebt.
Die brieflichen Antworten wurden immer spärlicher, kürzer und kälter. Selma verstand das nicht.
Sie glaubte, Erik liebe sie nicht mehr.
Zuletzt bestanden ihre Briefe aus Vorwürfen gegen Erik, weil er nicht geantwortet hatte, und Selma äußerte Zweifel, ob

Erik überhaupt noch im Gefängnis sei oder jemals darin gesessen habe.
Als Erik der definitive Abschiedsbrief diktiert wurde, schrieb er seine letzten herzzerreißenden Worte.
Als Selma die Zusammenhänge durchschaute, war es zu spät.
Die weiteren Briefe kamen zurück mit dem Vermerk *Annahme verweigert*, schließlich blieb auch dies aus.
Selma schrieb vergebens.
Doch es vergeht kein Tag, an dem sie mich nicht fragt, ob Post für sie gekommen sei.

DAS SIEBZEHNTE KAPITEL *erzählt von den Errungenschaften der Kinematographie, vom Christkindleinwiegen und der Meßdienerei – und es endet in einer sehr traurigen Geschichte*

September

Der Treffpunkt der jungen Thulserner Generation war vor den Kinoplakaten. Dort hingen die Bilder unserer Heroen im Schaufenster: markige Gesichter, trotzige junge Mädchen, verfettete Kapitäne des Wirtschaftswunders und edle Förster. Wenn mir die Bilder ins Gedächtnis rücken, geraten sie in Bewegung und nichts stimmt mehr zusammen. Sie verschmelzen zu einem einzigen Film mit Überlänge. Liesl, das Mädchen aus der Stadt, spaziert mit dem Förster Hubert durch den Silberwald, das Liebespaar Anna und Rolf rudert über einen Heidesee, vom Ufer her kommt der Gesang von drei Vagabunden, gute Menschen in einer heilen Natur mit röhrenden Hirschen und blühenden Narzissen, Sonja Ziemann liebt Rudolf Prack, der einen Streit mit Paul Hörbiger auszutragen hat, doch da gewinnt Sonja Ziemann in der Tombola ein Auto, ein ehemaliger Gutsherr wird zum Wilddieb, ein böser Tierwärter braucht Fleisch für seine Zirkuslöwen und die Heidebewohner feiern ein Schützenfest. Der jähzornige und brutale Bauer Eschmann wirbt um die Bauerntochter Dorothee. Da kehrt die Jugendliebe Ludwig aus der Stadt zurück, Eschmann verzehrt sich vor Eifersucht und lauert Dorothee auf. Sie versucht ihm zu entkommen und verirrt sich ins Moor, wo Eschmann über sie herfällt. Da kommt eine Rückblende aus dem Dreißigjährigen Krieg. Dem Schwedenhauptmann gefällt ausgerechnet die Jungfrau so gut, die nichts von ihm wissen will. Sie lockt ihn ins Moor, gibt scheinbar seinem Drängen nach, er schändet sie, doch beide versinken im Moor, und das Dorf ist gerettet. Für Eschmann kommt jede Hilfe zu spät, Dorothee aber wird gefunden und bekommt ihren Ludwig. Rosen blühen auf dem Heidegrab. Doch beim Stamme der Wo-dos lebt Liane, das Mädchen aus dem Urwald. Vermutlich ist sie die Enkelin des Hamburger Reeders Amelongen. Deshalb wird sie von Hardy Krüger mit einem Netz gefangengenommen und nach Hamburg gebracht. Dort sieht der Geschäftsführer Schönick seine Felle davonschwimmen, denn immerhin hat er das Unternehmen nach dem Krieg wieder aufgebaut, das ihm jetzt von dem Dschungelnackedei weggeerbt werden soll. Schönick ermordet Amelongen, doch Liane, für die der Weg frei scheint, kehrt mit Hardy Krüger in den Urwald zurück. In Deutschland aber operiert Doktor Sauerbruch Heidemarie Hatheyer, obwohl sie kein Geld hat, aber der Professor und Geheimrat heilt mit der Hilfe seines OP-Teams auch einen kranken Kater. Dieter Borsche dagegen führt ein Doppelleben. Schwere Schuld lastet auf ihm. Im russischen Kriegsgefangenenlager hat er eine schwierige Operation durchgeführt, obwohl er sein Medizinstudium noch nicht beendet hatte. Zurück in Deutschland verschafft ihm jener Mann, dessen Leben er in Rußland rettete, einen Posten als Oberarzt. Nebenbei aber muß Borsche unter falschem Namen und heimlich noch sein Examen nachholen. Als Oberarzt ist er mit der Fabrikantentochter, als Student mit Ruth Leuwerick befreundet. Eines Tages hält er die Gewissenskonflikte nicht mehr aus und zeigt sich selbst an, doch er wird freigesprochen und bekommt die Leuwerick, die O. W. Fischer als König Ludwig nicht haben durfte, obwohl er ein Freund der Künste war, schöne Schlösser baute und von Bismarck verraten und ermordet wurde. Vielleicht ging die Leuwerick deshalb ins Kloster. Doch da wird sie von Baron von Trapp, einem ehemaligen U-Boot-Kapitän, als Kindermädchen engagiert. Die bösen Kinder haben schon fünfundzwanzig Gouvernanten das Leben zur Hölle gemacht. Schließlich heiratet der Baron die Novizin, während der Hausgeistliche die Kinder samt Mutter in einem Chor versammelt, der bald das Wettsingen bei den Salzburger Festspielen gewinnt. Als der Baron sein Vermögen verliert, verwandelt Ruth Leuwerick das Schloß in ein Hotel. Doch da marschieren die Nazis in Österreich ein, und die Trapp-Familie wandert nach Amerika aus, wo sie ein großer Erfolg wird mit Dirndl-Kleid und Lederhose. Als amerikanische Millionärstochter kehrt Ruth Leuwerick in das Großherzogtum Grimmburg zurück, das von Dieter Borsche regiert wird. Er lernt von ihr, was Demokratie ist, sie dagegen rückt auf und begreift, wie wichtig Herkunft und Tradition sind.

Damit wurde die deutsch-amerikanische Freundschaft besiegelt. Später hätte Prinz Klaus Heinrich auch zu den Kunden des Mädchens Rosemarie zählen können, die von Peter van Eyck zur Wirtschaftsspionage angeregt wird, wofür sie trotz Mercedes und Kaviar mit ihrem Leben bezahlen muß: und bis heute weiß man nicht, wer die Nittribitt nun wirklich umgebracht hat. Aber mit der Zeit reichten uns diese Filme nicht mehr, mit der Zeit wurden wir immer anspruchsvoller. Die junge Generation von Thulsern kam in die Horstbuchholzröhrenhosenhalbstarkenbärenzeit. Marianne Koch als Landärztin interessierte nicht mehr, obgleich sie mit dem Roller durch die Gegend fuhr wie weiland Thulserns Hebamme Gustava Pfefferer. Der Stern von Afrika verblaßte, das indische Grabmal langweilte, die Dritte von rechts war der aufstrebenden Jugend Thulserns schnurzegal. Nicht einmal mehr der Arzt von Stalingrad reizte. Und Heinz Erhardt konnte uns sowieso gestohlen bleiben. Die Traumfrauen hießen nicht mehr Ruth Leuwerick und Luise Ullrich, sondern Karin Baal und Brigitte Bardot.

Ein neues Zeitalter war angebrochen: die Bärenzeit.

Weihnachten im Schnee, Ostern im Klee. Ich weiß heute nicht mehr, wie lange die Bärenzeit dauerte. Ich weiß nur noch, was uns einfiel.

Uns: das bin ich mit meinen Genossen Kaspar, Melchior und Balthasar.

Mitten in unserer glorreichen ruhmvollen Bärenzeit kommt einer von uns auf die Idee, eine Christmette zu halten. Vor Begeisterung setze ich mich in der Krippe auf. Als ehemalige Ministranten kennen wir uns aus. Wir wissen, wo die Röcke hängen, die sich die Freunde überziehen. Also schnell herunter mit den Mänteln, hinein in die Röcke, die Hosenträger eingeknöpft, den Überwurf darüber, den Kragen umgelegt. Melchior spielt den Priester, er ist der Längste. Schon befiehlt er seinen Meßdienern, ihm die einzelnen Teile seines Kostüms zu reichen, schon bittet er sich aus, ordentlich Meßwein eingeschenkt zu bekommen. Kaspar und Balthasar stehen im Chorhemd unter der Türe, der eine mit dem Rauchfaß, der andere mit dem Gefäß für den Weihrauch in der Hand. Hinter ihnen steht Melchior mit schlohweißem Haar, wächsernem Gesicht und sanft unerbittlicher Miene. Der Altar ist von flackernden Kerzen erhellt. Vor ihm steht die Krippe, in der ich liege, direkt unter der Madonna im Strahlenkranz. Die beiden Ministranten rekapitulieren das Confiteor, üben Anfang und Schluß und das unverständliche lateinisch klingende Gemurmel dazwischen, schlagen sich an die Brust, mea culpa, mea culpa, mea maxima culpa. Während der Wandlung werde ich Zeit haben, auf den Gekreuzigten zu schauen, der mir, nur mit einem Lendentuch bekleidet, plötzlich unanständig vorkommt. Und erst die Muttergottes: wie sie stolz lächelnd ihre frechen Brüste präsentiert, an denen ein Jesusknabe mit altem Gesicht ungeniert herumfingern darf. Auch die Engel scheinen Brüste zu haben. Jedenfalls wölben sich die weiten Gewänder, und die Brustwarzen sind deutlich zu sehen. Kaspar und Balthasar tragen das Meßbuch mitsamt dem Gestell von rechts nach links, beugen das Knie, wenn sie die Mitte vor dem Altar erreicht haben, machen mir ihre Referenz, schleppen die messingbeschlagene Schwarte mit den zahllosen breiten Lesebändchen von links wieder nach rechts, vergessen auch diesmal die Kniebeuge nicht, warten auf das Ende von Melchiors lateinischem Sermon, beschließen ihn mit einem lauten Deo gratias. Melchior kniet nieder, küßt den Altar, schiebt die Vorhängchen zur Seite, öffnet das Tabernakel, holt das Allerheiligste heraus, stellt die Monstranz aus. Magische Worte fallen. Vom Lamm Gottes ist die Rede, das hinwegnimmt die Sünden der Welt. O Herr, ich bin nicht würdig, daß du eingehest unter mein Dach, aber sprich nur ein Wort, so wird meine Seele gesund. Nur ein Wort, ein einziges Wort also genügt. Wie heißt es, dieses Zauberwort? Ich weiß es: Mutabor heißt es, Kalif Storch. Denn wer an mich glaubt, wird ewig leben, steht auf der Fahne für Begräbnisse, also glaube ich eben, an mir soll es nicht liegen, bitte sehr, ich glaube an Cherubim und Seraphim, an die Fittiche

Gottes, Fittiche, und ich glaube vor allem an die vollbusige Jungfrau Maria, und ich begreife, was das heißt, gebenedeit zu sein unter den Weibern, Weibern, jawohl, und gebenedeit ist die Frucht deines Leibes. Und die Frucht dieses Leibes bin ich, in der Krippe liegend, nackt und bloß, bekleidet nur mit einer blauen Badehose mit weißen Seitenstreifen. Mir zu Ehren wird dieses Hochamt gelesen, mir zu Ehren werden Hände über den Gaben ausgebreitet und Hände gewaschen und tüchtig Meßwein gebechert, Kerzen und Palmzweige und alles in lateinischer Sprache, nach dem alten Ritus, mir zu Ehren wird bei der Wandlung geläutet. Überhaupt wird viel geläutet: schon beim Verlassen der Sakristei wird geläutet. über mich wacht das Auge Gottes: ein blaues Dreieck, blau wie das Dreieck meiner Badehose, und in der Mitte ein goldenes Auge. Die Gemeinde schaut zu uns empor, denkt an Sünde, Tod und Teufel, an verbotene Liebe und daran, daß sie beichten muß: in Demut und Reue bekenne ich alle meine Sünden. Meine letzte Beichte war vor Tagen, Monaten, Jahren. Auf dem Beichtzettel sind drei Pünktchen an dieser Stelle. Das Lamm Gottes wäscht hinweg, und die Fittiche breiten sich aus, und gebenedeit sind die Weiber und die Früchte ihrer Leiber. Das weiß ich, wenn hinter dem Altar die Bilder mit nackten Frauen von Hand zu Hand gehen und die Meßdienerdaumen darüber streichen, wo zwischen den Schenkeln ein magisches schwarzes Dreieck leuchtet. So lange streichen die Meßdienerfinger darüber, bis das Dreieck, das dem Auge Gottes so ähnlich ist, fettig ist und abgegriffen und gar nicht mehr magisch, sondern stumpf wie eine alte Münze. Kaspar stößt mit dem Fuß gegen die Schellen, und Balthasar stellt das Weinkrüglein auf das Lavabotuch, so daß es einen Rand hinterläßt. Wehe dem Ministranten, der beim Rauchfaß den Deckel zu früh heruntersausen läßt und dem Geistlichen Rat Melchior die Finger einklemmt. Die Schleusen der Hölle öffnen sich denen, die Hostien entweihen, die sie einfach fressen wie Oblaten und Meßwein dazu saufen aus der Flasche und mit Wasser den alten Stand wiederherstellen, weil der Mesner ihn eingemerkt hat mit einem Bleistiftstrich. Wir haben die Hostien geklaut, Balthasar hat sie aus einem Karton geholt, wir haben gegessen von dem Verbotenen, und wir haben gewartet, daß sich die Hölle auftut, doch nichts geschah: es gab nicht einmal ein Gewitter. Lang lang ist's her. Rote, grüne und schwarze Talare haben wir über unsere schmalen Knabenschultern gestreift, wir haben uns um die Positionen beim Hochamt gerissen, gestritten haben wir darum, wer beim Dreiherrenamt den Linken und wer den Rechten zu übernehmen hat. Ja, auch wir haben nachts heimlich die Glocken geläutet, wir sind sehr früh aufgestanden und haben die Novenen begleitet, wir sind bei jedem Sauwetter mit der Beerdigung gegangen. Unsere Positionen haben wir hart umkämpft, und an Fronleichnam hatten wir Blasen an den Händen vor lauter Klingeln und Schellen beim Einzug und bei der Wandlung und Strophe um Strophe beim Tedeum: Großer Gott, wir loben Dich. Herr, wir preisen Deine Stärke. Vor Dir neigt die Erde sich und bewundert Deine Werke. Strophe für Strophe. Ja, auch wir haben das Kreuz getragen und beim Einzug und Auszug die Prozession angeführt, wir haben die Bittgänge und Flurumgänge und das Feldersegnen bestimmt, wir haben das Tempo festgelegt und die Richtung. Wir haben gelernt, das Gehen vom Schreiten zu unterscheiden. Das höchste der Gefühle aber ist und bleibt das Schwingen des Rauchfasses. Schon beim Klingeln zeigt sich, wer einmal ein guter Rauchfaßschwinger wird. Schon beim Klingeln mußt du sanft anheben und kräftig schellen und mit einem Griff aussetzen können. Wenn du ein guter Rauchfaßschwinger werden willst, dann laß den Kessel nicht zu hoch schwingen, geh sparsam mit dem Material um, verheiz die Kohle nicht zu schnell. Das Geheimnis heißt Eleganz und Leichtigkeit. Das Rauchfaß muß wie von selbst schwingen. Schwenk es nicht hin und her wie einen heißen Topf. Der Meister zeigt sich in der Handhabung des Kettenzuges und beim Einsegnen des Altars. Balthasar tritt Melchior zur Seite und Kaspar hält den Rauchmantel. Die Weihrauchwolken erfüllen den Kirchenraum, schleichen an den Balustraden entlang, fangen sich im Gewölbe, durchdringen Gitterwerk und nisten in Nischen. Der Ministrant öffnet das Rauchfaß, er zieht an den Ketten, und der Geistliche Rat legt die Weihrauchkörner auf die glühende Kohle. Dann umkreist der Priester den Altar und schließlich die Krippe, in der ich liege. Von hinten und vorn werde ich eingeräuchert, so habe ich es mir immer gewünscht, seit ich Meßdiener war und mich vor dem Pfarrer verbeugen mußte, einmal, zweimal, dreimal, und dann alle drei vor dem Altar und immer gleichzeitig. Darauf kam es an: es mußte gleichzeitig geschehen, sonst war das ganze Hochamt verpatzt. Einen Hauch von Unsterblichkeit verspürst du aber erst, wenn du als Oberministrant vor die Gemeinde treten darfst, wenn du wartest, bis sie sich vor dir erhebt, auf daß du sie einräucherst. Dann schwenkst du das Rauchfaß: dreimal in drei Richtungen, links, rechts und geradeaus. So machst du ihnen Dampf, und die Ketten klirren, und du beschließt, Priester zu werden, weil du in diesem Augenblick erkennst, daß du es bis zum Kardinal bringen wirst. Sobald aber das Hochamt vorbei ist und der Mesner die Sakristeitür ins Schloß fallen läßt, verblaßt dieser Traum. Vollends zunichte wird er, wenn du dich an einem heißen Sommerabend mit einem Mädchen in der kühlen Kirche verabredest, wenn ihr euch scheu umschaut, daß euch auch ja keiner gefolgt ist, wenn ihr dann hinter den Altar geht, wo es muffig riecht und ihr euch zuerst ängstlich, schließlich aber wild umfangt und du dich wie von fern an die Ratschläge von Kaspar, Melchior und Balthasar erinnerst, wie du vorzugehen hast und worauf du unbedingt aufpassen mußt, hörst du, unbedingt, und vergiß das bloß nicht, weil sonst der Ali die Mente blechen muß, weil doch die Frauen nur das eine wollen: möglichst schnell anbauen, denn gebenedeit ist die Frucht deines Leibes, also paß bloß auf. Endlich hast du begriffen, daß sie kein Hemd trägt unter dem dünnen Kleidchen. Bloß eine Hose hast du ertastet. Aber weil es heute sein muß, weil du nicht mehr länger warten kannst und weil auch

sie es will, o ja, und wie sie es will, schleicht ihr euch hinter dem Altar vor und geht in einen Beichtstuhl. Du hockst dich hin, wo sonst der Geistliche Rat hockt und aus dem Mund riecht, und sie hockt sich auf dich. Nein. Zuerst zieht ihr noch den violetten Vorhang vor, der nach Weihrauch stinkt und nach Moder. Wie kühl es ist und wie still. Dann willst du ihr helfen, die Hose abzustreifen, weil deine ungeduldige Hand längst unter den Rock gefahren ist, aber sie macht es selbst, weil du viel zu ungeschickt bist. Du kommst gerade noch dazu, deine Hose über das Knie rutschen zu lassen, die Unterhose gleich mit, und noch einmal umfangt ihr euch, weil ihr euch halten müßt, ganz fest halten, und du pfeifst auf alle Ratschläge von Kaspar, Melchior und Balthasar, weil du zum ersten Mal im Leben etwas entdeckst, was du dir merken wirst. Und in eure erhitzen Leiber hinein und zwischen eure ungeduldigen, neugierigen, nimmersatten Hände, zwischen das Streicheln und Schlecken und Lutschen und Schnaufen und Nichtmehraufhörenwollen legt sich das Brausen der Orgel von der Empore herab, und Weihrauchduft hüllt euch ein, und in diesem Augenblick ist es dir endlich gleichgültig, wer das Rauchfaß schwingt und die Ketten klirren läßt. Es ist dir ganz und gar gleichgültig, denn von nun an spielt das überhaupt keine Rolle mehr.
Denn siehe, euch wird ein Kind geboren. Es soll in einer Krippe liegen nackt und bloß, es soll frieren, und es soll nicht schlafen können. Keiner soll ihm helfen können: nicht Kaspar noch Melchior, noch Balthasar, denn die Heiligen Drei Könige aus dem Morgenland sind längst ins Weihnachtsmärchen zurückgekehrt, nur du hast es bloß noch nicht gemerkt. Kaspar, Melchior und Balthasar sind längst ins Wirtshaus gegangen, sie haben sich einen Schnaps bestellt und noch einen, dann haben sie mächtig angegeben, daß sie das Jesuskind gesehen haben, leibhaftig haben sie es gesehen. Es trägt eine blaue Badehose mit weißen Seitenstreifen und ist sonst nackt und bloß, und es friert, so wie die Schrift es befiehlt. Und weil keiner es glauben will, schließen sie Wetten ab und

behaupten stocksteif, sie könnten allen, die es nicht glauben wollten, das Jesuskind zeigen. Es liege in der Krippe in der Pfarrkirche vor dem Hochaltar. Daraufhin bricht die ganze Corona aus dem Wirtshaus auf, zieht schreiend und grölend und die Schnapsflasche schwenkend vor die Kirche, öffnet langsam die ächzende Tür, tastet nach dem Lichtschalter, schaltet das Licht ein und starrt ungläubig auf die Krippe vor dem Hochaltar, und alle haben sie dabei ein Gefühl, als streife sie der Schwengel der großen Glocke, die unmittelbar über ihnen hängt und auf der Stelle zu läuten beginnt. Aber die Corona holt noch mehr Flaschen aus den Taschen, stößt die Korken in den Wein, läßt die Sektpfropfen knallen, beißt die Kronverschlüsse von den Bierflaschen. Sie umtanzen die Krippe, schütten den Alkohol auf das Jesuskind, taufen es im Namen des Obstlers, des Kirschgeistes und des Wacholderschnapses, Amen. Einer löst sich aus der Gruppe, rennt den langen langen Gang entlang, vorbei an den Gebetsstühlen, vorbei an den Beichtstühlen, vorbei an den Weihwasserkesseln. Was tut er? Er läuft hinauf auf die Empore, nimmt zwei Stufen auf einmal, atemlos kommt er oben an, setzt sich an die Orgel, zieht alle Register und läßt es wie ein Sommergewitter herabbrausen, indes unten um den Altar die Tänzer die Flaschen schwingen, ehe sie einstimmen und im Chor brüllen, bis sich die Stimmen überschlagen: Meerstern ich dich grüße, oho Ma-ha-ri-ija-a hilf. Es wird weitergesungen, obgleich die Orgel nach einer Weile zu dröhnen aufhört und der Spieler zurückkommt und nach Schnaps schreit, den er auf der Stelle in sich hineinschüttet. Und was machen wir jetzt, wird gefragt, und es wird sich ratlos angeschaut. Und was jetzt? Ich weiß es, ruft einer. Jetzt gehen wir auf den Friedhof. Das Jesuskind nehmen wir mit. Wir wickeln es in Decken und Mäntel und setzen es in einen Leiterwagen. Wir spielen Popplfanny. Wir hüpfen aus der Kirche. Wir spielen Himmel und Hölle. Wir springen so anmutig, wie wir es von den kleinen Mädchen mit den wippenden Pferdeschwänzen kennen: mit gespreizten Beinen und weiter nur auf einem Bein. Weder kennen wir den Sinn der Sache noch die genauen Spielregeln, aber wir sind glücklich, weil wir so hübsch hüpfen und Himmel und Hölle so leicht überfliegen können wie eine Feder. Erst als wir ganz außer Atem sind, hören wir auf und setzen uns auf den Boden, wie wir das früher getan haben, als wir noch Ministranten waren und einen heißen Kopf bekamen, wenn der Mesner in der Sakristei fluchte. Wir sehen den Mond über das Kirchendach klettern, wir suchen im Winterhimmel nach dem Polarstern und nach dem Großen Wagen, unserem Lieblingsstern. Aber da beginnt es zu schneien, und wir können nichts mehr sehen. Trotzdem sitzen wir trunken und glücklich und wollen uns einschneien lassen. Doch da mahnt uns einer, daß wir doch Popplfanny spielen wollten. Also erinnern wir uns an den schlotternden Jesusknaben und ziehen Richtung Friedhof. Vorher müssen wir noch aus einem Schuppen ein Leiterwägelchen entwenden. Wir wollen es nicht stehlen, wir wollen es nur borgen. Wir brauchen es nur für heute abend, dann bringen wir es ganz bestimmt wieder zurück. Ehrenwort. Wir brauchen es, um das Popplfannyspiel spielen zu können. Die Popplfanny zieht nämlich immer einen Leiterwagen hinter sich her. Sie trägt ein Kopftuch, und sie hat einen großen Kropf. Manche sagen, sie habe den größten Kropf zwischen Iller und Lech. Der Kropf ist das Thulserner Sportabzeichen. Und die Popplfanny ist ununterbrochen am Reden und Schwätzen und am Räsonieren. Sie kann den Schnabel nicht halten. Immer hat sie etwas zum Maulen. Die Popplfanny ist ein Original. Eigentlich heißt sie Fanny Poppler und ist eine arme Haut, weil sie fast nichts hat zum Beißen. Aber die Popplfanny, die aussieht wie eine Vogelscheuche, hat ein Maul wie ein Schwert. Wenn sie in die Bäckerei Fackler kommt, sagt sie, im Café Fuchs bekomme sie größere Wecken geschenkt und wenn sie ins Fuchs kommt, sagt sie, der Herr Fuchs könne dem Herrn Fackler das Wasser nicht reichen, was Großzügigkeit betreffe und die Größe der Wecken. Nein: auf den Mund gefallen ist die Popplfanny ganz gewiß nicht. Im Café Fuchs und in der

Bäckerei Fackler läßt man sich ihr Gerede gefallen, weil allgemeines Einverständnis darüber herrscht, daß bei ihr im Oberstübchen eine Schraube locker ist und sie einen Sprung in der Schüssel, will sagen nicht alle Tassen im Schrank hat. Das ist allgemein bekannt. Wer sonst zöge ständig ein Leiterwägelchen hinter sich her? Aber obwohl es allgemein und sattsam in der ganzen Gemeinde bekannt ist, wird es den Thulsernern eines Tages zuviel. Sie melden die Popplfanny den Behörden. Es dauert nicht lange, da wird die Popplfanny einfach abgeholt. Es heißt, man habe sie in ein Sanatorium gebracht. Aber jeder in Thulsern weiß, daß das gar nicht wahr ist mit dem Sanatorium. Wir haben die Popplfanny nämlich einfach ganz unauffällig und ohne viel Aufhebens wegeuthanisiert. So einfach ist das. Du brauchst bloß den Behörden zu melden, daß da eine ständig ein kariertes Kopftüchlein trägt, in der Bäckerei Fackler sagt, daß sie im Café Fuchs größere Wecken bekomme und im Café Fuchs behauptet, der Bäcker Fackler backe um Längen besser, es reicht, daß da jemand ständig ein Leiterwägelchen hinter sich herzieht, schon wirst du abgeholt und in ein Sanatorium gebracht und zu Seife gemacht. Damit aber in Thulsern die Erinnerung nicht stirbt an dieses köstliche Original, machen die Thulserner aus der Popplfanny eine Faschingsgaudi, denn das ist der einfachste Weg, mit so einem Stückchen Seife fertig zu werden und sich reinzuwaschen. Wir machen einfach eine Gaudifigur aus der Popplfanny, wir setzen uns ein kariertes Kopftuch auf, ziehen einen Leiterwagen hinter uns her, betteln im Café Fuchs um ein Stück Kuchen und verlangen einen Wecken Brot in der Bäckerei Fackler. Die Thulserner lachen und freuen sich, wenn sie uns sehen: weil wir ihnen hinweghelfen über dieses Stücklein Seife, das doch nicht kleiner werden will, sooft wir uns auch mit ihm waschen. Jetzt setzen wir den Jesusknaben in seiner blauen Badehose mit den weißen Seitenstreifen in den Leiterwagen. Damit das Christkindlein nicht frieren muß, wickeln wir es in ein großes kariertes Tuch. Wir nehmen noch einen kräftigen Schluck aus der Flasche, reichen sie herum, stimmen ein lustiges Liedlein an und fahren mit unserer Fuhre Richtung Friedhof, wo wir das Grab der Popplfanny suchen und es nicht finden können, weil längst alles zugeschneit ist. Zufällig stoßen wir auf den Friedhofswärter und fragen ihn, einen eingesessenen Thulserner, nach dem Grab. Er gibt uns zur Antwort: Mit solchen Sachen wie dem Christkindleinwiegen und dem Leiterwagenklauen solle man vorsichtig sein. Geht nach Hause und schlaft euren Rausch aus. Das Grab der Popplfanny sucht ihr vergebens. Die Fanny ist hier nicht begraben. Sie war zu leicht für den Thulserner Boden. Oder zu schwer. Ja, vielleicht war sie zu schwer. Je nachdem, wie mans nimmt. Die Popplfanny ist mit dem Rauch aufgestiegen und hat sich in Luft aufgelöst. Unser Los ist es, diese Luft atmen zu müssen für den Rest unserer Tage. Die Popplfanny haben sie zu Seife gemacht, aber damit können wir sie nicht abwaschen.

DAS ACHTZEHNTE KAPITEL *erzählt*

von der Lärcherin, ihrem Schwiegervater

und von einem Vogel

IM ZEICHEN

Waage

Für den Lärcher habe ich eine Rechnung.

Schon will ich die Post auf das schmale Milchtischchen im Hausgang legen, da erscheint Lärcher unter der Tür und lädt mich zu einer Brotzeit ein: er habe frisches Geräuchertes und eine Halbe Bier.

Komm, Briefer, sagt er, ruh dich aus, trink einen Schluck und probier den Speck, sonst fällst du mir noch vom Fleisch.

Ich kann nicht widerstehen, obgleich ich weiß, womit ich die Vesper bezahlen muß: mit meiner Zeit und vor allem mit meiner Geduld.

Der Lärcher lebt nämlich nach der Sache mit seiner Frau einschichtig, und er hat kaum mehr eine Ansprache. Er braucht einen, an den er hinreden kann.

Da kommt ihm der Postbote wie eine gemähte Wiese.

Und weil ich nicht so sein will und weil mir der Magen knurrt und weil ein Bier zwischendurch bestimmt nicht schaden kann, lege ich den Postranzen ab und hocke mich zu Lärcher an den Tisch in der Stube.

Während der Lärcher einschenkt, einen Ranken Brot und einige Scheiben Geräuchertes absäbelt, fängt er wieder mit der alten Geschichte an, die er mir schon x-mal erzählt hat.

Merkwürdig dabei ist nur, daß er die Geschichte mit seiner Frau immer mehr ausschmückt und dabei so tut, als sei er in dem Augenblick dabeigewesen, als es passierte. Aber jedermann weiß, daß er nicht dabei war, sondern während der fraglichen Zeit seiner Arbeit im Sägewerk nachging.

Der Kern der Geschichte bleibt stets derselbe, aber die Girlanden, die er um ihn herumwirkt, werden von Mal zu Mal mehr.

Also lasse ich den Lärcher noch einmal die ganze Soße umrühren.

Am Anfang erzählt Lärcher von den zwei Dingen, die seiner Frau das Leben sauer gemacht haben.

Erstens war da, und zwar seit Jahr und Tag schon, der Großvater, der, anstatt das Zeitliche zu segnen und endlich den Löffel abzugeben, dauernd in seinem quietschenden Rollstuhl herumkarrte und bald dieses, bald jenes wollte. Seit einem Unfall beim Holzschlagen droben im Grenzwald, als er unter eine umstürzende Tanne geraten war, saß der Großvater im Rollstuhl. Zwar wurde der Alte immer weniger, zwar plagten ihn allerlei Zipperlein, doch er wollte und konnte nicht sterben. Er karrte im Haus herum, die Lärcherin konnte ihn keinen Augenblick allein lassen, weil sie immer damit rechnen mußte, daß der Alte irgend etwas anstellte.

Der Großvater karrte und karrte und starb nicht und starb nicht.

Die Lärcherin hatte ihre liebe Not mit ihm. Sie mußte ihn waschen und anziehen und auf den Topf setzen und ihn an die frische Luft bringen, wenn das Asthma wieder kam. Das war die eine Plage.

Die andere Plage war der Papagei, der dem Großvater eines schönen Tages zugeflogen war. Nicht nur, daß dieses zerrupfte Scheusal ständig krächzte und schrie und alles vollschiß. Viel schlimmer noch als das Geschrei war für die Lärcherin, daß sich der Papagei vorzugsweise in ihren Fensterblumen aufhielt, die sie auf den Sims gestellt hatte. Er habe nichts dagegen tun können, versichert der Lärcher. Er habe ins Sägewerk zur Arbeit gehen müssen und sich, ehrlich gesagt, auch nie darüber den Kopf zerbrochen, daß seine Frau zu Hause seinen alten Vater am Hals hatte und sich auch noch mit dem Papagei herumärgern mußte. Der Papagei sei Großvaters Abgott gewesen, und er habe es nicht geduldet, daß man das Tier im Käfig eingesperrt halte. Zwar habe die Frau oft und oft gejammert, wie arg es mit dem Großvater sei, doch hätten sie gemeinsam immer wieder eingesehen, daß sie den Alten nicht einfach so aussetzen konnten. Für das Altenheim hätte das Geld nicht gereicht, denn der Großvater habe nur eine kleine Rente bezogen. Und was den Vogel angehe, so habe das Ehepaar gedacht, man solle dem Großvater sein Vergnügen lassen. Erst später hätten sie diese Nachsicht bitter bereut. Der Papagei sei zur Nervensäge geworden mit seinem ekelhaften Gekrächze und seiner ewigen Schädenhockerei. Die Fensterblumen waren der ganze Stolz der Lärcherin. Sie freute sich und blühte auf, wenn am Sonntag die Kirchgänger bewundernd vor ihrem Blumenfenster standen. Wenn ihr der Großvater wieder einmal zugesetzt habe, dann habe sich die Lärcherin ihren Blumen gewidmet und sei dabei wieder ein wenig zu sich gekommen.

Mit dem Großvater sei es wirklich nicht leicht gewesen. Ständig sei er hinter der Frau hergekarrt, habe sie mit Vorliebe erschreckt, verfolgt oder schikaniert, indem er den Schurzbändel geöffnet oder den Putzkübel umgestoßen oder sich auf den Topf habe setzen lassen, obwohl er gar nicht mußte. Immer sei er wie ein schwarzer Schatten hinter der Frau gewesen, erzählt der Lärcher, und wenn sie sich erschreckt habe, dann habe er sie angegrinst oder sein böses Altmännergelächter ausgestoßen. Manchmal habe man glauben können, er verliere den Verstand, aber seine Bosheit habe ihn trotz Asthma und Rollstuhl am Leben gehalten. Wie oft die Lärcherin das bejammert habe.

Wie oft die Lärcherin darüber schier verzweifelt sei.

Ja, sie seien ob der Pflege des Großvaters auch in Streit miteinander geraten. Es habe schlimme Vorwürfe und böse Worte gegeben.

Und dann noch ständig diese Vogelscheuche von einem Papagei.

Der Lärcherin sei das Haus zu einem Ort der Verdammnis geworden.

Immer in den Fensterblumen. Und alles vollgeschissen.

Mit dem zerrupften Gefieder und dem grellen Geschrei.

Kein Fuchteln mit den Armen, kein Wedeln mit der Schürze habe ihn vertreiben können.

Hartnäckig habe er seinen Platz behauptet und sich gar nicht um die Lärcherin geschert.

Dabei sei er ein Bild des Jammers gewesen: das Gefieder verdreckt, schlaff und welk. Selbst für das Tierheim zu heruntergekommen.

Wie oft habe die Lärcherin den Kochlöffel nach ihm geworfen.
Immer sei er wieder stolz in den Fensterblumen gehockt.
Schließlich habe ihn die Lärcherin für unangreifbar gehalten.
Einmal habe ihn ihr Schuh getroffen, aber er habe sich nur kurz geschüttelt und den Vorfall mit höhnischem Gekrächze quittiert.
Mit einem Gekrächze wie Großvaters Altmännergelächter.
Da habe die Lärcherin beschlossen, daß er dran glauben müsse.
Daß ihm der Hals umgedreht gehöre.
Sie habe nur noch auf eine günstige Gelegenheit gelauert.
Doch der Großvater habe den Vogel mit einem Pfiff gewarnt.
Da habe die Lärcherin endgültig begriffen, daß diese beiden Teufel miteinander im Bunde gewesen seien.
Eine richtige Verschwörung sei das gewesen.
Vermutlich habe die Lärcherin gehofft, sich auch auf den Großvater stürzen und auch ihm die Gurgel zudrücken zu können.
Aber der Großvater habe einfach nicht sterben wollen.
Was wohl in diesem vermaleideten Vieh vorgegangen sei?
Wo es wohl hergekommen sei?
Warum es ausgerechnet den Lärchers zugeflogen sei?
Lärcher schenkt nach.
Sein Geräuchertes schmeckt ausgezeichnet: vielleicht ein wenig zu jung. Aber sonst ein Gedicht.
Ich richte mich ein und warte das Ende der Geschichte ab.
Ich kenne es, aber ich lasse es mir um des Bieres und der Brotzeit willen noch einmal mit allen Ausschmückungen erzählen.
Lärcher tut mehr und mehr so, als sei er Augenzeuge gewesen.
Aber er war es nicht.
Er war die ganze Zeit im Sägewerk.

Den krummen Schnabel, den das Tier gehabt habe.
Und diesen Großvaterkropf.
Dieses asthmatische Gekrächze und dieses heisere Gelächter.
Das schmutzige Gefieder und die bleichen Beine, wenn der Großvater auf den Nachtstuhl gesetzt werden mußte.
Wenn er doch bloß stürbe, habe die Lärcherin gebetet.
Lieber Gott, mach, daß er verreckt.
Wenn er doch bloß von selbst einginge.
Wenn ich ihm doch bloß den Schnabel endgültig stopfen könnte.
Der Großvater sei in seinem Rollstuhl am Fenster gestanden und habe dem Geschehen mit dröhnendem Schweigen zugesehen.
Vielleicht habe er geahnt, daß bald etwas Fürchterliches geschehen werde. Mit den Worten »Sterben sollst du«, habe sich die Lärcherin auf den Papagei geworfen. Das Tier habe sich nicht gewehrt. Mir knirschenden Zähnen habe die Lärcherin dem Vieh die Gurgel umgedreht, ihre Hände seien ganz weiß dabei gewesen. Leblos sei der Vogel liegengeblieben, habe aber nach einiger Zeit doch wieder gezuckt und gezittert, wenngleich die Lärcherin noch schlimmer gezittert habe.
Aber immerhin sei sie im Glauben gewesen, einer Sorge ledig zu sein.
Jetzt habe der Großvater einen Erstickungsanfall bekommen.
Die Lärcherin habe immer nur »Sterben sollst du« gemurmelt, als sie ihn ans Fenster gekarrt habe.
Womöglich habe der Großvater das Gefühl gehabt, die Frau sei nicht nur dem Papagei, sondern auch ihm an den Kropf gegangen.
Am anderen Morgen aber habe der Papagei wieder gekrächzt, als sei nichts gewesen.
Damals habe die Lärcherin ihren ersten langen Schreikrampf bekommen.
Danach habe sie Rotz und Wasser geheult und geschrien wie

am Spieß, als man ihn, den Lärcher, aus der Sägerei nach Hause gerufen habe.
Der Großvater sei zufrieden in seinem Rollstuhl gehockt und habe sein Altmännergrinsen gegrinst.
Er, Lärcher, habe die Frau zu trösten versucht, aber es habe wenig gefruchtet.
Der Großvater habe beiläufig bemerkt, so ein alter Krüppel wie er sei ein zäher Brocken und gehe nicht so leicht drauf. Ein Guter halte es aus, und um einen Schlechten sei es nicht schad'.
Tagelang sei die Lärcherin wie benommen gewesen.
Der Papagei habe stolz gekräht wie ein Hahn und sei in den Schäden gehockt. Da habe er, Lärcher, beschlossen, dem Vogel eine Falle zu stellen.
Der Großvater habe dies mit traurigen Augen zur Kenntnis genommen und seinen Sohn gefragt, ob er das Tier wirklich umbringen wolle.
Umbringen? Einfach so umbringen?
Der Lärcher habe seinem Vater geantwortet, dies sei die einzige Möglichkeit, sein Weib vor dem Umschnappen zu bewahren.
Aber der Vogel tue ihr doch nichts, habe der Großvater einzulenken versucht. Und der Lärcher habe dennoch eine Falle gebaut.
Eine todsichere Falle.
Noch einmal schenkt der Lärcher nach und spachtelt dem Postboten ein Brot.
Anderentags sei er, Lärcher, wieder ins Sägewerk und seiner Arbeit nachgegangen. Und abermals krähte der Hahn.
Der Großvater sei an diesem Morgen merkwürdig still gewesen.
Die Kehle sei ihm wie zugefroren gewesen.
Der Rollstuhl sei im Türrahmen gestanden, und der Großvater habe Augen gehabt wie vor einem großen Ereignis.
Er habe den Papagei betrachtet, wie er wieder zum Fenster gewackelt sei. Die Lärcherin habe in verzückter Bereitschaft

die Schnur für die Falle in der Hand gehalten. Ihre Augen hätten kalt geleuchtet, behauptet der Lärcher, ohne dabeigewesen zu sein.
Voller Todesangst habe der Großvater dem Schauspiel zugesehen.
Die Lärcherin sei wie ein Raubtier dagehockt.
Da sei der Großvater leise, ganz leise, ohne daß eine Diele des Fußbodens geknarrt habe, auf seine Schwiegertochter zugerollt mit seinem Stuhl.
Der Papagei sei der todsicheren Falle immer nähergerückt.
Als er seine Kralle gehoben habe, um den alles entscheidenden Schritt zu tun, erzählt Lärcher, der unmöglich dabeigewesen sein konnte, weil er im Sägewerk Bauholz zuschneiden mußte, da habe die Lärcherin wollüstig geschnauft.
Verstehst du: richtig wollüstig.
Und als ihr Finger die Schnur losgelassen habe und die Falle hinter dem ekelhaften Vieh zugeschnappt sei, da habe sie, wie sie später immer behauptet habe, aus den Augenwinkeln heraus gesehen, wie der Großvater ganz dicht hinter ihr unter der über seine toten tauben Beine gebreiteten Wolldecke eine Axt hervorgezaubert habe, es könne auch das große Küchenmesser gewesen sein, mit dem er, Lärcher, jetzt das Geselchte schneide, und die Lärcherin habe aus den Augenwinkeln heraus wahrgenommen, wie der Alte soeben im Begriff gewesen sei, ihr mit der Axt den Schädel zu zertrümmern oder ihr das lange scharfe Messer in den Rücken zu jagen.
Jedenfalls habe das die Lärcherin später hartnäckig behauptet.
Mit der Axt den Schädel oder das Messer in den Rücken.
Als er, Lärcher, abends von der schweren Arbeit hundemüde nach Hause gekommen sei, denn Bauholz zuzuschneiden sei eine Schinderei, da habe er seine Wohnung nicht wiedererkannt.
Tisch und Stühle kurz und klein gehackt.
Die Wände verschmiert.
Alles sei drunter und drüber gelegen, die Schränke aufgerissen, die Polster aufgeschlitzt, die Schubladen durchwühlt,

Kleider und Lebensmittel, Hühnerfutter und Sämereien über den Fußboden verstreut: ein heilloses Durcheinander.
Die Lärcherin aber sei wimmernd und zähneknirschend in einer Ecke gehockt, die Beine angezogen, die geballten Fäuste vor dem Gesicht, sie habe sich die Haare gerauft und gespuckt und sei durch nichts, aber auch gar nichts mehr zu beruhigen gewesen.
Der Großvater freilich habe in seiner Kammer im Rollstuhl gesessen, die Halsschlagader blau angeschwollen, mit einem wüsten Ausdruck im Gesicht.
Während die Lärcherin weiter getobt und gekräht habe, heiser gekräht und wie ein böser alter Mann gekichert, habe er, Lärcher, nicht mehr ein noch aus gewußt und den Doktor verständigt.
Als der Sanitätswagen mit Blaulicht vorgefahren und die Lärcherin in eine Zwangsjacke gesteckt worden sei, da sei der Papagei mit höhnischem Geschrei quer über den Hof gepfludert.

DAS NEUNZEHNTE KAPITEL *erzählt*

vom Wind der großen weiten Welt

und von einem

folgenreichen Entschluß

Oktober

Der Landbriefträger Störzer hat mich mit dem Fernweh-Bazillus infiziert. Seit er mir eines Tages seine Landkarten- und Atlantensammlung offenbarte und mir Geschichten erzählte, die phantastischer klangen als Sindbads Abenteuer, fand ich keine Ruhe mehr. Die Geographie wurde mein Steckenpferd. Nicht nur, daß ich die Postrouten früherer Jahrhunderte auswendig lernte und mich für Pferdestationen und Kutschenwechsel interessierte, nein, ich lernte den Zauber des Postleitzahlenverzeichnisses kennen. Orte und Zahlen spukten durch meinen Kopf, magische Namen und geheimnisvolle Zahlenkombinationen. Schon übte ich neue Bauchreden:

Wolfskaute Post Rauschenberg: 3576.

Caminchen Post Neuzauche: X 7551.

Niesgrau über Kappeln: 2341.

Norderfriedrichskoog Post Oldenswort: 2251.

Wer bei solchen Namen kein Fernweh bekommt, hat keine Ahnung vom Geheimnis der Post.

Gleichviel ob Aach im Allgäu oder Zyfflich Post Kranenburg, gleichviel ob Abbendorf über Salzwedel oder 9657 Zwota: ich war infiziert.

Plötzlich schienen mir die nationalen Grenzen zu eng, plötzlich wurde mir klar, welch überschreitende Kraft in der Post lag.

Post und Geographie gehörten laut Störzer zusammen wie Henne und Ei. Man wisse nicht, was zuerst dagewesen sei, pflegte Störzer zu behaupten und ließ seinen schmutzigen Fingernagel über die Landkarten schweifen. Wie fremd Länder sein können, lernte ich anhand ihrer Briefmarken. Auf den einen sprangen Gazellen, auf den anderen hüpften Känguruhs. Finster blickten finnische Staatsmänner, schrill nationale Farben lockten für Amerika.

Zuerst war es nur ein Floh, den mir Störzer mit seiner Geographiesucht ins Ohr gesetzt hatte. Aber dieser Floh wuchs sich aus zu einem Steckenpferd, das Steckenpferd zur Leidenschaft, die Leidenschaft zur Besessenheit.

Schließlich stand eines Tages für mich fest:
Ich mußte hinaus.
Hinaus.
Thulsern wurde mir zu eng.
Störzer deckte mich mit Kartenmaterial aus aller Herren Länder ein.
Jeder Bauchredner, sagte ich mir, muß einmal nach Sacramento.
Schon begann es in meinem Bauch zu rumoren.
Auf die Lehrjahre folgen die Wanderjahre.
So ist es der Brauch.
Auch mich lockte die Welt.
Und wie sie mich lockte.
Mit allem, was ich von ihr wußte und mir in meinen kühnsten Träumen vorzustellen wagte.
Hatten nur die Thulserner ein Brett vor dem Kopf, oder war die ganze Welt mit Brettern vernagelt? Und was lag hinter dem Zaun am Ende der Welt?
Ehe ich diese Frage beantworten konnte, holte mich ein, was diesseits des Zaunes lag.
Ein Streit war entstanden.
Ein Streit um fünf jüdische Namen auf dem Kriegerdenkmal von Thulsern. Die Namen, wenige Jahre nach dem Krieg aus Thulsernischen Gründen vergessen, sollten jetzt hinzugefügt werden. Aber dadurch sah sich der Steinmetzmeister, der sich das Kriegerdenkmal ausgedacht hatte, in seinem Künstlerrecht verletzt.
Ausgelöst wurde der Streit durch einen Thulserner Ratsbeschluß, die fünf jüdischen Namen auf dem Kriegerdenkmal nachzutragen.
Er habe nichts gewußt von fünf jüdischen Patrioten, meinte der Steinmetzmeister, der erst nach dem Krieg ins Thulsernische verschlagen worden war. Er schlug eine separate Tafel am Denkmal vor, die jedoch vom Rat abgelehnt wurde.
Eine Erweiterung um die fünf Namen komme jedoch einer

Zerstörung seiner kunsthandwerklichen Arbeit gleich, meinte der Steinmetzmeister.
Mit einer Unterlassungsklage wolle er Thulsern ein Ordnungsgeld von einer halben Million androhen lassen.
Wenn die Gedenktafeln, wie vorgesehen, zerschnitten würden, werde der schlichte Eindruck des Kunstwerkes gewaltsam zerstört.
Schließlich handle es sich um eine persönlich-geistige Schöpfung des Steinmetzmeisters, die unter dem Schutz des Urheberrechts stehe.
Aber der Landbriefträger Störzer wußte, daß der Steinmetzmeister schon anno fünfundfünfzig kurz nach Vollendung seines Werkes erneut den Meißel ansetzen und den Namen eines Totgeglaubten entfernen mußte, der zur allgemeinen Überraschung aus russischer Kriegsgefangenschaft heimgekehrt war.
Was also liegt vor, und was liegt hinter dem Zaun am Ende der Welt?
Doch wieder nichts anderes als unser unsterbliches Groß-Thulsern.
Unser Kaff ist die Welt, und die Welt ist um keinen Furz größer als diese Bärenmarken-Idylle.
In dieser Welt aber wollte ich ein Weltreisender sein mein Lebtag.
Der Steinmetz fiel als Lehrherr endgültig aus. Und so beschloß ich, zur Post zu gehen.
Fernweh und Weltläufigkeit würde ich nirgendwo besser im Einklang finden als hier.
Wo sonst lief alles Wissen über diese Welt zusammen als bei der Post?
Wo sonst? Sie hatte ihre Augen überall, ihr waren tausend Ohren gewachsen, sie steckte die Nase überall hinein.
Kaum bin ich eine Woche Postjungbote, schon trete ich dem Weltpostverein bei und nehme als Abgesandter Thulserns an Internationalen Kongressen teil.
Regelmäßig lege ich dem Amtsvorstand meine Berichte vor:

ERSTER KONGRESSBERICHT

Bei einem Briefträgertreffen in Reykjavik sind wir alle in einem Hotel untergebracht. Sofort wird das einzige Telefon des Hauses belagert, das sich im ersten Stock auf dem Flur befindet. Jeder will telefonieren. Auch Jon, der Postbote aus Norwegen, der alle Weltmeere befahren hat. Er besitzt das Kapitänspatent. Und in jedem Hafen eine Braut. Gleich nach seiner Ankunft nimmt er einen Mietwagen und verschwindet. Spät nachts kommt er mit einer Frau ins Hotel und läßt seine Zimmernachbarn an seinem Vergnügen teilhaben. Jons Leidenschaft ist nicht zu überhören. Und bist du nicht willig, so brauch ich Gewalt. Das ist Jons Devise, wie man hören kann. In der letzten Nacht vor der Abreise, der Bus soll uns um halb fünf Uhr in der Früh abholen, belagert Jon das Telefon. Er belagert es die halbe Nacht. Immer wieder wirft er Münzen in den Apparat und schreit und tobt. Vermutlich hat Jon eine Auseinandersetzung mit oder wegen einer Frau. Was könnte es anders sein. Jon gibt keine Ruhe. Er weckt die ganze Umgebung, doch wir lächeln wissend und freuen uns ein wenig über Jons Ärger. Jon ist sehr erregt. Nein, er läßt keinen ans Telefon. Er hat die Taschen voller Kleingeld, als hätte er Automaten geknackt. Er telefoniert und telefoniert und wird immer lauter. Wie oft die Verbindung abreißt, habe ich nicht mitzählen können. Jon ist unverdrossen. Von neuem füttert er den Apparat mit Münzen, und es geht wieder los: das Schreien, das Brüllen, das Toben. Die ganze Nacht geht das so. Mit einem Aufschrei wirft Jon gegen vier Uhr früh den Hörer auf die Gabel. Endlich Ruhe. Im Bus zum Flughafen fragen wir anderntags nach der Ursache dieses Telefonexzesses, und Jon schmunzelt. Also doch eine Frauengeschichte, wie nicht anders zu erwarten?
Nein, in Norwegen waren Parlamentswahlen.
Ich habe mich aufstellen lassen.
Als einziger Kandidat der Maoisten.
Die ganze Nacht habe ich mir die Wahlergebnisse sagen

lassen, aber die Verbindung war miserabel. Reykjavik-Oslo ist eine Katastrophe.
Aber zuletzt hatte ich das inoffizielle Ergebnis.
Ich bin ins Parlament gewählt.
Ihr könnt mich jetzt den König von Norwegen nennen.

ZWEITER KONGRESSBERICHT

Fragt mich doch der widerliche und verfettete Fremdenführer in Barcelona, nachdem er uns mit dem Bus durch die hintersten Winkel und in die abscheulichsten Kneipen gelotst und anständig ausgenommen hatte, ob ich auch zu der Gruppe von Briefträgern gehöre, die hier ihren Kongreß abgehalten haben. Um den Kerl loszuwerden, bejahe ich knapp, doch das reizt den Burschen, und er läßt nicht locker, druckst herum und will schließlich wissen, aus welchem Land ich komme. Mir ist der Mensch herzlich unsympathisch, geradezu abstoßend, wer ihn anschaut, muß zum Menschenverächter werden. Deshalb sage ich nicht mehr und nicht weniger als: Finnland. Kein Mensch spricht Finnisch, denke ich, er wird mich wohl jetzt in Ruhe lassen. Doch weit gefehlt. Der Widerling fängt an, von Finnland zu schwärmen, sich vor Kälte zu schütteln, von der bedrohlichen langen Dunkelheit zu schwafeln, um die Frage hineinzuverweben, aus welcher Stadt: Turku? Lahti? Helsinki gar? Suomi, sage ich. Suomi, freut er sich. Suomi, Suomi, wunderbar, ruft er. Wo haben Sie ihren deutschen Akzent gelernt? Kommen Sie etwa nicht aus Deutschland? Woher weiß dieser Hund das, und was geht es ihn an in aller Welt? Soll er mich doch in Frieden ziehen lassen, ich will hier weg, doch der Fettsack klebt an mir, hängt sich an, faßt meinen Ellbogen, will wissen, woher aus Deutschland. Suomi, sage ich barsch. Suomi, lächelt er. Wunderbar. Finnland. Muß sehr kalt sein dort. Und dunkel. Ja. Aber warum leben Sie in Deutschland? Ja, Herrgott, ich lebe in Deutschland, weil. Was sage ich jetzt?

Ich überlege rasch und beginne dem Katalanen zu erzählen, wie ich Finne wurde. Also das kam so: Ich war gerade zehn Tage alt, da verlor ich beide Eltern durch einen Verkehrsunfall. Nur ich habe überlebt. Dem Spanier kommen die Tränen, er faßt mich fester am Ellbogen, streichelt meinen Oberarm, mir wird ganz übel dabei, doch schon will er wissen, wie ich nach Deutschland gekommen sei, und mir bleibt nichts anderes übrig, als die Geschichte von der Adoption zu erfinden, ja, man habe mich zur Adoption ausgeschrieben, jawohl, in der Zeitung annonciert, und ein altes deutsches Ehepaar, das seine schönsten Ferien in Finnland verbracht habe vor urdenklichen Zeiten, habe zufällig die Zeitung in die Hand bekommen und nicht lange überlegt, sondern sich, da der Kindersegen ausgeblieben sei, entschlossen, das finnische Waisenkind anzunehmen und es nach Deutschland zu bringen, um es dort aufzuziehen und so weiter. Deshalb sei ich zwar Finne, spreche aber kein Finnisch, sei erst kürzlich zum ersten Mal in meiner Heimat gewesen und könne ihm, dem Fremdenführer, der meinen Arm immer noch nicht losgelassen hatte, auch keine finnische Münze schenken, wie er sie erbeten hatte, dieser Schlaumeier.

DRITTER KONGRESSBERICHT

Es war einmal ein italienischer Zuckerbäcker, der es mit seinen Leckereien zum Millionär brachte. Eines Tages verliebte er sich in eine ebenso schöne wie kapriziöse Tessinerin, die ihm Hoffnung machte, wenn er für sie ein Haus in Rom baue. Der Zuckerbäcker willigte ein: kein Problem. Doch es müsse auf einem römischen Hügel sein. Da kein geeigneter Platz gefunden werden konnte, ließ der Zuckerbäcker einfach einen Hügel aufschütten. Doch die Tessinerin verlangte mehr. Es sollte nicht irgendein beliebiges Haus sein, sondern eine Villa, ein kleines Schloß. Also ließ der Zuckerbäcker ein Schloß errichten mit einer Auffahrt und kleinen Tuffgrotten und einem Park mit Springbrunnen. Noch immer war die Tessinerin nicht zufrieden. Zu einem Schloß gehöre ein Turm, sie verlange einen Turm. Da ließ der Zuckerbäcker von den besten Architekten und Bauleuten einen Turm hochziehen. Die Tessinerin aber verlangte, es müsse der höchste Turm von ganz Rom werden. Erst dann sehe sie, daß sie der Zuckerbäkker wirklich liebe, und erst dann willige sie in die Hochzeit ein. Der Zuckerbäcker sah kein Problem darin, dem Schloß seiner Liebsten den höchsten Turm von ganz Rom bauen zu lassen. Höher und höher wuchs der Turm, es wurde Stein auf Stein gelegt. Da erhielt der Zuckerbäcker eines Tages hohen Besuch: ein Abgesandter des Vatikans wollte ihn dringend sprechen. Er machte den Bauherrn darauf aufmerksam, daß nach einem uralten ungeschriebenen Gesetz in Rom kein Gebäude dem Himmel näher sein dürfte als die Kuppel des Petersdomes. Wenn er so weiterbaue, breche er dieses Gesetz, und das gehe unter keinen Umständen. Hin und her überlegte der Zuckerbäcker, was zu tun sei. Zog er den Turm nicht höher, verlor er seine Liebste, zog er ihn höher, traf ihn der Bannstrahl des Heiligen Stuhls. Womöglich bliebe dem tiefgläubigen Zuckerbäcker der Eintritt in die Ewigkeit verwehrt. Da entschloß er sich, den Turm gerade so hoch bauen zu lassen, daß er einen Meter niedriger war als die Kuppel des Petersdomes. Seiner Liebsten aber konnte er guten Gewissens sagen, dies sei noch immer der höchste Turm von ganz Rom. Da strahlte die Angebetete und gab ihr Jawort. Der Vatikan aber ernannte den Zuckerbäcker zum Conte des Heiligen Stuhls und würdigte seine Verdienste, wie mir der Hausmeister des mittlerweile zur Herberge für auswärtige Postinos heruntergekommenen Schlößchens unweit der Spanischen Treppe anläßlich eines Treffens mit italienischen Postboten erzählte.

Leider wurde meinem Antrag auf Besuch des Postmuseums in Hobart, Tasmanien, nicht stattgegeben.

DAS ZWANZIGSTE KAPITEL *erzählt, was es mit dem Geheimnis der Roten Schanze auf sich hat und wie einem Postboten auch einmal der Gaul durchgehen kann*

IM ZEICHEN

Skorpion

Stopf bekommt Post aus Afrika: von einem ehemaligen Feriengast, der als deutscher Professor sein Wissen an den Mann, genauer gesagt an den Buschmann bringt und damit zu Ansehen und Vermögen unter dem Kreuz des Südens kommt. Ab und zu schreibt er aus seinem Südkaffraria, wo er unter Buren, Kaffern und Hottentotten hinter Pretoria eine schnelle Mark macht. Diesmal kommt sein Kajütengekritzel, wie ich dem aufwendigen Stempel und der exotischen Briefmarke entnehme, von Bord der *Leonhard Hagenbucher* auf der Rückreise nach Transvaal. So steht es jedenfalls auf dem Umschlag.

Mir gibt es Gelegenheit, einmal mehr an die Geschichte des Wirtes von der Roten Schanze zu denken, die dem dicken Stopf ein warmes Nest und ein weiches Bett beschert hat.

Stopf, dem Flüchtlingskind.

Wenn ich mir aus der Weltkunde ein Faultier vorstelle, muß ich immer nur an Stopf denken. Und an die Rote Schanze.

Eigentlich heißt er Heinrich Schaumann und war das einzige Kind zaunlattendürrer Eltern, denen er als Kuckucksei untergeschoben schien.

Jedenfalls haben sie ihn herangefüttert und ihm in den Schnabel getragen, was immer sie vermochten.

Wie Stopf zur Roten Schanze kam, so kam ich zur Post.

Beide Geschichten sind untrennbar aneinandergebunden.

Beide Geschichten gehen aus von einem Mann, den wir gemeinsam bewunderten: den alten Landbriefträger Friedrich Fritze Störzer, der uns so gern von der Geographie erzählte. Volle einunddreißig Jahre ist er gelaufen, ohne einen einzigen Urlaubstag zu verlangen oder krankheitshalber auszufallen. Stets gleichmütig und stillvergnügt ist er seiner Wege gegangen. Siebenundzwanzigtausendundzweiundachtzig Meilen in vierundfünfzigtausendeinhundertvierundsechzig Berufsgehstunden. Fünfmal ist er rund um den Erdball gegangen, ohne von zu Hause fortgekommen zu sein. Er machte sich weder etwas aus dem Wetter noch aus den Wegen und schon gar nicht aus den Hunden.

Mit seiner Geographie lehrte er uns das Fernweh.
Die Geographie nannte er die allerhöchste Wissenschaft für einen von der Post. Sie machte ihn zum Welt- und Reisebeschreiber.
Er brauchte sie, wie er meinte, denn jedes Dorf sei wie die Tasche seines Briefträgers. Aus jedem Haus töne es ihm entgegen: Da kommt der Störzer.
Wie könne das einer aushalten sein Lebtag auf immer denselben Wegen ohne die Geographie?
Das hat uns gewaltig imponiert: dem Schaumann, genannt Stopf, und dem Magermilchkrüppel.
Dem alten Störzer verdanke ich das Fernweh. Ohne ihn hätte ich ihn nicht gehört: den Lockruf der Welt.
Heute bin ich Störzers Nachfolger.
Auch Stopf ist immer brav zu Hause geblieben.
Heute sagt er: »Im Grunde läuft es doch auf ein und dasselbe hinaus, ob man unter der Hecke liegenbleibt und das Abenteuer der Welt an sich herankommen läßt oder ob man sich von seinem guten Freund Störzer hinausschicken läßt, um es draußen auf den Wassern und in den Wüsten aufzusuchen.«
Der dicke Stopf, immer im eigenen Saft.
Schauderhaft in Griechisch und Latein.
Nicht mitgenommen in die Obertertia.
Ein Hinhocker mit Übergewicht: der Philosoph der Roten Schanze, in die er vergafft war von Anfang an.
Stopf in seiner herausgefutterten wohlgefütterten Einsamkeit.
Zusammen sind wir dem Landbriefträger Störzer über die Felder nachgerannt. Wer von uns beiden dem anderen dann und wann die meisten Haare ausgerauft, die blauesten Beulen und dick geschwollensten Augen beigebracht hatte, das mag heute dahingestellt bleiben.
Thulsern war das Nest, in dem wir jung geworden sind.
Später wurde Stopf der Eroberer der Roten Schanze.
Haben wir Thulserner das Flüchtlingskind in der Schar unserer Helden jemals mitgezählt? Welchen Rang hatte Stopf in unserer gymnasiastischen Affenrepublik? Haben wir eine Ah-

nung davon, was in einem Faultier bohren und treiben kann? Zahlt der überlegene Mensch nach Jahren ruhigen Wartens geduldig ertragene Verspottung und Zurücksetzung doppelt und dreifach heim? Heute bekommt Stopf hin und wieder Einladungen zu paläontologischen Kongressen. Er sammelt Steine und Knochen, und er kennt sich aus in der Geschichte. So weiß er von der Bedeutung der Roten Schanze schon im Dreißigjährigen Krieg.
Sein Herumkriechen in Steinbrüchen und Kiesgruben.
Stopf sagt: »Die Vorstellung, in einer spätern Schicht auch mal unter den merkwürdigen Versteinerungen gefunden zu werden, hat für den gemütlich angelegten, denkenden Menschen so viel Anregendes, daß sie ihn, und noch dazu, wenn er Zeit dafür hat, unbedingt in die Petrefaktenkunde führt.«
Dieses Interesse hat ihn für den Witwer Andreas Quakatz eingenommen.
Gleichfalls Flüchtling und Wirt der Roten Schanze.
Witwer. Ein Kind. Valentine.
Sie hatte etwas von einer verwilderten Katze.
Nicht groß und nicht klein, nicht mager und nicht fett, nicht hübsch und nicht häßlich, nicht städtisch und nicht dörflich, nicht Kind, nicht Frau. Sie bewachte das blutig berüchtigte Anwesen ihres Vaters.
Der Flüchtling Quakatz wurde beschuldigt, den Viehhändler Kienbaum erschlagen zu haben. Dreimal hatten sie ihn wieder ungeköpft laufenlassen müssen. Die Verdachtsmomente waren so zufällig wie boshaft, doch der üble Leumund blieb. Jeder Pfennig, den Quakatz hergab, hatte einen Blutgeruch an sich. Wer von der Roten Schanze kam, der trug diesen Geruch in den Kleidern, und man ließ es ihn mit gerümpfter Nase merken.
Quakatz war ein Mensch, den seine Zeitgenossen unter der Hecke liegenließen.
Nach übereinstimmender Ansicht der Thulserner hätte er schon längst den Gewehrläufen oder der Bläusäure verfallen müssen. Man riet ihm, sich doch selber an dem Nagel an der

Tür aufzuhängen, da er dem öffentlichen Galgen entgangen war.
Dennoch machten die Thulserner ihre Geschäfte mit Andreas Quakatz. Bei drei Feuerversicherungen hatte er die Rote Schanze versichert, weil sie ihm versichert hatten, daß sie fest überzeugt seien, er habe den Viehhändler Kienbaum nicht totgeschlagen.
Quakatz war ein vermögender Mann. Man wußte, daß er Geld hatte, einerlei, woher es stammte, ob vom Viehhändler oder nicht.
Der Flüchtling Quakatz, den Stopf später einen Mann nannte, der seinen Kopf und sein Herz seit Jahren, Jahren, Jahren mit beiden Händen hatte zusammenhalten müssen, auf daß ihm beides nicht in Wut und Angst und Grimm und Scham zerspringe.
Heinrich Schaumann war stets von der Roten Schanze angezogen.
Sie hatte es ihm angetan.
Die Rote Schanze und Valentine.
Die Quakatzenburg samt Zubehör.
Erfreulich war der Anblick des Anwesens gerade nicht. Verwildert und verwahrlost schien alles umher. In der Stube hing nichts an der Wand, das nicht auf beeindruckende Weise von den Fliegen verschissen war. Außerdem stand da eine Luft, die keinem gefallen konnte.
Nie ist ein Postbote böseren Hunden begegnet als vor der Roten Schanze.
Für Stopf der ideale Spielgrund.
Er vergaffte sich in Valentine, und er vergaffte sich in das Anwesen.
Stopf ging vom Gymnasium ab und wurde Großknecht in der Quakatzenburg. Er eroberte die Schanze, das Herz Valentines und ihres verfemten Vaters. Er bestellte den Acker und das Vermögen.
Stopf und Valentine wurden das glücklichste Ehepaar, das sich je ineinander hineingelebt hatte.

Valentine veränderte sich. Sie verlor den wilden Blick aus den Zeiten der Verfemung. Es lag eine Welt voll Vertrauen in der Rauchwolke, die ihr Gatte aus seiner Pfeife blies. Die bösen Blicke und die bösen Worte, das Geflüster und Getuschel konnten dem Paar nichts mehr anhaben. Nur manchmal erinnerte sich Valentine noch an die Geschichten, die über sie und ihren Vater im Umlauf waren. Dann sagte sie: »Es ist schlimm, es als Kind von Kindern erfahren zu müssen, daß man allein sein soll. Sie machten mir doch hinterm Rücken immer dieselben Zeichen, wie als wenn man einem einen Strick um den Hals legt oder nach einem Schlachtochsen mit dem Beil ausholt.«

Stopf und seine Frau kannten alle diejenigen, die sich stündlich gratulierten, nicht der Mörder von der Roten Schanze zu sein. Schließlich aber gelang es den beiden, ihr Wohlbehagen noch beneidenswerter vorzustellen. Nach und nach verbrannten sie den alten Plunder aus dem Haus, um die Rote Schanze durch Feuer von ihrer Krankheit zu heilen. Damit gelang es Stopf, Kienbaum völlig totzuschlagen. Es ist dem Heinrich Schaumann von der Hand gegangen, als wäre er von Jugend auf dabeigewesen. Auch der Garten wurde wieder hergerichtet. Stopf verschwand zwischen Johannis- und Stachelbeerstauden. Er hatte es verstanden, die bösen Geister auszutreiben. Die Verschönerungen mußten jedem, der die »Mördergrube« in ihrer Verwahrlosung gekannt hatte, ins Auge springen. In offenen Schränken zeigte Stopf seine gesammelten Versteinerungen. Nach und nach brauchte sich kein Gast mehr wie Kienbaum vor der Mitternacht zu fürchten und dankend abzulehnen, wenn er in diesem Haus ein Bett angeboten bekam. Spuktöne und Eulenschrei vom Scheunengiebel gehörten der Vergangenheit an.

Als der Flüchtling Andreas Quakatz starb, meinte der Pfarrer am Grab: »Liebe Brüder und Schwestern, wir wissen alle bis zu dieser Stunde nicht, wer eigentlich Kienbaum totgeschlagen hat. Andreas Quakatz ist nun tot. Wenn es aber der Fall ist, daß Kienbaums Mörder noch lebt, dann, o dann, christliche Gemeinde, laßt uns auch für ihn hier an diesem Grabe ein stilles Gebet sprechen.«

Dann gab es das bekannte dumpfe Gepolter und die dazugehörigen Gefühle.

Sooft es ging, besuchte ich Störzer, den es immer wieder zur Roten Schanze trieb. Immerfort hat er zur Roten Schanze gewollt: da hätte er eine wichtige Zustellung. Davon hat er noch im letzten Fieber gesprochen. Ich mochte ihm zureden, soviel ich wollte. Er ist immer dabei geblieben, daß er nach der Roten Schanze müsse, er hätte da etwas abzugeben gegen Quittung. Schließlich mußte ich ihm in die Hand versprechen, den fraglichen Brief nach seinem Tod für ihn zu befördern. Über diesen unruhigen Einbildungen ist der alte Friedrich Fritze Störzer sanft entschlafen.

Am Tag nach seinem Leichenbegängnis habe ich das fragliche Schreiben überbracht.

Es war an Heinrich Schaumann und Valentine Schaumann, geborene Quakatz, adressiert, und es enthielt Störzers Vermächtnis.

Stopf hat mir den Brief gezeigt.

Nie werde ich vergessen, was ich las:

»Zu alt und knickebeinig bin ich geworden für den Teil vom Gewicht der Welt, welches das Schicksal mir auf den Buckel gelegt hat. Nachts, wenn ich nicht schlafen kann, kommen mir die Gedanken, die ich des Tages bei Regen und Sonnenschein auf der Landstraße vertreten habe. Sie lassen mir keine Ruhe mehr.

Ich bin der Mörder des Viehhändlers Kienbaum.

Im Papenbusch war es, wo ich's ihm heimgezahlt habe, was er von Kindesbeinen an an mir gesündigt hatte. Wenn es über das rechte Maß dabei gegangen ist, so habe ich vor Gott die langen, langen Jahre schwer an der Verschuldigung und der Bangnis getragen.

So schlimm es auch ausgegangen ist, sowenig ist davon zu erzählen.

Es ist nicht einmal über ein Mädchen oder über Geld und

Geldeswert, wie es sonst zwischen anderen zugeht, zwischen uns beiden hergekommen. Wir sind nämlich in einem Alter, Kienbaum und ich, und haben in zwei Wiegen gelegen, die sozusagen Wand an Wand standen, und sind miteinander aufgewachsen und haben einer den andern ganz genau kennenlernen können.

Wie hat mir der Kienbaum meine Wege schwergemacht von Kindbeinen an, vom Schulweg bis auf die Landstraße. Er ist es gewesen, der mir auf der Schulbank den Schimpfnamen Storzhammel erfunden und für mein Leben angehängt hat. Er ist es gewesen, der mir von der Schulbank an von allen Menschen am meisten den Unterschied zwischen Armut und Wohlstand und zwischen einer langsamen Besinnlichkeit und einem hellen Kopf mit Bosheit und großem Maul zu erkennen gegeben hat. Mir hat Kienbaum so ziemlich alles angetan, was kein Junge vom andern erträgt. Es ist ja gewiß ein Mord gewesen, den ich begangen habe, aber es gehört eben alles dazu, im kleinen und allerkleinsten wie im groben und allergröbsten, was mir der Mann als Junge und junger Mensch und Mannsmensch angetan hat.

Ich habe vorhin gesagt, es sei über kein Mädchen hergekommen, aber dabei ist doch eines gewesen. Nämlich beim Militär. Als wir zwei auch beim Militär vom Herrgott wie aneinandergenagelt waren. Ich wollte nichts von ihr, aber ich habe sie ihm, mit seinem Kind bei sich, aus dem Wasser geholt, und es wäre besser gewesen, ich hätte sie dringelassen. Um die Alimente hat er sich nachher weggeschworen, und so ist das Kind mitsamt der Mutter verkommen.

Ich habe auch vorhin bemerkt, daß es nicht um Geld und Geldeswert zwischen uns zum Schlimmsten gekommen ist, und das verhält sich auch so. Ich war ihm nichts schuldig und er mir nichts. Doch daß ihn sein Geschäft und Reichtum auf die Landstraße führen mußte, das war das Böse. Daß der Viehhändler das richtige für ihn war, wenn auch nicht immer für seine Käufer und Verkäufer, das ist sicher; aber weshalb konnte ihn der liebe Gott denn nicht auf eine andere Weise zu

seinem Besitz kommen lassen und mußte mich ihm immer tagtäglich, tagtäglich, tagtäglich mit seinem Hohn und Spott und Stolz zusammenbringen?
Damit geht es einmal bis zum Überfließen. Und zum Überfließen ist es gekommen.
Ein schöner Abend war's, und ich hatte einen sauren Tag gehabt – die Tasche voll und dazu ein halb dutzend Geldbriefe, was mir immer das Beschwerlichste gewesen ist, von wegen der Verantwortlichkeit und genauer Eintragung und nachheriger Abrechnung. Ich fühlte es durch alle Knochen, wie ich von Kräften war, und sagte mir: ›Jetzt fehlte dir bloß noch der Kienbaum bei deinem Kaputtsein.‹ Und in dem nämlichen Augenblick muß ich auch schon aufhorchen; denn dort um die Ecke her kommt Räderwerk, und ich höre schon von weitem, wie einer auf seine Gäule haut. Als mich Kienbaum sitzen sieht, zieht er die Zügel an und hält mit seinem leeren Viehwagen.
Ich denke: Na, heute hat er's gut im Sinne, und so ist's auch gewesen. Er hat mal ausnahmsweise einen noch Schlauern als wie er gefunden. Wie sich nachher ausgewiesen hat, Ihren Herrn Schwiegervater, Herr Schaumann. Der Ochsenhandel ist vor Gericht breit genug getreten worden als Indiz gegen den Quakatz von der Roten Schanze. Daß der Herr Schwiegervater, nach dem Geschäft am Morgen, am späten Abend auf dem Wege gesehen worden ist, war das zweite Indiz, wie Sie wissen, Herr Schaumann. Es hatten zu viele im *Blauen Engel* vernommen, wie sie sich um Mittag einen Schuft, Halunken und Spitzbuben um den andern an die Köpfe geworfen haben.
Aber an wem soll's denn nachher so ein Mensch wie Kienbaum besser auslassen, als an so einem wie mir? Auf mich trifft Kienbaum gerade zur richtigen Stunde für seine Gefühle. Er hält seinen Wagen an, und ich bin aufgestanden und habe meine Tasche zurechtgerückt und meinen Stock fest gefaßt. Ich sehe Kienbaum in der Dämmerung sein Gesicht auf seine Weise verziehen, und da schreit er mich schon an: ›Richtig,

Storzhammel! Na, sitzt er wieder und brütet anderen die Eier aus, du Blödbock? Nimmst es mir doch nicht übel? Sind ja die besten Kameraden von der Schulbank und dem Regiment her! Da – reich mir die Hand, mein Leben!‹ und damit haut er mit seiner Peitsche, was er für einen guten Spaß hält, nach mir hin, daß sich die Geisel mir um den Arm legt und mir einen blutigen Striemen über die Hand zieht. Ich lasse den Stock fallen und greife im Schmerz nach ihm auf dem Erdboden; aber dafür kommt mir der nächstliegende Feldstein in die Hand. Gedacht hab' ich mir nichts bei dem Wurfe, und gezielt habe ich auch nicht. Ich sehe, wie der Mann nach der Seite schwankt und den Zügel schüttelt. Die Pferde ziehen an, der Wagen fährt an mir vorbei in die nächtliche Dämmerung.
Alles steht in den Akten ganz genau, nur ich nicht.
Gestehen?
Ich habe es versucht, aber es ist nicht gegangen.
Ich habe es wollen, aber ich habe es verschoben, immer weiter verschoben, und so sind die Jahre hingegangen in stiller Angst. Durch ein Menschenalter.«

DAS EINUNDZWANZIGSTE KAPITEL *erzählt*

von Vergnügungen am Feierabend

und vom geistlichen Beistand

November

Sobald ich Dienstschluß habe, kommt mir vor, als begebe sich auch unser Kaff zur Ruhe. Dann stehe ich oben an meinem Fenster und sprenge Thulsern mit meinen Blicken in die Luft. Meine Hände habe ich in den Himmel geworfen, durch meinen Kopf hindurch höre ich alle Stimmen Thulserns, meine schlaflosen Augen öffnen jeden Brief. Am liebsten beförderte ich die ganze Post in die Mülltonne, setzte mich auf den Tonnendeckel und umkreiste auf ihm den Globus wie auf einem fliegenden Teppich. Beim Zudunkeln verwandle ich mich in einen Schatten an der Wand und stelle mir alle Thulserner tot vor, mausetot. Nur ich flackere unstet und hoffe, wenigstens in der kommenden Nacht von meinem Bett verschlungen zu werden. Dabei bilde ich mir ein, mein Gesicht beginne zu lachen, aber in Wirklichkeit schießt mir das Wasser in die Augen. Der Feierabend hat mich niedergeschlagen. Ich bin deprimiert wie Herbstlaub, wie ich irgendwo in einem Liebesbrief gelesen habe. Dabei habe ich eine Kraft in mir, mit der ich ein Meer austrinken könnte.
Ich setze mich in meinen Schaukelstuhl, zünde mir eine Pfeife an und denke mich als Spielzeughändler hoch oben in einem Wolkenkratzer. Vögel entfliegen meinem Kopf, bunte Papageien, die mich das Vergessen lehren. Und Eulen. Sie hocken aufgereiht im Schutz schwarzer Eiben. Ihre roten Augen glühen hinter dem schlierigen Schleier. Reglos hocken sie da und sehen meinen Träumen zu, die auf das Lineoleum tropfen. In meinem Kopf fallen Türen zu, und es gibt mich nicht mehr.
Ich bin weg.
Ich habe mich in meine Schreibtischschublade verkrochen.
Heute nacht werde ich alle Briefe öffnen und Rasierklingen in die Umschläge zaubern.
Als Flaschenpost werde ich mich an einem fremden Gestade anschwemmen lassen, um auf die Prinzessin zu warten, die den Korken herauszieht.
Dann werde ich eine Rauchsäule sein.
Ich steige in die Luft und verschwinde.

Aber das ist alles gar nicht wahr.
Das bilde ich mir doch bloß ein.
Immer hübsch auf dem Teppich bleiben, sage ich mir.
Nur nicht abheben und den Boden unter den Füßen verlieren.
Ich beginne vor mich hin zu pfeifen, als müßte ich eine Kellertreppe hinunter.
Aus dem letzten Loch pfeife ich.
Meinen Leib-und-Magen-Schlager:
Hey, wait a minute, Mister Postman.
Nach Feierabend fröne ich der Colombophilie.
Das Wort, mit dem ich gern Eindruck schinde, habe ich aus *Schachtzabels illustriertem Prachtwerk sämtlicher Taubenrassen.*
Daß sich ein Postbote für Brieftauben interessiert, dürfte nicht überraschen. Es liegt vielmehr auf der Hand.
Das Symbol des Friedens und des Heiligen Geistes ist weltweit verbreitet. Niemand kann sich den Markusplatz in Venedig, den Trafalgar Square in London, die Piazza Navona in Rom oder die Kremlmauer in Moskau ohne Tauben vorstellen. Aber wie das so ist: wir Taubenfreunde haben auch unsere Feinde. Sie schimpfen auf den ätzenden Kot, der Fassaden und Autodächer ruiniere, und sie behaupten, die Tiere verbreiteten Milben und Wanzen, Flöhe, Motten und Zecken, reden von Abschießen und Eieranstechen, fordern Nesterausnehmen und Futtervergiften, streuen Busulpan gegen die Vermehrung und verkleben die Nistplätze mit Leimruten. Unsere Feinde schrecken auch nicht vor der Verbreitung von Schauergeschichten zurück, wissen von bösartigen und verwilderten Haustauben, vom Kannibalismus in den Volieren und heißen die sanften Vögelchen gefräßig, neidisch und brutal. Dabei haben schon die Philosophen des Altertums Treue und Friedfertigkeit dieser Tiere gepriesen, die gemeinsam ihr Nest bauen, gemeinsam brüten, gemeinsam für die Aufzucht sorgen. Die Männchen erzeugen sogar eine Art Muttermilch. Wo gibt es das sonst noch in der Natur? Schließlich war es nicht umsonst eine Taube, die nach der Sintflut mit einem grünen Zweig im Schnabel zur Arche Noah zurück-

kehrte. Den einsamen Alten im Park sind sie Ansprache, den Kindern Vertraute von Aschenputtel, und den Denkmälern erweisen sie die einzig sinnvolle Ehre, indem sie auf sie herunterscheißen. Sie hocken auf den Köpfen der ehernen Feldherrn und der gußeisernen Landesfürsten, als brüteten sie Frieden aus. Im Lied werden sie besungen: wer kennte nicht La Paloma. Aber heutzutage werden auch die Feinde gepriesen: *Gehn wir Tauben vergiften im Park* heißt die schändliche Aufforderung, die von den persischen Ajatollahs stammen könnte, weil diese ihren Gläubigen zurufen: Spielt nicht länger mit den Tauben – eßt sie auf. Gottlob geben sich die gelangweilten Millionäre mit Tontauben zufrieden. Doch wie wußten schon unsere Altvordern: Strick und Stellungen entgeht, wer sein Werk zu Gott erhöht.

Schlager der fünfziger Jahre dröhnen aus der Musikbox, aber La Paloma, gesungen am Grab von Hans Albers, übertönt sie alle.

Längst hätte ich mir ein friedlicheres Plätzchen auf Erden gesucht, als es Thulsern ist – aber Taubennarren sind seßhaft. Die Tauben binden. Da stehst du dann und wartest sehnsüchtig auf die Heimkehr. Du stellst dir vor, wie deine Vögel ohne Paß und Kompaß gegen Wolken, Wind und Wetter anfliegen: deinem Schlag entgegen. Ungeduldig schaust du himmelwärts, malst dir den Weg aus, den die Tiere nehmen könnten, überlegst Abweichungen und Gefahren, denkst an Unwetter und Raubvögel, folgst den Flußläufen, überquerst Hügel und Berge und Tiefebenen, schlägst immer wieder im Atlas nach, fürchtest Hagelschlag und Falkenschnabel. Je näher der Augenblick des Anfluges kommt, um so aufgeregter wirst du. Schon fängt dein Blick den dunklen Punkt am Himmel. Welche wird zuerst der Dachluke entgegensteuern? Nein, sie darf sich nicht ausruhen auf dem First, sondern muß sich sofort greifen lassen. Du spürst den warmen pochenden Leib und wunderst dich jedesmal, wie kräftig diese Vögel sind, wie starr das Gefieder sein kann, starr und sanft zugleich, und jedesmal überlegst du dir neu, wie sie das bloß schaffen, immer wieder in deinen Schlag zurückzukehren. Wie sie das bloß schaffen? Du streifst den numerierten Gummiring ab und läßt ihn in die Konstatieruhr schlüpfen, wenn du an einem Wettrennen teilnimmst. Durch eine kurze Drehung des Uhrenschlüssels wird die genaue Ankunftszeit festgehalten. Später wird die Uhrenkommission die Papierstreifen auswerten. Dann gibt es Plaketten und Uhrkunden und Pokale, die zu Hause die Vitrinen, Simse und Buffets füllen, an Siege und Ehrungen, an Höhepunkte und Triumphe erinnern. Jede Taube bekommt ihre eigene Nummer auf einem Gummiring über den linken Fuß gestülpt. Außerdem wird sie von Anfang an von einem Metallring begleitet, der sie ausweist. Alles muß seine Ordnung haben. Wer niemals das Herzklopfen einer Taube nach einem Langstreckenflug gespürt hat, wer nie der Anmut dieser Tiere erlegen ist, der ist und bleibt ein säumiger Dachscheißer, ahnt nichts von Taubenseligkeit und weiß nicht, wie sich Zähigkeit und Zärtlichkeit, Ausdauer und Grazie, Eleganz und Klugheit in so einem Geschöpf vereinigen. Kann man sich etwas Schöneres vorstellen als eine von Abermillionen auffliegenden Tauben verdunkelte Sonne? Und wenn dann die Schatten der Schwärme über die Felder segeln und nicht Grenzen kennen noch Mauern. Zu Hause auf dem Dachboden hältst du dann deinen Champion in der hohlen Hand, lobst ihn und streichelst ihn und kommst aus dem Staunen nicht mehr heraus, weil er dir wieder einmal bewiesen hat, was in seinen Federn steckt. Weder kleine Magneten, welche die natürliche Magnetwahrnehmung stören, noch aufgeklebte trübe Augengläser können eine Brieftaube von ihrem Weg abbringen. Jeder Postbote sollte sich daran ein Beispiel nehmen.

Sagte ich, daß ich nach Feierabend der Colombophilie fröne? Das stimmt nicht. Genauer gesagt: es stimmt nicht mehr. Ich frönte, denn ein Magistratsbeschluß hat meiner Leidenschaft ein schmähliches Ende gesetzt. Das Amt für Öffentliche Ordnung, das eigentlich Amt für Öffentliche Unordnung heißen müßte, hat mir die Taubenhaltung verboten und mir bei

Zuwiderhandlung eine Strafe von fünftausend Mark angedroht. Außerdem wurde mir von seiten der Oberpostdirektion eine Dienstaufsichtsbeschwerde angekündigt.
So handelt die Falkenfraktion.
Alle meine Einwände wurden einfach vom Tisch gefegt. Die einen berufen sich auf die Gefährdung der Gesundheit, die anderen auf Vernachlässigung der Dienstpflicht und Schädigung des öffentlichen Ansehens der Post.
Gefährdung der Gesundheit: genehmigen eine Dreckschleuder nach der anderen, erlauben dem Herrn Fabrikanten, seinen Abfall flußabwärts zu schicken und das Ozonloch zu vergrößeren – und verbieten mir meine Tauben. Und was heißt schon Vernachlässigung der Dienstpflicht und Schädigung des öffentlichen Ansehens der Post.
Erstens versorge ich meine Tiere nach Dienstschluß und zweitens schädige ich das Ansehen der Post nicht, sondern ich bessere es auf. Darüber hinaus wären meine Tauben durchaus in der Lage, den Telegrammdienst zu übernehmen, sollte ich einmal wegen Krankheit ausfallen, was freilich in all den Dienstjahren kaum einmal vorgekommen ist. Die Tage, die ich gefehlt habe, kann ich an einer Hand abzählen. Als ich persönlich und in voller Montur beim Bürgermeister vorstellig wurde, nachdem ich mich dreimal von seiner Sekretärin auf einen anderen Termin vertrösten lassen mußte – der Herr Bürgermeister ist gerade in einer Sitzung, der Herr Bürgermeister ist auf Dienstreise, der Herr Bürgermeister erwartet einen Anruf aus dem Ausland –, nahm ich kein Blatt vor den Mund.
Lumumba hin und Lumumba her, hieß es dann. Wir schätzen dich alle sehr. Die Gemeinde weiß, was sie an dir hat. Ich persönlich habe gar nichts gegen Tauben, ganz im Gegenteil, ich bin ein anerkannter Tierfreund, willst du einmal hören, lieber Lumumba, was ich alles für den Tierschutzverein getan habe, aber siehst du, so versteh doch, mir sind die Hände gebunden, die Auflagen kommen vom Gesundheitsamt. Seuchengesetz. Da ist nichts zu machen.

Es hat sich ausgelumumbat. Nehmen Sie das gefälligst zur Kenntnis, Herr Schwing. Und was heißt hier: Hände gebunden und Gesundheitsbehörde und Seuchengesetz. Die Seuchen verursachen ganz andere. Und das wissen Sie genau. Fragen Sie einmal den Herrn Fabrikanten. Aber nein, gegen den darf ja nichts gesagt werden. Der ist ja unser großer Gönner und Förderer. Pfeifendeckel. Ein Filz ist das und ein gewaltiger Beschiß. So ist das und kein Jota anders.
Ein Wort gab das andere.
Unser Häuptling redet sich heiß. Schließlich vergißt er Seuchengesetz und Gesundheitsbehörde und wirft mir vor, nicht schnell genug mit dem Zustellen der Post zu sein. Das Lesen der Postkarten nehme wohl zuviel Zeit in Anspruch. Außerdem hier ein Schwätzchen und dort ein Schnäpschen, das halte zu sehr auf. Deshalb habe sich die Gemeinde längst entschlossen, ein Postfach zu mieten. Bei mir könne man nicht sicher sein, eilige Amtspost auch tatsächlich per Eilboten zugestellt zu bekommen. Einmal falle mir der Föhn als Ausrede ein, dann wieder redete ich von Schneestürmen, Hagel und schweren Gewittern, wenn weit und breit kein Wölkchen zu sehen sei. Zwar könne er sich vorstellen, daß es durchaus ein Vergnügen sei, fremder Leute Post zu lesen, zumal nicht nur langweilige Urlaubsgrüße verschickt würden, sondern so manche Herzensangelegenheit, ich wisse bestimmt, worauf er anspiele, doch diese Abendpost ...
Da bleibt einem doch das Maul offen.
Das ist doch die Höhe.
Da vergreift sich dieser Oberthulserner doch glatt am Allerheiligsten und wagt es, mir die Verletzung des Briefgeheimnisses vorzuhalten, bloß weil ich nicht von meinen Tauben lassen will.
Er wird auch noch höhnisch und fragt, was länger dauere: die Post zu sortieren oder sie zu lesen. Ob ich denn nicht Lust hätte, ihm einmal an einem freien Vormittag eine Vorlesestunde zu halten. Er wüßte schon den einen oder anderen Absender, dessen Briefe sozusagen von öffentlichem Interesse wä-

ren. Die Herren von der Opposition, versteht sich. Auf diese Weise könne er ihnen einmal auf die Schliche kommen und erfahren, was sie an Lügenmärchen über ihn und seine Amtsführung in die Welt setzten. Vielleicht lasse sich dann auch eine Sondergenehmigung hinsichtlich der leidigen Taubenangelegenheit ... ich solle mir das gründlich überlegen. Konstruktiven Vorschlägen sei er nicht abgeneigt. Durchaus nicht.
Das schlägt denn doch dem Faß den Boden aus, brülle ich und haue mit der Faust auf den Tisch, daß die Kaffeetassen hüpfen und die Sekretärin verschreckt den Kopf zur Tür hereinstreckt und fragt, ob der Herr Bürgermeister nach ihr gerufen habe. Der aber verscheucht sie mit einem Wink, und wir sind wieder unter uns.
Jetzt reden wir aber einmal Fraktur, Herr Gemeindehäuptling! Ob er sich denn darüber im klaren sei, daß es sich dabei um einen unerhörten Bestechungsversuch handle. Eine ausgemachte Sauerei sei das.
Mir fehlen die Worte.
Aber ich denke auch an meine Tauben und daran, was sie mir wert sind. Mit Schwing Geschäfte zu machen, heißt soviel, wie mit dem Teufel einen Pakt zu schließen.
Mit Rauch und Schwefel und allem, was dazugehört.
Natürlich kenne ich die Schreiben der Opposition.
Natürlich lese ich Ansichtskarten.
Da ich die Telegramme aufnehme, kenne ich auch deren Inhalt.
Zwangsläufig.
Das bringt mein Beruf mit sich.
Aber ich habe mein Wissen bis dato für mich behalten.
Mit keinem Menschen habe ich darüber gesprochen.
Höchstens einmal mit meinen Tauben.
Aber die reden nicht, denn es handelt sich um Brieftauben.
Und die halten sich ebenso ans Postgeheimnis wie ich.
Was soll ich tun?
Mit wem kann ich mich aussprechen?
Wem kann ich mich anvertrauen?

Es muß jemand sein, der die Konflikte kennt, in die ein Geheimnisträger unversehens geraten kann. Ob er es will oder nicht.
Ein Priester.
Das Briefgeheimnis ist nur mit dem Beichtgeheimnis zu vergleichen.
Aber meine Kontakte zum Klerus sind rein dienstlich.
Ich bin kein Freund der Schwarzküttler.
Seit Jahren bin ich nicht mehr in der Kirche gewesen.
Ich bin nicht einmal sicher, ob ich noch ein anständiges Vaterunser zusammenbringe.
Wenn die Beerdigungen nicht wären, auf die ich muß von Fall zu Fall, käme ich ganz aus der Übung.
Prälat Wolffenzacher.
Ich werde mit Prälat Wolffenzacher sprechen.
Er ist ein Geistlicher nach meinem Geschmack.
Er versteht etwas vom Leben.
Er weiß es: wir sind allzumal Sünder.
Ich habe schließlich auch seine Post gelesen.
Vormundschaftliches.
Zu Wolffenzacher wüßte ich manches Wort zu sagen. Aber noch will ich schweigen, denn noch will ich seinen Rat. Vermutlich weiß Wolffenzacher, daß ich weiß ... und vermutlich weiß er auch, daß niemand sonst weiß, was ich weiß. Außer ihm und der Person, die es noch etwas angeht. Aber das ist Postsache. Nach dem Beichtvater ist der Briefträger der größte Geheimnisträger. Er kennt sogar die Geheimnisse des Vatikans. Und er schweigt wie dessen Verliese.
Prälat Wolffenzacher ist eine barocke Persönlichkeit, höre ich den Bischof sagen bei seinem letzten Besuch. Zufällig wurde ich Zeuge dieses Ausspruches. Prälat Wolffenzacher liebt das Leben, er liebt Wein, Weib und Gesang. Am liebsten hält er seine Beichtsitzung als Sprechstunde im Wirtshaus. Aber damit habe ich fast schon zuviel gsagt. Der Schönbichl-Wirt vom ersten Gasthof nach der Grenze allein könnte sagen, mit wie vielen Hektolitern Südtiroler Bauernfeind der Herr Geist-

liche Rat bei ihm schon die Gurgel geschmiert hat, doch ein anständiger Gastwirt wahrt sein Faßgeheimnis. Daß es sich dabei übrigens um das Geheimnis des *Gasthofs zur Taube* – nicht *Zur Traube*, wie mancher Ortsunkundige sagt – handelt, mag Zufall nennen, wer blind ist für jene geheimen Zusammenhänge, die in der Nabe der Erdachse hocken und darauf lauern, uns eine Falle zu stellen.
Gut, Lumumba, sagt Prälat Wolffenzacher, während ich ihm einen Brief vom Erzbischöflichen Ordinariat aushändige und den Altöttinger Liebfrauenboten aus meinem Ranzen nehme: schütt dein Herz aus. Ich habe schon gehört, daß sie dir deine Vögel nehmen wollen. Ausgerechnet die Taube. Hier hat die Kirche auch noch ein Wörtchen mitzureden. Das wäre doch gelacht. So mirnichtsdirnichts läßt sich das Symbol des Heiligen Geistes nicht aus Thulsern vertreiben. Das wäre ja noch schöner. Dem Heiligen Geist mit dem Seuchengesetz kommen. Das könnte dem Schwing so passen. Der soll froh sein, wenn wenigstens noch ein paar Tauben über den Dächern dieses Gemeinwesens kreisen. Am Heiligen Geist gebricht es seit langem.
Verzage nicht, Lumumba. Vertraue den Wegen des Herrn.
Mir wird schon etwas einfallen, womit wir den Bürgermeister kleinkriegen. Wir treffen uns an der Bestiensäule.
Die Bestiensäule.
Tausend Jahre ist sie alt.
Eine Verkündigung.
Von der Hand eines unbekannten Meisters.
Ich mische mich unter die Besucher.
Prälat Wolffenzacher heißt uns in der Krypta im Halbkreis Aufstellung nehmen und zuerst ein Weilchen andächtig schweigen, ehe er uns respektvoll Bescheid stößt.
Die Bestiensäule.
Da stehst du also inmitten einer bunt zusammengewürfelten Schar im Halbkreis in der Krypta, begaffst die tausendjährige Bestiensäule, läßt sie dir durch Wolffenzachers Fasten- und Weltgerichtspredigt auslegen nach allen Regeln der Kunst,

hörst, wie sich die Predigerstimme fängt und bricht im Gewölbe, erfährst unter der Hand so mancherlei Erklärung über dies und das, was dich umtreibt und nicht schlafen läßt, auch darüber, was die Welt zusammenhält in ihrem Innersten und was sie auseinandertreibt und aufgehen läßt wie eine Dampfnudel, und obendrein wirst du auch noch über deine eigene Hinfälligkeit belehrt und bekommst auseinanderdividiert, was es auf sich hat mit ihr.
Die Bestiensäule.
Prima vista denkst du: Aha, wieder so eine mittelalterliche Tiersäule wie entlang der alten Pilgerwege durch Aquitanien, wieder so eine allegorische Falle, in die jeder tappt, blindlings. Schon glaubst du, dich mit dem Ein- und Zuordnen schulweisheitlich und naseweis auf und davon stehlen zu können, aber dann holt dich das Gleichnishafte geschwinder ein, als dir lieb ist, und mischt sich in deine Selbstgefälligkeit. Der Steinmetz, hörst du, der sie schuf auf Geheiß des Bischofs Otto von Freising, notabene ein Onkel des später kläglich ersoffenen Barbarossa, jetzt ruhend im Untersberg, dieser Steinmetz soll an der Schlaflosigkeit gelitten haben und daran, daß er nicht vergessen konnte. Wer derlei aus dem Granit beiße, der kenne, so Wolffenzacher, von der Frau Welt nicht bloß die hurenschöne Vorderlarve. Nein, so einer habe auch Kenntnis gehabt vom schändlichen Afterteil.
Schau nur recht genau hin.
Fremdartige Fratzen.
Steingewordene Ängste.
Erbarmungslos ineinander verschlungen, grad so wie die Plaggeister, die dir Nacht für Nacht aufhocken und dir Kummer und Reue in deinen Buckel treiben.
Höllengestalten und edle Herren.
Einer von denen, die sich verzweifelt wehren und ihr Maul aufreißen zum stummen Schrei, ist mit dem Fuß einem Monster im Gebiß hängengeblieben.
Ein anderer steckt schon im Rachen bis über den Bauch und zeigt dir, daß es weder Gnade gibt noch Erlösung.

Immer neue Sinnbilder für all die Plagen und Illusionen um nichts und wieder nichts.
Allegorien aufs Fressen und Gefressenwerden aller unerlöster Kreatur, stets neu den Kampf mit dem Widersacher darstellend, in dessen sperrangelweit aufgerissenem Rachen unsereiner zappelt und sich nicht wehren kann.
Der gestrauchelte, nichtsnutzige, lächerlich nichtige Mensch in den Fängen des Gottseibeiuns, zu dem jeder von uns seinen eigenen Namen weiß, weil ihn jeder von uns kennt, ganz auf seine Weise.
Früher oder später wird jeder einmal seinem eigenen Drachen begegnet sein.
Ausnahmslos.
Keiner entkommt ihm, keiner springt ihm von der Schaufel.
Heiße und sei er, wie und was er will.
Ewig dieses Löcheraufreißen und Schattenwerfen und nicht loskommen davon.
Der immerwährende Erinnerungszirkus spielt ohn' Unterlaß.
Unten am Sockel: die Fruchtbarkeitskröte.
Warzig und fett und geil hockt sie sprungbereit da.
Oben aber, im Kapitellchen, das Symbol der Weisheit noch aus heidnischer Zeit: der Ewigkeitsvogel.
Die Eule, die das Weltgericht schaut und uns den Spiegel vorhält mit den Worten:

> Wenn es der Teufel gut mit dir meint,
> legt er dich aufs Kreuz
> und läßt dich die Sterne sehen.

Die Eule: als Vorzeichen immer allem Abschied voraus.
Wer den bösen Blick hat, dem sagen sie hierzulande das Eulensehen nach.
Eines sieht er kommen von höherer Warte aus:
Eines Tages nämlich, das ist so sicher wie das Amen in der Kirche, wird ein Stummer einem Blinden erzählt haben, was er alles gesehen haben wird auf der Bestiensäule.

Aber der Blinde wird es nicht gehört haben, weil ein Stummer nur inwendig spricht. Daher wird die Geschichte eine Weile gebraucht haben, bis sie auswendig zum Vorschein gekommen sein wird.
Weil sie ein Blinder aber wird nicht lesen können, wird sie ihm vorbuchstabiert werden müssen.
Damit beendet Prälat Wolffenzacher seine Führung.
Wir stehen da, haben die Zunge im Maul und wissen nicht, wozu.
Wolffenzacher schickt die Besucher wieder hinauf ans Licht, mich aber zieht er in einen Winkel und erwähnt beiläufig, er wisse ein Mittel, den Bürgermeister kleinzubekommen.
Du, Lumumba, mußt dem tausendjährigen Thulsern zum Millennium die Festschrift schreiben.
Wer so oft wie du das Briefgeheimnis gebrochen und bisher dennoch geschwiegen, es also wiederum nicht gebrochen hat, der weiß alles über Thulsern.
So einem wie dir, Lumumba, bleibt nichts verschattet.
Du mußt die Festschrift aufsetzen.
Für den akademischen Feinschliff spannen wir den Herrn Doktor von der Piloti-Stiftung ein.
Aber der Haupt- und Großinformant wirst du sein, mein Sohn.
Endlich darfst du auspacken und aus deiner fettigen Tasche plaudern.
Und nun gehe hin in Frieden.

DAS ZWEIUNDZWANZIGSTE KAPITEL *beweist:*

Borges gibt es nicht

IM ZEICHEN

Schütze

Vom rein postalischen Standpunkt aus gesehen ist der Herr Doktor Josef Stizl von Scharten ein ganz ausgezeichneter Kunde. Er bekommt sehr viel Post, und er gibt mir viel mit: gegen Trinkgeld natürlich, damit der Herr Doktor selbst nicht extra hinunter muß zum nächsten Briefkasten. Vom Standpunkt des Briefträgers aus gesehen ist der Herr Doktor eher ein zweifelhafter Kunde. Zum einen wohnt er außerhalb und in der Höhe, was im Winter keine Kleinigkeit ist, zum anderen ist er launisch. Genaugenommen habe ich keinen Launischeren in meinem Bezirk. Der Herr Doktor ist einmal himmelhochjauchzend, dann wieder zu Tode betrübt. Hat er ein Hoch, ist er mit dem Trinkgeld nicht geizig. Treffe ich ihn während eines Tiefs an, erwidert er kaum den Gruß, oder er raunzt mich an und schickt mir ein Schimpfwort oder sonst eine Gemeinheit hinterher. Damit gerät er bei mir gerade an den Rechten. Der Herr Doktor kann mich sonst was heißen, mich kratzt das nicht. Ich nehme ihn einfach nicht ernst. Recht machen kann man es solchen Figuren sowieso nicht. Mal tun sie recht leutselig und bitten dich auf ein Schnäpschen in ihr Allerheiligstes, dann wieder wünschen sie dir die Pest an den Hals. Wie immer der Herr Doktor auch aufgelegt ist: er kann mich kreuzweise. Einmal habe ich ihm das auch gesagt. Einmal habe ich ihm Bescheid gestoßen. Das war auch fällig. Seitdem herrscht zwischen uns beiden eine Art bewaffnete Neutralität. Er traut mir nicht und ich ihm nicht. Vermutlich habe ich mehr Verständnis für ihn als er für mich. Der Herr Doktor ist nämlich Gelehrter. Er nennt sich Privatdozent. Davon lebt sich's scheint's nicht schlecht. Wer wüßte es besser als sein Briefträger, daß der Herr Doktor mit Büchern zu tun hat. Nicht nur, daß er selbst welche schreibt. Er bekommt sie auch noch. Und zwar stapelweise. Es vergeht kaum ein Tag, an dem ich nicht wenigstens ein solch gewichtiges und in der Regel schlampig verpacktes Geistesprodukt den Berg hinaufschleppen darf. Die Bücher interessieren mich nicht. Wohl aber die Korrespondenz. Lange bevor die Ehe des Herrn Doktor auseinanderging, wußte ich

schon, daß ich eines Tages das Scheidungsurteil zustellen würde.
Ein Postbote ist immer allem Abschied voraus.
In letzter Zeit hat sich der Herr Doktor ein wenig in die Nesseln gesetzt. Das liegt an seinem neuesten Forschungsgegenstand. Der Herr Doktor interessiert sich für den Generaloberst Dietl. Eine Kaserne im Thulserner Land wurde nach dem Helden von Narvik benannt, mehrere Straßen heißen nach ihm. Und das mißfällt dem Herrn Doktor.
Ich weiß, wann er begann, in Dietls Vergangenheit zu wühlen. Und ich kenne die Ergebnisse dieser Forschungen.
Seit 1964 heißt die Thulserner Kaserne Generaloberst Dietl-Kaserne.
Damit wurde einer zum Vorbild erhoben, der schon gegen die Demokratie der Weimarer Republik gekämpft hat.
Seit 1919 hat Dietl den Hitler aktiv gefördert.
Unser Dietl ist noch vor Hitler in die NSDAP eingetreten.
Unser Dietl war Hitlers höchstdekotierter Soldat: mit dem Eichenlaub zum Ritterkreuz des Eisernen Kreuzes. Noch im November 1943 hat unser Dietl zum unerschütterlichen Glauben an den Führer aufgerufen. Der Held von Narvik!
Als Dietl auf dem Flug von Graz nach Finnland abstürzte, hieß es im Tagesbefehl aus dem Führerhauptquartier: »Als fanatischer Nationalsozialist hat sich Generaloberst Dietl in unwandelbarer Treue und leidenschaftlichem Glauben seit Beginn des Kampfes unserer Bewegung für das Großdeutsche Reich persönlich eingesetzt. Sein Name wird in seiner stolzen Gebirgsarmee weiterleben.«
Die Thulserner haben Hitlers Wunsch erfüllt, der an Dietls Grab sagte:
»Als ich zum ersten Male diesem Manne gegenübertrat, da ermöglichte er mir in seiner Kompanie die erste Einflußnahme auf ein deutsches Regiment. Als erster Offizier der deutschen Wehrmacht hat er mir seinen Verband zur Verfügung gestellt, um politisch auf ihn einzuwirken. Eine Stunde nachdem ich damals zur dritten Kompanie seines Regiments ge-

sprochen hatte, gab mir dieser Mann seine Hand und erklärte, er würde von jetzt ab mein Gefolgsmann und Anhänger sein.«
Die Thulserner müssen davon gewußt haben.
Das meint auch der Herr Doktor.
Und er bekommt Post aus aller Herren Länder.
So versorgt er mich ausgiebig mit Lesestoff.
Meistens setze ich mich, ehe ich den letzten Rest des Hügels erklimme, von dem aus der Privatgelehrte auf die gewöhnlich Sterblichen herabsieht, auf eine Ruhebank in der Sonne, pakke meine Brotzeit aus und sortiere die Post für meinen letzten Kunden, ehe ich mich zu ihm in die Höhe begebe.
Außer Zeitungen und aufwendigen Prospekten fällt mir diesmal ein größerer Umschlag auf.
Er kommt aus dem Ausland. Die Verpackung hat auf dem langen Weg arg gelitten. Es macht mir keine Mühe, das Bündel eng beschriebener Seiten herauszunehmen und mit der Lektüre zu beginnen. Die Blätter fallen mir praktisch entgegen.
Der Brief ist auf Hotelpapier geschrieben.
Ich habe einige Mühe, Name und Anschrift des Hotels zu buchstabieren:
Hotel Panghegar
Jalan Merdeka
Bandung
Bandung, Bandung? Was fällt mir zu Bandung ein?
Nein, nichts klingelt in meinem Gedächtnis. Nicht einmal eine Postleitzahl. Ich öffne meine Thermosflasche, nehme einen kräftigen Schluck und mache es mir bequem.
Der Herr Doktor wird seine Post aus Bandung noch früh genug bekommen. Zuerst muß ich wissen, worum es sich handelt.

Mein lieber Freund und Kupferstecher!
Arg hat es mich herumgewirbelt und kreuzquer geworfen, zu viele Stunden habe ich in den Aluminiumbäuchen fliegender

Fische aller möglichen Fluggesellschaften zugebracht und deren durchsichtig abgepackte Nahrung zu mir genommen. Und immer wieder andere Menschen als Nachbarn. Ich saß neben australischen Erdölexperten über dem südchinesischen Meer ebenso wie neben einem Wiener Besteckgroßhändler, der nicht müde wurde, von den Thai-Mädels zu schwärmen und nebenher Messer und Gabel zu klauen.
Ostwärts zu fliegen heißt, die Zeit zu überlisten und ihr ein Schnippchen zu schlagen. Das weiß jedes Kind. Den Preis dafür bezahlst du erst nach der Landung, wenn du stets zur falschen Zeit müde und zur falschen wach wirst. Der gesamte Organismus gerät durcheinander, denn in Wirklichkeit sind Flugzeuge nichts anderes als Maschinen zur Vernichtung von Zeit und Distanz. Nichts stimmt mehr in dieser Höhenluft. Alles bleibt in der Schwebe. Nur Wünsche und Sehnsüchte treiben dich von Ort zu Ort und lassen dich nicht zur Ruhe kommen. Warum ausgerechnet Surabaya? Du meinst wegen Johnny? Nein – wegen *Almayers Wahn.*
Wann hatte ich dies Buch zum ersten Mal gelesen? Es war bestimmt ein Donnerstag, es muß ein Donnerstag gewesen sein; Donnerstage haben es in sich. An einem Donnerstag verließ ich Surabaya. Eigentlich wollte ich mir vor dem Abflug noch das Rezept für die Fliegenden Unterhosen besorgen, die mir so hervorragend geschmeckt hatten: ein handtuchgroß ausgewalzter Teig, der vom Koch mit großer Geste durch die Luft in schwimmendes Fett geworfen, mit einer Füllung aus einer Art Hackfleisch versehen und schließlich wie eine Unterhose zusammengefaltet serviert wird. Aber ich hatte es aus Zeitmangel doch nicht mehr geschafft.
Was mich an Surabaya anzog, war der Friedhof. Ein ganz bestimmter Friedhof. Als ich ihn endlich gefunden hatte, nahm mich der Friedhofswärter zur Seite, zupfte an den Härchen meiner Arme, fuhr mir durchs Gesicht, riß an meinem Bart, prüfte, ob er auch echt sei und fragte mich schließlich in vertraulichem Ton, ob ich wegen Hitler gekommen sei.

Wieso wegen Hitler?
Hitler sei hier begraben, alle in Surabaya wüßten dies. Er sei mit einem U-Boot aus Deutschland geflohen und hier begraben. Auf diesem Friedhof. Dafür gebe es Beweise!
Aber deswegen war ich nicht gekommen. Mich hatten einige Sätze hergetrieben, die ich einmal gelesen hatte und die mir seither keine Ruhe mehr ließen. Eines Buches wegen habe ich all diese Strapazen auf mich genommen. Hitze und Luftfeuchtigkeit, daß es einem die Brille beschlägt, miserable Straßen, heruntergekommene Hotels, enge Taxis und immer wieder Hände, die über mein Gesicht und in meinen Bart fuhren, an ihm zerrten und nicht genug vom Zupfen und Reißen bekommen konnten.
Ich war wegen eines Holländers namens Olmeyer gekommen, von dem ich wußte, daß er hier auf diesem Friedhof von Surabaya begraben lag. Wo genau die Grabstelle war, wußte niemand. Aber aus den Unterlagen der Friedhofsverwaltung ging eindeutig hervor, daß Olmeyer auf diesem Friedhof eingescharrt worden war. Was ich von Olmeyer wußte, hatte ich bei Joseph Conrad gelesen. Vor über hundert Jahren hatte er seinen ersten Roman über ihn geschrieben, von einem tropischen Fieber gezwungen, seinen Beruf als Seemann aufzugeben. *Almayers Wahn* erzählt die verzweifelte Geschichte des holländischen Handelsvertreters Olmeyer. Eine wahre Begebenheit. Seit ich dieses Buch gelesen habe, wollte ich nach Surabaya, denn Almayer ist einer von uns:
»Er versenkte sich in seine Träume von Reichtum und Macht, er sah sich fern von dieser Küste, an der er so viele Jahre verbracht, und er vergaß Mühsal und bittere Plackerei vor dem Traumbild einer großzügigen und glänzenden Belohnung.« Und das sollte keiner von uns sein? Warten wir nicht alle auf diese glänzende Belohnung für unsere Rackerei, versenken wir uns etwa nicht in Träume? Wollen wir nicht alle eines Tages hinauffliegen, auf und davon? »Er und seine Tochter würden in Europa leben, reich und geachtet. Ihre Triumphe mit anzusehen würde ihn selbst wieder jung ma-

chen und die fünfundzwanzig qualvollen Jahre auslöschen, die er wie ein Gefangener an dieser Küste geschmachtet hatte.« Schon sehe ich die schöne Nina vor mir: »eine schwarzhaarige, olivenhäutige, hochgewachsene und schöne Frau, mit großen traurigen Augen, in denen der allen malaiischen Frauen eigene Ausdruck des Staunens modifiziert war von einem Schimmer bewußter Nachdenklichkeit, einem Erbteil ihrer europäischen Vorfahren«.
So erzählt es Joseph Conrad. Er erzählt uns die Geschichte eines scheiternden Träumers, von dem er sagt: »Das Glück schien sich seinem Griff immer wieder entwinden zu wollen.« Als ich auf diesem Friedhof sein Grab suchte, war alles genau so, wie Conrad es beschrieben hatte. Sogar der Mond stieg höher und die warmen Schatten wurden kleiner und verkrochen sich.
Was mich an Almayer noch faszinierte?
Vielleicht der Name, der aus uns allen Mayer macht?
Conrad schildert ihn als einen, dessen Hoffnungen alle jäh zerstoben. Almayer ist einer, der sich fragt, ob er denn in alle Ewigkeit gequält werden soll, im Schlafen und im Wachen, ob er bei Tag und Nacht keinen Frieden mehr finden sollte. Almayer ist einer von uns Schlaflosen.
Auf dem Friedhof von Surabaya hörte ich sein eintöniges Flüstern »wie ein Instrument, dessen Saiten sämtlich bis auf eine unter einem heftigen Schlag klirrend zersprungen sind«. Ich sah ihn durch sein Haus ziehen und in Angst und Pein auf jenes Vergessen warten, das sich so zögernd einstellte. Nachdem ihn seine abgöttisch geliebte Tochter Nina verlassen hatte, wollte Almayer nichts anderes als nur lange genug leben, um vergessen zu können: »Und die Hartnäckigkeit seiner Erinnerung erfüllte ihn mit Furcht und Schrecken vor dem Tod.« Solche Sätze trieben mich auf den Friedhof von Surabaya. Das kann vielleicht nur verstehen, wer sein Leben lieber liest, als es mühselig hakenschlagend leben zu müssen.
Mit den Sätzen Joseph Conrads im Kopf fuhr ich zum Flugplatz, gab mein Gepäck auf und wartete, bis die Passagiere

nach Bandung aufgerufen und in einem arg heruntergekommenen Bus mit zerschlissenen Sitzen und einem handtellergroßen Rostloch im Boden an schrottreifen Flugzeugen am Rande der Piste vorbei zu ihrer Maschine gekarrt wurden. Auf uns wartete eine alles andere als vertrauenerweckend erscheinende *Fokker Friendship* der GARUDA. Nein, nicht der Sagenvogel sei damit gemeint, hatte mich in der Wartehalle ein alter Mann belehrt. GARUDA sei die Abkürzung für *good airline ruled under dutch administration*, so wie die portugiesische TAP nichts anders bedeute als *take another plane* und die belgische SABENA eben *such a bad experience never again!* Dazu lachte der Alte und zeigte seinen Goldzahn. Zufall oder Fügung: der alte Mann nahm neben mir am Fenster Platz, während ich mich auf dem Sitz am Gang anschnallte, von wo aus ich gut in die Pilotenkanzel schauen konnte. Unser Kapitän mochte noch keine dreißig Jahre alt sein. Soeben knöpfte er sich das Hemd auf und rauchte, was den Passagieren vor dem Start unter keinen Umständen erlaubt ist. Und er trug hohe Boxerschuhe mit ausgeschnittenen Fersen, über dem Knöchel verschnürt.
Ich holte *Almayers Wahn* aus der Tasche und wollte gerade mit dem Lesen beginnen, als mich mein Nachbar am Ärmel zupfte, seine Augen auf meine Lektüre richtete und bemerkte, Conrad sei zwar ganz anständig, doch gegenüber einem Borges nichts als ein Waisenknabe. Ich mag diese Leute nicht, die immer einen besser finden müssen als einen anderen.
Der Alte mußte mein Unbehagen bemerkt haben, denn er fing in versöhnlichem Ton an zu erzählen, und ich konnte nicht umhin, mich von ihm ins Gespräch ziehen zu lassen. Er sprach vom Reisen und meinte:
»Existieren ist Reisen genug. Nur äußerste Schwäche der Einbildungskraft rechtfertigt, daß man den Ort wechseln muß, um zu fühlen: Jede Straße, sogar diese Straße von Entenpfuhl, trägt dich ans Ende der Welt. Doch das Ende der Welt ist, sobald man die Welt vollständig umkreist hat, das gleiche Entenpfuhl, von dem man ausgegangen ist. In Wahr-

heit ist das Ende der Welt wie ihr Anfang: unsere Auffassung von der Welt. In uns sind die Landschaften Landschaft. Deshalb erschaffe ich sie, indem ich sie mir vorstelle. Wenn ich sie erschaffe, sind sie. Wenn sie sind, sehe ich sie wie die anderen. Wozu reisen? Wo wäre ich in Madrid, in Berlin, in Persien, in China oder an beiden Polen anders als in mir selbst und in Typ und Art meiner Wahrnehmungen? Das Leben ist das, was wir aus ihm machen. Die Reisen sind die Reisenden. Was wir sehen, ist nicht, was wir sehen, sondern das, was wir sind.«

Ob diese pompösen Sätze von Borges seien, wollte ich von dem alten Mann wissen. »Nein«, erwiderte er. Diese Sätze seien von einem, der sich sein Lebtag hinter anderen Namen verschanzt habe. Bald habe er sich Alberto Caeiro, bald Alvaro de Campos, dann wieder Ricardo Reis genannt. Zwar habe man ihm fünfzig Jahre nach seinem Tod ein Denkmal gesetzt, doch wisse bis heute niemand, wie er wirklich geheißen habe. »Genauso wie im Falle Borges«, lächelte der Alte und zeigte seinen Goldzahn. Über meinen Einwand, bei Borges sei die Sache doch völlig eindeutig, lachte er nur.

Die Maschine begann zu dröhnen und setzte sich langsam in Bewegung: zu meiner großen Überraschung. Denn die Türe war noch nicht geschlossen. Offenbar klemmte sie. Zwei Flugbegleiterinnen bemühten sich nach Kräften, die Hebel herumzureißen und die Türe endlich zu schließen. Den Kapitän schien die offene Tür nicht zu stören. Schon steuerte er die Maschine zur Startposition, schon schob er langsam den Gashebel nach vorn – und die Türe war immer noch nicht geschlossen. Das Flugzeug beschleunigte, wurde schneller und schneller – doch die Türe war halb geöffnet, die Stewardessen zogen und zerrten, ihre Röcke flatterten, die Tür ging nicht zu. Mit offener Türe hoben wir von Surabaya ab. Starker Fahrtwind erfaßte die Kabine. Meinen Nachbarn schien das nicht weiter zu beunruhigen, denn er erkundigte sich, ob ich in Surabaya auch die berühmten Fliegenden Unterhosen genossen hätte. Doch was kümmerten mich

Fliegende Unterhosen in einem Augenblick, da der Luftsog das Innere der Kabine erfaßt hatte, Hemden aufblies und Blusen, an Hosenbeinen riß und Haare zu Berge stehen ließ? Schließlich drang er in die Pilotenkanzel ein, wo der Kapitän das Steuerhorn zu sich heranzog, unsere *Fokker* steigen und sich in den Himmel sägen ließ. Endlich hatten es die beiden Stewardessen geschafft, die Türe zu schließen und den Sicherungshebel herumzureißen.

Mein Blick hatte sich an die offenen Fersen des Kapitäns geheftet.

Jetzt durfte geraucht werden.

»GARUDA«, sagte mein Nachbar, *»good airline ...«*

Mir war ein wenig schummrig, indes der Alte nicht aufhörte zu reden und zuletzt wieder auf Borges kam. Ein Wort gab das andere, und langsam erholte ich mich von dem Schock mit der offenen Türe während des Starts. Der Alte schwatzte und schwadronierte, bis er schließlich aus mir meine Erinnerungen hervorlockte.

Als einer längst durch nichts mehr zu erschütternden Welt der Tod des Dichters Borges gemeldet wurde, befand ich mich gerade in Rom. Ich war auf dem Weg ins Kino, hatte den überfüllten Bus, angewidert vom Gedränge und Geschubse, am Barberini verlassen, war die Tritone hinuntergeschlendert und hatte mir einige Zeitungen gekauft, die ich nun, auf dem Corso Richtung Piazza Venezia gehend, überflog. Die Abendsonne tauchte den *Altar des Vaterlandes* in ein gänzlich unwirkliches Licht und ließ diesen Kotzbrocken wie eine gewaltige Schreibmaschine in den Romhimmel ragen. Für einen Augenblick blieb ich auf dem schmalen Bürgersteig stehen und las die Schlagzeilen. Da stand es: BORGES IL MINOTAURO MALINCONICO. IL GRANDE SCRITTORE ARGENTINO E MORTO IERI A GINEVRA ALL 'ETA DI OTTANTASEI ANNI!

Darunter und daneben: Artikel von Carmelo Samoná und Antonio Tabucchi. Fotos von einem Greis, der, auf einen Stock gestützt, in einem Sessel sitzt, der einem Papst angemessen ist oder einem Diktator.

Der Alte lächelt sein heimtückisches Reptilienlächeln.
Die Hände, die den Stock umfassen, strichen einst über die Seiten der Edda in Reykjavik – ein Privileg, das in unserem Jahrhundert nur noch der jungen Königin von Schweden zuteil wurde.
Noch etwas fiel mir in der Zeitung auf: zwischen Halbfett und Fett das Foto einer sehr dünnen Frau mit verhärmten Gesichtszügen – Maria Kodama, erst seit kurzem Ehefrau von Jorge Luis Borges. Eine Witwe mit schmalen Lippen.
Ende Oktober 1982 bin ich Borges in der Akademie der Schönen Künste persönlich begegnet. Sogar ein Buch habe ich mir von ihm signieren lassen: *Einhorn, Sphinx und Salamander. Das Buch der imaginären Wesen.* Borges selbst schien mir solch ein imaginäres Wesen, und hatte nicht der Festredner seine Ansprache mit der Überlegung ausklingen lassen, Borges sei möglicherweise am Ende nichts anderes als eine Erfindung von Borges? Ich gebe gern zu, daß mich mehr noch als alle gescheiten Essays, mehr noch als die dunklen Gedichte und die vielbödig verschlungenen, auf Gott und die Welt anspielenden Geschichten, mehr als all die *Labyrinthe* und *Schwarzen Spiegel* und *Die Bibliothek von Babel* – mehr als das Gesamtwerk dieser mythengleichen Gestalt stets ein Umstand ganz besonders fasziniert hatte: der blinde Dichter Borges war Direktor der Nationalbibliothek.
Gab es diesen Legendenumrankten wirklich, oder war er nur eine Fata Morgana aus Buenos Aires? Aber nun hatte ich ihn ja leibhaftig vor mir. Der große Borges hatte mein Exemplar des *Buches der imaginären Wesen* signiert.
Was für eine bemerkenswerte Signatur, was für ein genialer Haken auf dem Vorsatzblatt, vollzogen mit einem ganz gewöhnlichen Kugelschreiber.
Eine Stelle aus dem Epilog von *Borges und ich* kam mir in den Sinn, wo es heißt: »Jemand setzt sich zur Aufgabe, die Welt abzuzeichnen. Im Laufe der Jahre bevölkert er einen Raum mit Bildern von Provinzen, Königreichen, Gebirgen, Buchten, Schiffen, Inseln, Fischen, Behausungen, Werkzeugen, Gestir-

nen, Pferden und Personen. Kurz bevor er stirbt, entdeckt er, daß dieses geduldige Labyrinth aus Linien das Bild seines eigenen Gesichtes wiedergibt.«
Dennoch: ein Blinder als Direktor einer Bibliothek – das ist bestenfalls etwas für italienische Kriminalautoren. Oder sollte es doch möglich sein, gerade in der Metropole des Tangos? – Nein, ich entschied mich, den Blinden als Bibliotheksdirektor für eine hübsche Geschichte zu halten, die ein gewisser Borges geschrieben hatte, dem der Rest der Welt nur allzugerne auf den Leim ging, weil sich dieser Borges nicht nur darauf verstand, die Geschichte zu erzählen, sondern sie auch selbst vorzuleben.
Diesen Gedanken hing ich nach, als ich an der Piazza Venezia nach links abbog und meine Schritte Richtung Via Quattro Novembre richtete.
Einst sollte Borges, den seine Verehrerinnen und Verehrer einen Seher nannten, vor Studenten über das Thema des Fliegens sprechen.
Dabei sei er gleich zu Beginn ausgepfiffen worden. Er aber habe dies derart genossen, daß er auf seinen Vortrag verzichtet, sich ironisch für den freundlichen Empfang bedankt und sich bereit erklärt habe, alle Arten von Fragen zu beantworten. Besonders dumme Fragen habe er durch sein Schweigen geadelt.
Nach der Zukunft befragt, habe Borges geantwortet: »Zukunft gibt es vermutlich nicht. Sie besteht aus Erinnerungen an das Vergangene. Wir erwarten, daß das Gegenwärtige sich verwirkliche oder aber sich widerspreche. In Wirklichkeit weiß ich nicht einmal, wer ich bin. Ich habe es ein paarmal aufgeschrieben. Kurz darauf hat mich mein Freund Porzio erinnert: Er ist der andere, und Borges ist der, dem Sie, nach dem Fliegen befragt, nachspüren.« Schließlich habe es großen Applaus gegeben, der so unbegreiflich gewesen sei wie die Pfiffe am Anfang. Zuletzt aber soll der blinde Borges den Studenten gesagt haben: »Ich wundere mich, daß ihr mich lest. Lest einen anderen. Adiós!«

Was für ein Abgang!

Das Flugzeug lag ruhig in der Luft, und die Stewardeß schenkte Kaffee aus. Ich betrachtete meinen Nachbarn am Fensterplatz, als der bärtige Mann, der viel zu warm gekleidet war, wie ich in diesem Augenblick feststellte, aufstöhnte und sich mit der flachen Hand so laut gegen die Stirn schlug, daß für einen Moment etliche Passagiere erschraken und ängstlich zu uns hersahen.

Der schwere Mann stöhnte erneut und rief ziemlich laut *Carramba.*

»Carramba«, wiederholte er und nannte einen Namen: Borges!

Dabei zog er einen Paß aus der Jackentasche und wies sich als Argentinier aus. Er sei in Buenos Aires geboren, erfuhr ich, habe aber das Land wegen der politischen Verhältnisse lange Zeit gemieden. Er sei Künstler. Er sagte nicht: Musiker, Maler oder Schriftsteller, er sagte: Künstler. Und er sprach tadellos Deutsch.

Seine Blicke wanderten umher und blieben an den Beinen der Stewardeß hängen, doch er redete unentwegt weiter. Er erzählte von Buenos Aires und bestätigte so ziemlich alle Klischees, die jedem geläufig sind. Seine Augen begannen, die Stewardeß mit schamloser Genüßlichkeit zu entkleiden. Leichte Turbulenzen erschütterten die Maschine, als holpere sie über einen Feldweg. Das Flugzeug drehte nach links und machte die Welt aus der Sicht eines umgedrehten Fernglases zu einem schrägen Teller.

Da war die Rede von Tangos und weiten Straßen, von riesigen Plätzen und heitrer Lebensart, bis es mir gelang, die Suada zu unterbrechen und nach Borges zu fragen.

»Ach was, Borges«, lachte mein Nachbar. »Hören Sie mir auf mit Borges. Was wissen Sie schon von Borges? Was weiß die Menschheit von Borges? Borges ist eine Mystifikation. Wenn man seinen Namen auch nur denkt, müßte man sich genaugenommen bekreuzigen. Wußten Sie, daß der Verkehr stillsteht in Buenos Aires, wenn Borges die Straße überqueren will? Dann sagen die Leute: Da geht Borges. Was wissen Sie schon von Borges?«

Und er lachte und schwieg und nahm einen Schluck – aus meiner Tasse.

»Hören Sie mir auf mit Borges! Das war einer, der sein Leben nur in den Büchern lebte. Der suchte das Wissen und die Geheimnisse der Jahrhunderte, und eines hat er enträtselt: daß es im Labyrinth der Vorstellungskraft keinen letzten Weg geben kann. Für Borges war Lesen die einzige Möglichkeit, die Jahrtausende zu kreuzen. Hören Sie mir auf«, sagte der bärtige, zu warm gekleidete alte Mann und wischte sich mit einem schmutzigen Einstecktuch seines Jacketts den Schweiß aus dem Gesicht. »Wenn Borges schrieb«, belehrte mich der Argentinier, »dann bebte sein brennender Augenvorhang. Er schrieb auswendig. Weil er nicht schlafen konnte, überlegte er nachts, dann lebte er Satz für Satz, und am Morgen oder auch erst nach Wochen oder Monaten schrieb er die fertigen Bilder oder Geschichten.« Ein Besucher habe einmal nach einer Begegnung mit Borges notiert: »Seine Brauen und Wimpern flackerten lebhaft über den blinden Augen, während er mit mir sprach, als wären die Lider in seinem Gesicht wie Segel unter der Stirn zu Flügeln geworden: die Flügel seiner Augen, die er von sich aussendet wie Brieftauben oder Expeditionsluftschiffe, um die ganze Welt herumkreisen läßt, um sich nach ihrer Rückkehr von ihnen alles immer wieder berichten zu lassen, daß ihm nichts Neues und Altes noch Entdeckbares zu erhellendem Verbergen entginge.«

Der Fremde schwieg eine Weile. Dann zuckte er mit den Schultern, nahm noch einmal einen Schluck aus meiner Tasse und begann dabei auf so herzergreifende Weise zu lachen, daß es ihn schüttelte und beutelte.

»Alles schön und gut«, höre ich den Alten sagen und sehe, wie er sich auf die Schenkel klopft, »alles schön und gut«, und ich höre ihn kichern und japsen, und er ringt nach Luft, »aber Borges gibt es nicht. Borges hat es nie gegeben.« Allmählich beruhigt sich der Mann:

»Der aussichtsreichste Nobelpreis-Kandidat aller Zeiten ist eine Fiktion. All dieses geheimnisvolle Getue um schwarze Spiegel und Labyrinthe: reiner Mumpitz, ein von A bis Z zusammengeleimter Schwindel, das böse Kabinettstücken eines genialen und hinterfotzigen Kopfes, der die ganze Welt zum Narren hält. Was sage ich: kein Kabinettstückchen, ein Meisterwerk. Borges gibt es nicht, und es hat ihn nie gegeben. Wenn Sie mir eine Flasche Whisky spendieren, verrate ich Ihnen das Geheimnis. Hören Sie: kein Glas. Die Flasche! Sie haben doch Sprit. Leugnen sie nicht. Ich habe selbst beobachtet, wie Sie sich vor dem Abflug eingedeckt haben.«
Ich zögerte keinen Augenblick, kramte in meinem Köfferchen, holte die Flasche hervor und stellte sie vor den Argentinier, der sie hastig öffnete, ein wenig fahrig die Tasse füllte und den Alkohol in sich hineinschüttete, um gleich wieder nachzuschenken. Dabei fielen mir die behaarten Finger des alten Mannes auf. Wieder wischte er sich mit dem Einstecktüchlein über das Gesicht. Eine Weile schwieg er, trank, schenkte nach, schwieg wieder, ehe er zur Decke sah und wieder zu sprechen begann, vielleicht ein wenig zu laut: »Das poetische Gedächtnis gleicht einem riesigen Spiegel, in dem Wirklichkeit und Einbildung, Wahrheit, Lüge und Erfindung ineinander schwimmen. Alle Dichter und Werke der Weltliteratur, ja die ganze längst unerschütterbare Welt wird zum Scherben eines vergessenen Dichternamens, der nichts weiter ist als ein Staubkorn im Mosaik des Aleph, jenes allumfassenden Sinnzeichens, in dem sich das Universum zusammenzieht.«
Der Argentinier schwieg und trank. Er hatte einen guten Zug.
»Aber die Biographie von Borges«, wandte ich ein, »die Figur«, sagte ich – und erzählte vom Auftritt in der Akademie der Schönen Künste. Und ich erzählte vom Autogramm im *Buch der imaginären Wesen.*
Der Fremde lächelte und trank aus der Tasse, die er nicht müde wurde, immer wieder zu füllen. Mit einer Handbewegung wischte der Argentinier meine Bedenken und Einwände zur Seite:

»Schwindel, alles Schwindel, Lug und Trug. Borges gibt es nicht. Die Biographie ist erfunden, wie der ganze Kerl erfunden ist. Daß ich nicht lache! Ein Siebenjähriger, der bereits in zwei Sprachen Gedichte schreibt. Das glaube, wer will. Und weiter: die Kindheit in einem Vorort von Buenos Aires, einem Palermo der Messer und Gitarren, die sagenumwobene väterliche Bibliothek, Humbug, ebenso wie die literaturkundige englische Großmutter Fanny Haslam aus Staffordshire, der Urgroßvater gar, der die entscheidende Wende im südamerikanischen Unabhängigkeitskrieg in der Schlacht von Junin 1824 herbeigeführt habe. Alles nicht wahr; alles aus dem Reich der Fabel. Geschichten, nichts als Geschichten. Hat nicht dieser sogenannte Borges immer behauptet, die Wirklichkeit sei erst durch das Buch zugänglich – mit IHM als gloriosem Endpunkt einer langen Tradition, mit IHM als einem, der sich selbst im Gedicht feiert: ›Am Ende von fünfzig Generationen kehre ich am fernen Ufer eines großen Flusses, den die Drachen des Wiking nicht erreichten, zu den rauhen und mühseligen Wörtern zurück, die ich, mit einem zu Staub gewordenen Mund, in den Tagen von Northumbria und Mercia gebrauchte, bevor ich Haslam war oder Borges.‹ – Haslam war oder Borges. Lächerlich, so etwas. Ebenso die Schopenhauer-Lektüre, Carlyle und Whitman, die Ultraisten in Sevilla, schließlich die *Universalgeschichte der Niedertracht:* alles Fiktion, Erfindung, Hirngespinste, aus der Luft gegriffen, wie all die anderen Glanzlichter von Ironie und Grauen. Das Labyrinth des Geistes ist eine Fata Morgana.«
»Also bitte: erfunden«, lenkte ich ein, »aber erfunden von wem?«
Der Argentinier schenkte nach:
»Bekanntlich schrieb Borges in seiner Frühzeit mit seinem Freund Adolfo Bioy Casares Kriminalromane und Detektivgeschichten, die unter dem klangvollen Namen BIORGES veröffentlicht wurden.
Hören Sie es: BI-ORGES, zusammengezogen aus Borges und Bioy Casares. Man hat diese Bücher antiperonistische Krimi-

nalsatiren genannt. Von Interesse sind freilich nicht die auftretenden Snobs und Windhunde, sondern vor allem drei Personen. Erstens Don Isidro Parodi – Merken Sie etwas? –, der wegen einer Messerstecherei im Gefängnis sitzt, in seiner Einzelzelle aber empfangen darf, wen er will – also selbst nicht recherchieren kann, sondern auf seinen Verstand und das Geschwätz seiner Besucher angewiesen ist. Zweitens der Großschriftsteller Carlos Anglada, Autor der Werke *Wissen und Pissen* und bezeichnenderweise *Ich bin die anderen* – merken Sie immer noch nichts? –, und drittens Gervasio Montenegro, Mitglied der argentinischen Literaturakademie, Großmaul, Bohemien, Herzensbrecher und Schauspieler, der von den Einkünften eines Bordells lebt, das seine Frau, die Prinzession Fiodorovna betreibt. Detektiv, Großschriftsteller und Schauspieler: vereint unter dem Titel ICH BIN DIE ANDEREN. Das spricht eine deutliche Sprache.
Knapp zwei Jahre vor seinem Tod gestand dieser angebliche Borges:
›Die Welt ist – unseligerweise – wirklich; ich bin – unseligerweise – Borges. Das heißt ganz einfach, daß ich ein anderer sein möchte. Jemand, den ich nicht kenne. Ich kenne mich zu gut. Das Leben ist Suche nach Glück. Wenn man sein Glück sucht, kommt man schließlich zu der Feststellung, daß die einzig wirklichen Personen die sind, die man *nicht* kennt. Die Wirklichkeit ist das Unglück. Aber glücklicherweise ist mein Gedächtnis schwach, und ich habe nur die glücklichen Augenblicke gespeichert. Die traurigen Augenblicke habe ich vergessen. Ich habe die Hoffnung, bald zu sterben.‹«
Der Argentinier machte keine Pause:
»Was heißt überhaupt BORGES? Ein Allerweltsname. Im Telefonbuch von Lissabon wimmelt es von Borges, bourgeois, borghese, Bürger. Das ist wieder einmal typisch Bioy Casares. Bürger Borges, ein Blinder, von dem Ernesto Sabato sagt, er sehe besser als jeder andere in Buenos Aires.
Aber wer kennt schon Bioy Casares?
Bioy Casares ist längst nicht so bekannt wie Borges, aber er ist

ein ganz außergewöhnlicher Kopf. Denken Sie nur an seine Romane *Fluchtplan* oder *Schlaf in der Sonne*, haben Sie seine *Liebesgeschichten* gelesen, kennen Sie das *Buch von Himmel und Hölle*, das er angeblich mit Borges zusammengestellt hat? Erinnern Sie sich an das Vorwort, unterzeichnet von J. L. B. und A. B. C., Buenos Aires, am 27. Dezember 1959: ›Dieses Buch ist die Reinkarnation eines anderen, längeren ... Jedes einzelne der unterschiedlichen heiligen Bücher, welche die Menschheit ersonnen hat, vermachte uns eine ansehnliche Anzahl von Seiten ...‹?«
Wieder schenkte der bärtige Mann nach und wischte sich mit dem Einstecktüchlein über das Gesicht. Ruhig brummten die Motoren der *Fokker*. »Ist Ihnen nichts aufgefallen, haben Sie wirklich nichts, rein gar nichts bemerkt? Die Initialen: A. B. C.! Und wer schreibt schon drei Tage nach Weihnachten ein Vorwort – ausgerechnet am Tage von Johannes dem Evangelisten ein Vorwort zu einem Buch von Himmel und Hölle? Das alles soll auf nichts zeigen, das alles soll ohne jedwede Bedeutung sein? Bei einem Mann wie Bioy Casares? Bei einem A. B. C.? Wissen sie, warum Borges nie einen Roman geschrieben hat? Jede Zeile, die unter dem Namen Borges erschien, stammt aus der Feder von Adolfo Bioy Casares. Habe ich Ihnen nicht die wunderbaren Bücher von A. B. C. genannt? Gewiß – einen Titel werden Sie zu Recht vermißt haben. Jawohl: *Morels Erfindung.*
Das ist der Schlüssel zum Geheimnis.
Lesen Sie diesen Roman, und es wird Ihnen wie Schuppen von den Augen fallen: Jorge Luis Borges ist eine Erfindung von Adolfo Bioy Casares.
Ihm gelang die Verwirklichung der Sehnsucht aller Schriftsteller: ihre Figuren nicht nur zu erfinden, sondern sie leibhaftig werden zu lassen. Eine Biographie läßt sich erfinden – das ist ein Kinderspiel. Bis hin zu dem zynischen Lob der Caudillos Franco und Pinochet sowie zu der kühnen Behauptung, die Demokratie sei nichts anderes als ein kurioser Mißbrauch der Statistik.«

In diesem Augenblick geschah das Unerwartete, das zu jeder sich ereigneten unerhörten Begebenheit gehört.
Es geschah mit grausam präziser Plötzlichkeit und ohne jede Vorwarnung. Die Triebwerke des Flugzeuges fielen aus.
Beide zugleich.
Die Maschine segelte.
Sie segelte in eisiger Stille.
Wie diese Stille beschreiben?
Wie die Beklemmung in Worte fassen, wenn sich ganz langsam die Nase der Maschine neigt und der Pilot mit der Zigarette zwischen den Lippen versucht, den Kübel wieder hochzuziehen?
Es gelingt ihm zuerst sogar noch, und für lange Augenblicke liegt das Flugzeug wieder waagrecht.
Und doch folgt sofort die nächste Tauchwelle nach unten, und wieder zieht der Pilot hoch, und wieder liegt die *Fokker* einigermaßen waagrecht, ist aber schon ein wenig angeschlagen, will nicht mehr so, denn wieder neigt sie sich nach vorne, diesmal steil.
Ziemlich steil.
Wie die Hoffnung auf ein ebenes, flaches, plattes, etwas sumpfig federndes Reisfeld beschreiben inmitten des Gebirges zwischen Surabaya und Bandung, ein wenig sumpfig nur, um den Aufprall zu dämpfen?
Wie das beschreiben?
Bloß das Fahrwerk nicht ausfahren.
Bloß nicht wie eine Forke in den Acker graben.
Sich fest in den Sitz stemmen.
Sich nach vorne neigen.
Den Kopf zwischen die Arme.
Rübe runter.
Zwischen die Arme.
Auf die Knie.
Den Gurt nachziehen.
Stramm.
Sehr stramm.

Noch einmal nachziehen, bis es weh tut am Bauch.
Die Durchsage: Ladies and gentlemen, may we have your full attention. We find ourselves in a situation which calls for discipline and complete cooperation. Nicht rauchen. Kein offenes Feuer. Aber der Kapitän qualmt und pafft wie verrückt, zieht die Maschine immer wieder hoch, versucht, durchzustarten, aber die Propeller kommen nicht, nein, sie kommen nicht. Krawatten und Kragen lösen, wer trägt hier eine Krawatte, auch mein Nachbar trägt keine Krawatte, alle scharfen und spitzen Gegenstände wie Kugelschreiber, Brillen, Zahnprothesen, Kontaktlinsen entfernen, Schuhe ausziehen, Handgepäck unter den Vordersitz, den Vordersitz. Please remain calm and follow exactly the instructions of the crew. Drücken Sie die Rückenlehne des Vordermannes nach vorne, beugen Sie sich sofort weit nach vorne, und umspannen Sie fest die Knie. Hug your knees tightly with your arms. Schützen Sie Ihr Gesicht mit dem Kissen. Wir müssen mit mehreren Stößen bei der Landung rechnen. Richten Sie sich erst wieder auf, wenn das Flugzeug stillsteht. Lösen sie erst dann Ihren Sitzgurt. Auf unseren Zuruf verlassen Sie so schnell wie möglich das Flugzeug und laufen weg. Run away from it. Run away. Please remain calm. Die Nase neigt sich, taucht wieder hoch, neigt sich, und der Pilot trägt Boxerschuhe mit offener Ferse, beide Propeller stehen starr in der Luft. Die immer wieder gestellte Frage, was einem durch den Kopf geht in solch einem Augenblick: hug your knees tightly, Todesangst oder Lebensbilanz, was sind das für Worte, was meinen sie, nein, kein Film vor einem inneren Auge, nur hug your knees, remain clam, run away, eher noch Reue, ja, Reue sicher, oder doch nicht, vielleicht auch Erlösung, bald ist alles vorbei, vorbei, vorbei, der Brief des Japaners an seine Frau, war in allen Zeitungen, geschrieben während eines wenigstens zehnminütigen Sturzfluges eines Jumbojets, vor zwei Jahren, oder wie lange ist das her, hug your knees, Kissen, Gesicht, Rükkenlehne nach vorne, Nase nach vorne, steil, sehr steil jetzt, run away from it, wir müssen mit mehreren Stößen rechnen,

müssen wir, mit Stößen, mit Kugelschreibern, Zahnprothesen, Krawatten und Brillen. Die Maschine sackt durch, die Nase steil nach unten, immer steiler, hug your knees, denn eine sonderbare Vorstellung hatte von Almayers Hirn Besitz ergriffen. Es kam ihm vor, als sei er Jahre hindurch in eine tiefe Schlucht gefallen, follow exactly the instructions of the crew, aber es gibt gar keine instructions, Tag um Tag, Monat um Monat, Jahr um Jahr war er gestürzt; in einen glatten, runden, schwarzen Schacht, kein Reisfeld, nur Gebirge, Schacht, ja, Schacht, und die dunklen Wände waren in atemberaubender Geschwindigkeit an ihm vorbei in die Höhe gerast, das ist es, wir stürzen nicht, wir rasen, nein, die Welt stürzt hinauf, die ganze ganze Welt stürzt an uns vorbei hinauf. Das geschah mit ungeheuerem Getöse, und er glaubte, es immer noch zu hören; nun aber war er mit einem schrecklichen Aufprall, Aufprall – NEIN: kein Aufprall, sondern ein Knall, ein Knall, und der rechte Rotor zündet, er kommt, er dreht sich, er dreht sich immer schneller, er dreht sich schon so schnell, daß ich ihn nicht mehr sehen kann, endlich kann ich ihn nicht mehr sehen, die Maschine fängt sich, kippt ein wenig seitwärts, aber sie fängt sich sofort, und noch ein Knall, noch zwei drei Fehlzündungen und der linke Rotor beginnt ebenfalls zu arbeiten, mühsam zuerst, langsam, ganz langsam, dann immer schneller, schneller und schneller, ja, er kommt, komm schon, mach, er macht, die Maschine wird stabiler, Harras trägt offene Fersen und raucht wie ein Schlot, und Almayer, mein Gott, Almayer war nicht auf dem Grunde angekommen und siehe! er lebte und war unversehrt. Unversehrt war Almayer, und ungerührt saß der Argentinier und wischte sich mit dem schmutzigen Einstecktüchlein den Schweiß aus dem Gesicht und umklammerte die Whiskyflasche wie ein Gebetbuch. Ungerührt.

Es blieb lange sehr still im Flugzeug.

Brillen wurden aufgesetzt, Kugelschreiber eingesteckt, Zahnprothesen in ausgetrocknete Münder, Füße schweißnaß in Schuhe geschoben.

Mein Argentinier sieht mich an und sagt: »Ich habe beschlossen, meinen Fall offenzulassen.«
»Und Alamayer«, schreie ich, schrie ich.
»Auf seinem Gesicht lag jener heitere Ausdruck, der auf die plötzliche Erlösung von Sorge und Schmerz folgt, und bezeugte stumm vor dem wolkenlosen Himmel, daß dem Mann zu vergessen erlaubt gewesen war.« »Träumen Sie?« fragte der Argentinier.
Heute ist Donnerstag, und ich träume. Ich spreche inwendig, und ich bekenne, daß ich träume. Donnerstag, träume ich. Es ist ein kurzer, hartnäckiger und anstrengender Traum. In diesem Traum schreibt ein einfacher Mann, Sohn eines Engländers und einer Puertoricanerin, im milchigen Licht eines Winternachmittags in einer Kleinstadt namens Rutherford, New Jersey, Ridge Road No. 9, einige Zeilen auf ein Blatt Papier. Der Traum ist gerade zehn Zeilen lang, wobei die erste Zeile erst ganz am Schluß geschrieben wird. Sie besteht aus einem einzigen Wort: Donnerstag. Dieses Wort schreibt der Mann zuletzt, und damit ist auch schon die erste Zeile meines Traumes geträumt. In der zweiten Zeile, die mit einem Komma endet, wie auch die vierte, die sechste und die siebte Zeile mit einem Komma enden, im Gegensatz zur sechsten Zeile, die in einen offenen Gedankenstrich mündet, während die Zeilen drei, fünf und neun ohne Satzzeichen mit den Wörtern *so, gestemmt* und *aus* aufhören – also: in der zweiten Zeile meines Traumes steht: *Ich habe meinen Traum geträumt, wie andere auch.* Wo ich jetzt nach *auch* einen Punkt setze, weil es die Regel so will, steht in meinem Traum, wie gesagt, ein Komma. Ich merke das nur an, weil mir daran liegt, keine Verwirrung aufkommen zu lassen und meinen Traum möglichst traumgetreu zu erzählen. Die dritte Zeile schließlich behauptet Unerhörtes. Sie sagt, mein Traum sei *zu nichts geworden.* An dieser Stelle wundere ich mich im Traum, daß ich trotz dieser Ungeheuerlichkeit, die ich da träume, überhaupt noch weiterträume. Aber in dieser und in den folgenden Zeilen steht deutlich zu lesen: *und so stehe ich nun hier,*

sorglos, die Füße in den Boden gestemmt und schaue hinauf zum Himmel. Wie der Sohn eines Engländers und einer Puertoricanerin in Rutherford, New Jersey, Ridge Road No. 9, an dieser Stelle einfach *sorglos* schreiben mag, wird mir, milchiges Licht hin oder her, immer ein Rätsel bleiben. Jedenfalls setzt der Schreiber in meinem Traum nach dem Wort *Himmel* einen Gedankenstrich, vermutlich, weil er dies so einem Wort schuldig zu sein glaubt. Möglicherweise denkt er aber auch schon an die nächsten Buchstaben und Silben, die sich zu folgenden Worten fügen: *Ich spüre an mir meine Kleider, das Gewicht meines Körpers in meinen Schuhen, die Krempe an meinem Hut, die Luft, die ein und aus durch meine Nase geht, und sage mir* – und genau an dieser Stelle träume ich einen Doppelpunkt, denn was auf ihn folgt, bedarf einer Denkpause mit tiefem Durchatmen. Jetzt folgen nämlich jene drei Wörter, die meinen Traum ausmachen und die da lauten: *es ist ausgeträumt.*

Punktum.

Der Vollständigkeit halber möchte ich anmerken, daß ich neuerdings dazu neige, diesen Traum immer häufiger zu träumen. Dabei bin ich jetzt auch nicht mehr ein achtundsiebzigjähriger Sohn eines Engländers und einer Puertoricanerin in einer Kleinstadt namens Rutherford, New Jersey, sondern ich bin so alt, wie man eben ist von Donnerstag zu Donnerstag.

Ruhig lag die *Fokker* in der Luft, als sei nichts gewesen. Gleichmäßig summen die Motoren. Neben mir sitzt ein Argentinier, der zu seinem Lieblingsthema zurückgefunden hat:

Er ist wieder bei Borges.

»Wo waren wir stehengeblieben? Ach ja, bei *Morels Erfindung* und dem unsäglich obszönen Lob Francos. Was aus alledem folgt, wollen Sie wissen? Ganz einfach: Die Mitglieder der Schwedischen Akademie müssen den Braten gerochen haben. Deshalb haben sie immer wieder gezögert. Was wäre das für ein Triumph gewesen, wenn der von Bioy Casares erfundene

Borges aus der Hand des Königs von Schweden den Nobelpreis für Literatur erhalten hätte. Entgegengenommen hätte ihn jener Schmierenkomödiant, den Bioy Casares vor langer langer Zeit einmal von einer Provinzbühne weg für eine einzige Rolle engagiert hatte, welche die Rolle seines Lebens sein sollte. Der Schauspieler hatte nichts weiter zu tun, als unter dem Namen Borges die Texte von Bioy Casares vorzutragen und den Dichter zu mimen, der Gott und die Welt zusammenzitieren kann. Jeder bessere Komödiant kann das: Shakespeare und die Edda, Claudel und Faulkner und die Merseburger Zaubersprüche. Besagter Schauspieler lernte unter der Anleitung von Bioy Casares die Weltliteratur auswendig. Bald begann jedoch sein Augenleiden, mit dem auch ein Bioy Casares nicht rechnen konnte. Doch dann verstand es dieser geniale Kopf, daraus Kapital zu schlagen: der Mythos vom blinden Seher ward geboren. Die Blindheit schmälerte das Ansehen nicht, sondern sie steigerte es bis ins Kultische! Jorge Luis Borges, geboren angeblich am 24. 8. 1899, gestorben am 14. 6. 1986. Daß ich nicht lache. Abgetreten ist der Schauspieler, die Texte aus der Feder von Bioy Casares sind unsterblich. Der Schlüssel zum Geheimnis liegt in dem Roman *Morels Erfindung*. A. B. C. trieb das Spiel auf die Spitze, denn er konnte es sich nicht versagen, seinem eigenen Roman ein Vorwort des von ihm erfundenen Borges vorauszuschikken, in dem er sich selbst aufs Schamloseste lobt und es bezeichnenderweise mit den Worten beschließt: ›Ich habe mit dem Verfasser die Einzelheiten seiner Fabel erörtert; ich habe sie wieder gelesen; es erscheint mir weder unzutreffend noch übertrieben, wenn ich sie als vollkommen bezeichne.‹ In diesem Vorwort setzt Borges den Verwicklungsroman gegen den psychologischen Roman, der uns nur über seinen Charakter als Wortkunstwerk hinwegtäuschen wolle. Überhaupt wendet er sich gegen das allgemeine trübselige Geraune, unserem Jahrhundert sei die Gabe abhanden gekommen, interessante Konflikte zu schürzen und sich ein Romanabenteuer einfallen zu lassen, denn es sei praktisch unmöglich geworden, neue zu erfinden. Mit der Erfindung von Borges hat Bioy Casares den glänzenden Gegenbeweis angetreten und mit glücklicher Hand ein Unternehmen gewagt, das wohl zu den ehrgeizigsten gerechnet werden darf. Das Ende der Geschichte ist schnell erzählt. Der Schauspieler spielte die Rolle Borges und wurde, was ihm sonst nie gelungen wäre, weltberühmt. Bioy Casares blieb im Hintergrund, schrieb die Texte und zog die Schraube seiner genialen Erfindung immer enger: bis zum Anschlag. Wirklich problematisch wurde die Sache erst, als Borges von jenem Leiden befallen wurde, das alle alternden Komödianten fürchten: er konnte sich die Texte nicht mehr merken. Als Blinder war er darauf angewiesen, die Texte auswendig zu lernen. Nun ließ das Gedächtnis nach. Aber Bioy Casares sann auf Abhilfe. Eine junge Sekretärin wurde angestellt und als einzige in das Geheimnis eingeweiht: Maria Kodama, eine Nippo-Argentinierin.«

»Aber in der italienischen Zeitung stand, Borges sei schon einmal verheiratet gewesen.«

»Elsa, ach Elsa. Verewigt in dem Gedicht in *Lob des Schattens*, geschrieben in Cambridge 1967. Elsa: die mit achtundsechzig Jahren angeblich wiederentdeckte Jugendliebe. Ein Weibsbild, das mit Universitätsrektoren um Honorare feilschte, zwanzigtausend Dollar für ein Seminar, die gern Nerze und Capes vorführte und für ihren Sohn aus erster Ehe einen Diplomatenposten erbettelte, bis ihr von Leonor Acevedo de Borges, der angeblichen Mutter und abendlichen Vorleserin, das Handwerk gelegt wurde. Sie jagte sie einfach zum Teufel. Leonore gegen Elsa: typisch Bioy Casares. Dabei war Maria Kodama schon mit zwanzig ...«

Ich erinnerte mich deutlich an das Foto der Witwe in *La Repubblica* auf dem Weg ins römische Kino. Die Flasche Whisky war fast leer. Der bärtige Fremde mit den behaarten Fingern umklammerte sie, um den Bogen zu vollenden:

»Und es geschah ein kleines Wunder: Der greise Borges-Darsteller verliebte sich in Maria Kodama. Als er sein Ende nahen sah, handelte er wie ein einsamer Millionär und heiratete seine Sekretärin. Er vermachte ihr nicht nur die gesamte Gage, die ihm Bioy Casares laut Vertrag all die Jahre gezahlt hatte, sondern auch alle Rechte an den Werken von Jorge Luis Borges. Maria Kodama aber schwor auf die Bibel, niemals und unter keinen Umständen das Geheimnis zu lüften. Nur ich kenne es. Schließlich habe ich *Morels Erfindung* immer wieder Wort für Wort gelesen und genau studiert. Aber wer weiß: schließlich könnte ich genausogut der Priester sein, der die beiden getraut hat. Eine Eheschließung unterliegt nicht dem Beichtgeheimnis. Also dürfte ich darüber sprechen.«

Erneut wischte sich der Argentinier mit dem Einstecktüchlein über das Gesicht, blickte mich aus wäßrigen Augen an und bemerkte nach einiger Zeit mit belegter Stimme:

»Von Bioy Casares aber wird die Welt kein Sterbenswörtchen mehr über Borges hören. Das ist auch gar nicht nötig. Denn wie heißt es doch gleich in *Morels Erfindung*: ›Ich habe viel geschrieben: es erscheint mir überflüssig, Parallelen, die sich aufdrängen, zu zitieren, Todeskandidaten zu nennen, die weitreichende Zukunftspläne schmieden oder im Augenblick des Ertrinkens ihr Leben in allen Einzelheiten vor sich abrollen sehen. Der letzte Augenblick dürfte bestürzend und verworren sein. Stets sind wir von ihm so weit entfernt, daß wir uns die Schatten nicht vorzustellen vermögen, die ihn verdüstern. Jetzt will ich aufhören zu schreiben und in Ruhe darüber nachdenken, wie man diese Motoren wohl abstellt.‹«

Ein weiter Talkessel, umgeben von Vulkanen, kam in Sicht. Schließlich die Dächer von Bandung.

Das Flugzeug setzte sanft auf, rollte gemächlich aus und kam endlich zum Stehen. Die andächtige Stille in der Kabine wurde vom Klicken aufspringender Sitzgurte gelöst.

Ungläubig betrachtete ich den Mann, wie er sich umständlich und verlegen lächelnd erhob, die schwitzenden Hände an seinem Jackett abwischte, sich zur offenen Tür wandte und mich mit der Bemerkung zurückließ:

»Es wird ein anderes Zeitalter kommen, wo es licht wird und

wo der Mensch aus erhabenen Träumen erwacht und die Träume – wiederfindet, weil er nichts verlor als den Schlaf.« Mit einem Fuß schon im Freien, rief er mir noch zu, kein Geheimnis sei wert, was die Wege wert seien, die zu ihm führten.

Für diese Einsicht hätte der Absender nicht von Surabaya nach Bandung fliegen müssen. Die hätte er vom Thulserner Landboten billiger haben können.
Schließlich handelt unsereiner täglich nach dieser Devise.

DAS DREIUNDZWANZIGSTE KAPITEL *erzählt von Plaudereien am heimatlichen Kaminen, von der Heiligenverehrung, von der Schatzsuche sowie von einer Vision zweier bedeutender Persönlichkeiten*

Dezember

Mein Postranzen ist leer.
Ich mache mich auf den Heimweg.
Ich schiebe die Dienstmütze pfiffig ins Genick und radle dem Wirtshaus entgegen.
Mein Kollege Ürdinger muß auf seinem Gang sieben Wirtshäuser passieren.
Das sind sieben Versuchungen. Hin und zurück macht das vierzehn.
Vierzehn Kreuzwegstationen für einen durstigen Postboten.
Hin und wieder, erzählt Brandstetter, liest Ürdinger vor dem Kartenspiel auf allgemeine Bitte einen Brief vor. Dann tut er so, als befinde er sich in einem Pontifikalamt:
»Lesung aus dem Briefe des Amtsgerichts an den sehr geehrten Herrn ...«
Mir kann das nicht passieren.
Mir ist das Briefgeheimnis heilig.
Keinem gönne ich, daran teilzuhaben.
Angenommen, es handelt sich um einen Trauerfall.
Da genügt es, wenn der Briefträger der Leid-Tragende ist.
Gerade bei Liebesbriefen liegen die Dinge oft ebenso delikat wie quer.
Diskretion ist da bei mir Ehrensache.
Da wird nicht aus dem Täschchen geplaudert.
Schon betrete ich die Wirtsstube. Schon tönt es mir durch Bier- und Knödeldampf entgegen: Volksgenosse, trittst Du ein, soll Dein Gruß Heil Hitler sein!
Der Leichenschmaus ist vorbei.
Die Herrschaften sind zum gemütlichen Teil übergegangen.
Hochwürden schwenkt den Maßkrug und ruft in den Saal:
»Wir müssen wieder mehr dunkles Bier trinken. Vielleicht bekommen wir dann einen König.«
Die Jugendlichen haben sich in die *King Lui-Disco* zurückgezogen, die Veteranen besprechen das Reglement des Ochsenrennens, der Herr Fabrikant, unser Seilbahn-Baron, dessen Interessen nach dem letzten Staatsbesuch unseres Herrn Ministerpräsidenten auch in Moskau vertreten wurden, hat sich

zur Frauengruppe gesetzt und spricht von der Gründung eines Thulserner Instituts zur Erforschung und Entwicklung der idealen Brust. Die Miederindustrie habe festgestellt, daß mit der Hinwendung zu den wahren Werten wie Ruhe und Ordnung ein Hang zu den Kennzeichen üppiger Mütterlichkeit verbunden sei.
Und zum Wirt gewandt, bemerkt der Herr Fabrikant, mit den Blusen sei es wie mit den Maßkrügen: gut eingeschenkt müßten sie sein.
Der Herr Bürgermeister hätte lieber ein Institut zur Erforschung der Bedeutung der Lederhose in Thulsern und seiner alpenländischen Nachbarschaft. Demnächst wolle er eine Verordnung durchsetzen, derzufolge am Festzug zum Millennium nur teilnehmen darf, wer in der Krachledernen erscheint. Hochwürden macht darauf aufmerksam, daß es mit dem bischöflichen Verbot, an der Fronleichnamsprozession in der Kurzen zu erscheinen, noch nicht lange her sei. Überhaupt mache die Auszier auf dem Hosentürl bloß das Weibervolk verrückt und die Mannsbilder zu eingebildeten Gockeln, die, schlimmer noch als auf den sündhaften Bildern der Renaissance, in der man noch keinen Zwickel gekannt habe, ihre Gemächte herausstaffierten. Doch der Herr Bürgermeister meint, die Lederhose sei nicht bloß praktisch, sondern auch eine Weltanschauung und die reichverzierten, mit Hirschen, Gemsen, Edelweiß und Jahreszahl geschmückten Hosenträger seien anerkannt gesünder als die Gürtel, welche die Bäuche unnütz einschnürten. So ein Thulserner Löwe auf der Brust und den Bauchranzen um den Leib, womit ein Gürtel in Form eines flachgelegten Schlauches gemeint ist, der zum Aufbewahren von Geld und Wertsachen dient, mache erst einen richtigen Thulserner, den man unter Hunderten herauskenne. Schließlich habe schon der Erzherzog Johann, der mit dem berühmten Jodler, die Lederhose zum Symbol des freisinnigen volkstümlichen Prinzen erhoben. Mit der Hirschledernen sei man immer ordentlich gekleidet. Der Landesvater gehe mit gutem Beispiel voran. Hochwürden will gelesen

haben, schon Perser und Skythen hätten derlei Beinkleider getragen, von Andreas Hofer ganz zu schweigen. Zwar sehe er ihren Zweck bei Jagd und Heimatabend, doch vermöge er nicht einzusehen, warum ausgerechnet zum Millennium eine derartige Uniformierung notwendig sein solle. Gleichviel: ob ordinäre Chromgerberei oder sämisch gegerbt: das Sündhafte sei und bleibe der Latz. Gegen Hosenträger habe er nichts einzuwenden, auch er selbst trage Klipsträger unter der Soutane. Es seien die Folgen, vor denen er warne. Wenn die Mannsbilder in der Elch- oder Gamsledernen kämen, dann fühlten sich die Weiberleut zum Dirndl verpflichtet. Schon von Berufs wegen halte er nichts von der Brustschnürerei und den hervorquellenden Knödeln, die oftmals nichts anderes seien als die hängenden Gärten der Semiramis. Womit wir wieder beim Thema wären, meint der Herr Fabrikant und fügt hinzu, ordentlich Holz vor der Hüttn sei im Thulsernischen noch immer ein Kennzeichen der holden Weiblichkeit gewesen. Und von einer Sündhaftigkeit sei durchaus gar nichts dabei, wenn eine zeige, was sie außer ihrem Heiratsgut noch an Naturgewalten mitbringe. Auch die Geistlichkeit spechte zum rechten Augenblick gern einmal in so einen gut gefüllten Ausschnitt, nicht umsonst gebe es im Bischöflichen Ordinariat eigens eine Abteilung, welche zuverlässig und diskret die Alimentationszahlungen regle. Freilich müsse sich Hochwürden den Gedanken aus dem Kopf schlagen, jemals in derlei Beinkleidern das Hochamt zelebrieren zu dürfen.
Hochwürden hört traurig zu. Dazu muß er schweigen. Um ihn aufzumuntern, kommen wir auf das Thulserner Tonerl zu sprechen. Zuerst erinnern wir den Herrn Pfarrer an die letzte Fronleichnamsprozession, an festliche Uniformen und Trachten, an Schärpen und Kreuz und Fahnen, an den Himmel und die neue Monstranz und an die überfüllte Kirche. Wir stimmen Marienlieder an: Meerstern ich dich grüße, und lassen süße schwere Weihrauchschwaden aufsteigen wie beim Pontifikalamt. Ein einziges Kirchlein freilich blieb verschlossen, und Hochwürden bekommt einen traurigen Hun-

deblick: es ist das Wallfahrtskirchlein Maria Elend, in der das Thulserner Tonerl verehrt wird: ein Knäblein, das einer jahrhundertealten Legende zufolge von Juden ermordet wurde. Als die Verehrung untersagt wurde, schrieben die Thulserner an den Bischof: Wir lassen uns unser Tonerl nicht nehmen. Daraufhin wurde das Kirchentor versperrt. Doch die Thulserner schmückten die Kirchenmauer mit Blumen und beteten ihren Rosenkranz auf dem Platz vor der Kapelle. Ministranten traten in den Streik, die Gläubigen verweigerten den Besuch des Gottesdienstes, bloß weil sich die Juden von ihrem Makel freigekauft und die Schließung der Wallfahrtsstätte durchgesetzt hätten. Seit über fünfhundert Jahren verehrten die Thulserner ihr Tonerl, jetzt solle es auf einmal nicht mehr erlaubt sein. Die Thulserner drohten mit Kirchenaustritt. Den Bischof hießen sie einen Judenbüttel und verlangten von Hochwürden, endlich Farbe zu bekennen, auf welcher Seite er stehe. Der Geistliche hatte sich an die amtliche Erklärung zu halten, derzufolge das Tonerl nicht von Juden zu kultischen Zwecken ermordet worden, sondern bei einem Unfall zu Tode gekommen sei. Von Mördern und von Juden stehe nichts in den Urkunden. Wahrscheinlich hätten sich die Thulserner erst viel später eine Legende aus dem benachbarten Tirol zu eigen gemacht, wo ein jüdischer Kaufmann unter der Folter gestanden habe, das kleine Anderl von Rinn getötet und sein Blut getrunken zu haben. Der Sparkassenleiter soll gesagt haben: »Wenn es die Juden nicht waren, dann müssen die Theologen eben etwas anderes für unser Tonerl finden.« Den Thulsernern gilt das Tonerl seit Generationen als Fürsprecher bei Gott: weil besonders die Wirtshäuser und Devotionalienhändler gut von den Wallfahrern leben. Zahlreiche Votivtafeln bekunden die Gebetserhörung. Selbst die alliierten Bomberflotten habe das Tonerl abgewehrt, aber auch Unwetter und Mißernten, allerlei Nöte und Krankheiten. Einst ließen gräfliche Frauen in Gold fassen, was sie für die Gebeine des Thulserner Tonerl hielten und überführten die Reliquie nach Maria Elend. Bald setzten die Wallfahrten ein,

Schulklassen kamen, SSler aus der Ordensburg von Sonthofen, Nazi-Größen besichtigten das Andenken an jüdische Mordgier. Ein Volkskundler schrieb einen Artikel, in dem er nachzuweisen versuchte, daß die Juden das Tonerl aus Rache an Christus geopfert hätten. Ein Deckenfresko von Maria Elend zeigt, wie grinsende Mörder mit krummen Nasen dem blonden Büblein die Kehle durchschneiden und sein Blut in einem Kelch sammeln. Eltern drohten ihren unfolgsamen Kindern, sie zum Juden zu sperren. Als der Bischof einschritt, drohten die Thulserner Gebirgsschützen, den Glauben ihrer Väter mit der Flinte zu verteidigen. Andere von uns wollten im Vatikan anfragen, ob wir unser Tonerl behalten dürften. Zwar hatte der Bischof die Wallfahrtsumzüge verboten, doch kümmerte dies die Thulserner nicht. Sie veranstalteten ihre Prozession mit Kreuz und Fahne und Thulserner Tonerl-Spiel, das ein pensionierter Lehrer gedichtet hatte: voller Gemütstiefe und Heimatliebe und schlichter Volkstümlichkeit, wie es in der Zeitung hieß. Der Herr Bürgermeister hielt eine Ansprache, die fast eine Stunde dauerte. Das Wort Jude kam nicht vor. Dafür lobte er die Volksgläubigkeit und sagte: »Auch wenn draußen behauptet wird, wir hätten mehr Blaskapellen als Einwohner: der Thulserner ist voll Gemütstiefe. Er hängt an der Heimat und mag das Volksfremde nicht.« Dabei leben seit der Hitlerei keine Juden mehr in Thulsern. Niemand von den knapp dreihundert Juden ist zurückgekehrt. Aber in der Zeitung war zu lesen: »Eine Meinungsumfrage ergab, einem Viertel der Thulserner falle es schwer, einen gewissen körperlichen Widerwillen zu unterdrücken, müßten sie einem Juden die Hand geben. Ein Drittel meint, die Juden seien selber schuld an ihrer Verfolgung.« Eines Nachts schlugen Thulserner eine Grabnische in die Kirchenmauer und holten sich die goldgefaßten Gebeine des Thulserner Tonerl. Sie legten die Knochen in einen Zinkbehälter, schützten sie mit Watte und Holzwolle und versiegelten den Sarg. Anderntags war in der Zeitung zu lesen: »Vier Gendarmen mußten die Arbeiter schützen, als sie die Reliquie des

Märtyrerkindes in einer Seitenwand einmauerten. Mittlerweile ist die Kirche wieder geöffnet. Doch die Gläubigen wollen sie weiterhin meiden: Wo für das Tonerl kein Platz ist, da gehen wir auch nicht hin.« Der Herr Bürgermeister winkt ab. Wir sollen nicht so laut darüber nachdenken, sonst höre es der Postbote Lumumba und schreibe das Falsche in die Festschrift. Bei so einem könne man nie wissen. Solche Schreiber neigten dazu, das eigene Nest zu beschmutzen und sagten zu ihrer Rechtfertigung auch noch, Nester würden durch Schmutz zusammengehalten. Überdies sei die Nazi-Zeit in Thulsern ein für allemal vorbei. Das sei gewesen, aus und vorbei. Man habe Abbitte geleistet, eine Kollektivschuld gebe es nicht, nach dem Tod von Rudolf Hess müsse endgültig Feierabend sein. Wir wissen, daß der Bürgermeister stets etwas anderes denkt, als er sagt. Wir wissen von den Plänen des Herrn Bürgermeisters, wir kennen seine Vorliebe für Wünschelrutengänger. Angeblich um eine Heilquelle zu finden, denn nachdem es durch Gebietsreform nicht gelungen sei, Bad Wörishofen und damit den gesamten Kult um Sebastian Kneipp Thulsern einzuverleiben, müsse Thulsern eben auf eigene Ressourcen zurückgreifen. Um solche zu finden, brauche man Wünschelrutengänger. Ein Mineralwasser heile und erfrische, noch ehe man es getrunken habe, zumal unser Vertrauen zum Wasser aus dem Hahn angeschlagen sei. Dafür vertrauten wir jenem Geheimnis, welches das Wasser auf seinem Weg aus den Tiefen des Gesteins ausgebildet habe. Der Herr Bürgermeister spricht von seinen Verbindungen mit Professoren für Hydrogeologie und Balneologie an Universitäten des In- und Auslandes, deren Ionentabellen er aufmerksam studiere. Er halte sich an den Leitspruch: je mehr Mineralien, desto besser. Die neueste deutsche Tafelwasserverordnung unterscheide natürliches Mineralwasser, Tafelwasser und Quellwasser. Für Thulsern komme nur natürliches Mineralwasser in Frage, denn es sei mit Brief und Siegel anerkannt. Er habe die Begriffsbestimmungen für Kurorte, Heilorte und Heilbrunnen des Deutschen Bäderverbandes aufmerksam studiert. Er kenne sich aus: Natrium binde Wasser, Kalium scheide Wasser aus, Kalzium sei gut für den Knochenbau, Eisen für die Blutbildung, Chlor regle die Tätigkeit von Nieren und Magen, Magnesium von Nerven und Muskeln, Hydrogenkarbonat schone den Magen, Sulfat rege die Verdauung an, Fluor schütze gegen Karies. Mineralwasser habe weder Alkohol noch Kalorien, die Zahl der Snobs, welche sich mit Mineralwasser ihren Tee oder Kaffee zubereite, wachse. Thulsern müsse Heilbad werden, es brauche den Segen einer balneologischen Koriphäe. Thulsern brauche eine sympathische Arznei. So ein Heilschatz sei ein Fingerzeig Gottes, der dem Erdenschoß entsteige. Notfalls müsse man dem lieben Gott ein wenig auf die Sprünge helfen. Deshalb der Wünschelrutengänger! Auch das Grandhotel *Thulserna* habe seine Betten entsprechend gerückt, nachdem ein Rutengänger die Störzonen und Adern gemutet habe. Ein rutenfühliger Mensch spüre eben die Spannungen und Strahlungen. Deshalb biege es ihm die Rute, gleichviel, ob diese aus Draht sei oder aus Holz. Haselnuß sei am geeignetsten. Auch bei Menschen könne man feststellen, ob sie geopathogen seien. Mancher Bauherr lasse schon vor Baubeginn den Bauplatz untersuchen. Schon im alten China sei solches Brauch gewesen. Moses sei in der Wüste nur deshalb auf Wasser gestoßen, weil er den Fels unter die Rute genommen habe. Nicht umsonst sehe man den biblischen Führer stets mit einem Stab abgebildet. Störzonen seien auch für Verkehrsunfälle verantwortlich, die sich an bestimmten Kreuzungen häuften. So ein richtiger Muter habe eben den Magnetsinn. Er müsse Thulsern die Heilquelle bescheren. Eine der ersten wissenschaftlichen Abhandlungen über das Rutengehen sei in Thulsern gedruckt worden: *Disquisitio an virgula mercurialis agat ex occulte qualitate*, zu deutsch: Ob die Wünschel-Rute aus verborgener Krafft würcke? Carl Graf von Klinckowstroem, der große alte Mann der Radiästhesie berufe sich noch heute darauf. Selbst das Städtische Wasseramt München habe einst Rohrbrüche von Rutengängern suchen lassen. Sie könnten die Tiefe eines Wasservorkommens auf den Meter genau orten und darüber hinaus die Schüttung pro Sekunde angeben. Aber obwohl wir schon ganz ordentlich gebechert und vielleicht schon einen in der Krone haben, lassen wir uns vom Herrn Bürgermeister nicht einseifen. Wir wissen nämlich, daß es ihm gar nicht um die Heilquelle geht, wir wissen nämlich, daß unser sauberer Herr Bürgermeister den Wünschelrutengänger für einen ganz anderen Zweck angeheuert hat. Er soll ihm nämlich keine Heilquelle ausmuten, sondern ein ganz anderes Heil finden helfen: den Nazi-Schatz, der weder im Alatsee noch im Toplitzsee, sondern in Thulsern versenkt worden sei. Deshalb spricht der Herr Bürgermeister doppelbödig vom Schatz der Vergangenheit. Vielleicht ist der Nazi-Schatz tatsächlich im Fernsteinsee versenkt, zumal der See einen doppelten Boden aus Baumstämmen und einen unterirdischen Zugang zu Schloß Neuschwanstein haben soll, den König Ludwig graben ließ, um Bismarcks Häschern zu entgehen. Nur Sissy, die österreichische Kaiserin, habe von dem Gang gewußt. Seit mehr als vierzig Jahren sei die kostbarste Kriegsbeute der Deutschen verschollen: »Ein Schatz wie im Märchen. Dunkelbraun, mattgelb, weißgolden schimmernde Steine, warm und weich glänzende Mosaiken, Akanthusranken und Rosetten, blitzendes Kristall, glitzernde Lüster, funkelnde Leuchter – das Bernsteinzimmer.« So beginne einer der Berichte, die er alle studiert habe. Das Bernsteinzimmer: einst Geschenk des Soldatenkönigs Friedrich Wilhelm I. an Peter den Großen als Unterpfand für das Bündnis zwischen Rußland und Preußen, von der Zarentochter Elisabeth nach Zarskoje Selo überführt, der ehemaligen Sommerresidenz der Zarenfamilie in Puschkin. Dort ließ der Architekt Graf Carlo Rastrelli durch den italienischen Bildhauer Martelli das Kabinett in einen Festsaal verwandeln. Der 10,55 × 11,50 Meter große Raum mit sechs Meter hohen Wänden bestand aus Panneaus, aus unzählig vielen Bernsteinplättchen, verziert mit Basreliefs, Büsten, Figuren, Wappen, Initialen und allegorischen Darstellungen. Sein Wert werde heute auf mindestens fünfzig Millionen Dollar geschätzt. Im Jahre 1941 habe eine russische Bombe den großen Saal des Schlosses aufgerissen. Trümmer aus Stuck und Marmor bedeckten den Fußboden. Die eingelegten Böden seien schon mit einer Sandschicht geschützt gewesen, als sich die Deutschen im Schloß ausgebreitet und zunächst wenig Rücksicht auf Kostbarkeiten genommen hätten. Im Bernsteinzimmer seien die Wände mit dicker Pappe zugeklebt und abgedeckt gewesen. Dennoch sei es einigen Landsern gelungen, mit dem Seitengewehr einige Erinnerungsstücke aus dem Bernstein zu brechen. Schon wenige Tage später hätten deutsche Kunstschutzoffiziere, im Privatleben Kunsthistoriker, für den Abtransport des Bernsteinzimmers nach Königsberg gesorgt. Göring habe es für seine Sammlungen in Karinhall vorgesehen, doch der Einsatzstab Rosenberg sei für Hitler persönlich unterwegs gewesen, da dieser in Linz ein gewaltiges Kunstmuseum geplant habe. Neben dem Einsatzstab Rosenberg hätten sich jedoch auch Gauleiter Koch, die preußische Verwaltung Schlösser und Gärten sowie die SS und Bormann für das Bernsteinzimmer interessiert. Als sich das Kriegsglück zu wenden begonnen habe, seien Pläne ausgearbeitet worden, das Bernsteinzimmer als Unterpfand bei Verhandlungen zu nützen. Im Januar 1945 sei das in Kisten verpackte Bernsteinzimmer mit den Särgen Hindenburgs und seiner Gemahlin sowie mit der privaten Kunstsammlung des Gauleiters Koch und zweihundertfünfzig Fahnen und Feldzeichen aus dem Tannenberger Ehrenmal an Bord der *Pretoria*, einst Fahrgastschiff der Afrikalinie, evakuiert worden. Einige behaupteten, das Bernsteinzimmer sei mit der *Wilhelm Gustloff* untergegangen. Von Swinemünde oder Kiel aus sei es per Bahn kreuzquer durch Thüringen gegangen, danach weiter auf Lkws bis Volpriehausen bei Göttingen, wo man die Schätze zunächst im Kalibergwerk gelagert habe. Dort sei es bereits zu Plünderungen gekommen. Sogar Kinder habe man beim Spiel mit Bernstein auf offener Straße erwischt. Getarnt als geologische Formationssammlungen sei das Material schon im Februar '45 nach

Süden weitergeleitet worden. Ziel: das Salzbergwerk Alt-Aussee, wo Hitler seine Schätze aufbewahrte, via Berchtesgaden, wohin Görings Sonderzug mit den Rothschild-Juwelen und den Millionen-Devisen der Reichsbank dirigiert worden sei. Bormann habe sämtliche Schätze nach Südtirol umleiten wollen. Das Bernsteinzimmer habe jedoch gerettet und in Schloß Neuschwanstein zusammen mit anderen Kunstschätzen versteckt werden können. Als die SS verbrannte Erde und damit die Sprengung von Schloß Neuschwanstein beschlossen habe, sei es zu jener Nacht-und-Nebel-Aktion gekommen, seit der das Bernsteinzimmer verschollen sei. Er als Bürgermeister von Thulsern sei jedoch felsenfest davon überzeugt, daß das Russenzimmer nicht in die Schweiz geschmuggelt, sondern nach wie vor im Thulsernischen versenkt oder vergraben sei. Nur ein guter Rutengänger sei in der Lage, den Standort auszumuten. Das müsse doch zu machen sein. Aber der Bürgermeister legt den rechten Zeigefinger auf die geschlossenen Lippen.
Der Bürgermeister verspürt einen natürlichen Druck in der Hose.
Das Bier treibt.
Das spürt auch Hochwürden.
Doch da ist am unteren Tisch von einer großen Schlacht die Rede.
Auch sie hat ihren Platz im Festspielplan zum Millennium.
Niemand weiß, ob die Schlacht am Hörnle wirklich stattgefunden hat. Zwar gibt es einen pompösen Gedenkstein, aber historisch verbürgt ist der große Bauernaufstand nicht. Die Thulserner haben sich ihre glorreiche Vergangenheit aus den Fingern gesogen. Da ist bis auf den heutigen Tag die Rede von den aufständischen Bauern, die sich im Steinbruch verschanzt haben. Angeblich erschien am frühen Morgen ein prächtiger Regenbogen und überspannte die Wagenburg der Aufwiegler. Der Prediger habe dies als Fingerzeig Gottes gedeutet und zum Losschlagen aufgerufen, doch sei der Ausfall der Bauern zu spät gekommen. Die fürstlichen Truppen hätten

sie umzingelt, eingeschlossen und niedergemetzelt. Unter den Fürstlichen habe es nur wenige Verletzte, unter den Aufständischen dagegen ein gewaltiges Blutvergießen gegeben. Die Revolte sei unter den Lanzen und Schwertern und Musketenkugeln kläglich zusammengebrochen. In den Annalen Großthulserns jedoch wird die Legende zur ersten frühbürgerlichen Revolution auf deutschem Boden. Vom Sturm des Volkes auf die fürstliche Macht ist die Rede, von einer umfassenden Erneuerungsbewegung, der Suche nach einer neuen Ordnung, gar der Wiederherstellung des Göttlichen Rechts, das sich die Thulserner großzügig selbst zugesprochen haben.
Dem denkwürdigen Ereignis soll zur Tausendjahrfeier ein Denkmal gesetzt werden. Der Lawinenmaler Mang Anton Stapf soll es malen. Statt der gewohnten blauweißen Lawinen endlich die bluttriefende Schlacht am Hörnle. Dazu wurde auf den Schlachtberg ein kesselförmiger Betonbunker gestellt, der dem Panoramabild Gefäß sein soll: hundertfünfzig Meter lang und fünfzehn Meter hoch. Der Stapf wurde ausersehen, denn er sei Thulsern-Pathetiker genug, um die größte Leinwand, die je bemalt wurde, mit seiner Geschichtssucht zu bepinseln. Dabei könne er heimkehren in jene Zeiten, in die er immer schon habe hinabtauchen wollen, um mit ihnen Zwiesprache zu halten. Mang Anton Stapf werde das größte Ölgemälde der Kunstgeschichte vollenden. Stichtag sei das Millennium. Dann müsse der Schinken fertig sein. In Zyklen und Varianten könne er sich austoben und panoramatisch entfalten, was dem Gedächtnis der Thulserner nie mehr entfallen solle. Stapf solle sich mit Geschichtswissenschaftlern beraten, ansonsten aber seine Vorstellungskraft von der Leine lassen und sich über Quellen und Vorgaben, Einwände und besserwisserische Nörgeleien hinwegfabulieren.
Und zwar so:
Im Zentrum das Prachtstück, die strahlende Schlacht. Dazu ein tragischer Held in der Predigerkutte, gesenkte Fahnen, trommelnde Bauern, wogendes Getümmel, wirbelnde Figurenreigen, Alltag und Apokalypse, Reales und Imaginäres,

Irdisches und Kosmisches, Wunder, Engel, Teufel, Narren und Päpste, Fürsten, Weiber, geschnürt und gespreizt, Parzen, Musen, Adam und Eva, Kain und Abel, Himmelfahrten, Höllenstürze, Bürger und Bauern, Handwerker, Pfaffen, Kuttenbrunzer, elendes Volk, berauschter Adel, das Recht der ersten Nacht, prunkvoll, alles sehr prunkvoll, flimmernde Sommer, blattvergoldeter Herbst, schimmernde Schneefelder, schroffkarstige Berge, Jungbrunnenidyllen für Kropfkranke und Hinfällige, Teufelsaustreibungen, Fronleichnamsprozessionen, Pontifikalämter, Kreuz und Fahne, Flurumgänge, blühende Wiesen, wie es einmal war, vorbei und verweht, dazu Luther und Paracelsus, Kopernikus, Kolumbus und Gagarin, ein alchimistisches Pandämonium, alle Klassen und Ständ' in Jammer, Elend und Glanz, in Torheit, Schuld und Geilheit, ein Welttheater, Endzeit und Schöpfungstag, alles zugleich, gebildet, volkstümlich, bizarr, hinterpfündig, abgründig mit Kampf, Elend und Tod.
Das Großthulserner Universum.
Ein kolossales Marionettentheater.
Ein immerwährender Zirkus.
Ein zapfendusteres Narrenspiel.
Zuletzt ein Totentanz, Freunderl.
Denn dem Tod springt keiner von der Schaufel.
Auch unser Roman hat das nicht geschafft.
Gott hab' ihn selig.
Eine Gewölbemalerei.
Die ganz große Verzauberung.
Stapf, du wirst es uns malen.
Du bist ausersehen.
Du wirst Thulserns Vergangenheit auf die Riesenleinwand bannen.
Mit überwältigender Farbigkeit.
Einen Breitwandfilm wirst du uns schaffen, wie ihn noch kein Menschenauge je gesehn.
Stapf, sagt der Bürgermeister, der Gemeinderat wird das Gutachten eines Kunstkritikers einholen. Dem kannst du

dann entnehmen, wie du zu malen hast. Dann kann nichts schiefgehen. Denn wo kämen wir hin, wenn jeder so malte, wie er will, und nicht so, wie es Kritiker und Gemeinderat beschlossen haben. Das ist Demokratie.

So, und jetzt muß ich mal dorthin, wohin der Kaiser zu Fuß geht.

Wie gut ist es, wenn einer kann, wenn er muß, denn wer kann, ist gut dran. Aber wo ein Wille ist, da ist nicht immer ein Gebüsch. Heutzutage muß einer wissen, wo er darf, wenn er müssen muß, denn Wasser hat, wie man schon in der Schule lernt, eine so mächtige Gewalt, daß es sogar der stärkste Mann nicht halten kann. Hiermit wird dem Herrn Bürgermeister das Problem des öffentlichen Aufknöpfelns und breitbeinigen Baum- und Mauerstehens unversehens bewußt. Der Anstand gebietet es, dabei nicht nur Mißverständnissen vorzubeugen, sondern auch die entsprechende Muskulatur unter Kontrolle zu halten.

Von meinen Botengängen weiß ich:

Müssen und Halten stehen in einem Spannungsverhältnis zueinander.

Solches war bereits Gegenstand einer Ratssitzung.

Hochwürden berief sich in beratender Funktion auf Hesiods Verse 727–737 von *Werke und Tage* und zitierte für die des Lateinischen Unkundigen Thassilo von Scheffers Übersetzung aus dem Jahre 1935:

»Schlage dein Wasser nicht ab, wenn du zur Sonne gewendet; aber auch wenn sie gesunken, gedenke, bis sie heraufkommt, nicht auf dem Weg, noch außer dem Weg im Gehen zu harnen, noch auch völlig entblößt; sitzend vollzieht es der Mann, der gläubig und edel gesonnen ...« Solches mußte den Widerspruch der Frauen hervorrufen, die, wie der Sultan des Kaffs dies nannte, dank der Tittenquote mitzureden hatten. Nach Protest und Verweis erging der Beschluß, öffentliche Gelegenheiten zu schaffen.

In einer durchweg latrinologisch geführten Debatte wurden vom Rat Vor- und Nachteile öffentlicher Pinkulatorien erwo-

gen. Die einen plädierten für überdachte Befreiungshallen, andere wiederum für freistehende Gießhäuser und chemisch zu reinigende Plätscheranstalten für beiderlei Geschlecht.
Nur in einem war man sich einig: der Eintritt in Thulserns Café Wellblech sollte unbedingt frei sein.
Der Pfarrer und der Bürgermeister müssen sich erleichtern. Schweigend erheben sie sich von ihren Plätzen, ziehen die Jacken zurecht, begeben sich Richtung Abtritt. Im Pissoir suchen sie sich in größtmöglicher Entfernung ihre Schüssel aus, knöpfen die Hose auf und beginnen, die Kacheln zu wässern. Beide reden sie vor sich hin und doch zueinander, obgleich beide gegen eine gekachtelte Wand sprechen.
Was uns zum Millennium fehlt, ist ein Wunder, sagt der Pfarrer. Eine Muttergotteserscheinung. Das Thulserner Fatima. Maria im Strahlenkranz.
Was uns zum Millennium fehlt, sagt der Bürgermeister, das ist ein richtiges Spektakel. Ein Ringkampf. Um den Thulserner Laokoon-Pokal.
Pfarrer und Bürgermeister lassen es laufen. Die automatische Spülung der Becken setzt ein.
Schon sieht Hochwürden, wie sich mehrere Gläubige vor dem Pfarrhof versammeln: Junge und Alte, Gesunde und Kranke. Viele haben die Augen geschlossen, meditieren, lassen die Perlen des Rosenkranzes durch ihre Finger gleiten. Eine Amerikanerin beginnt, laut zu beten. Die anderen stimmen ein. Nach und nach schwillt der Chor an. Lieder werden angestimmt: Meerstern ich dich grüße. Oh Maria hilf. Gottesmutter süße. Oho Ma-ha-ri-ha-hahilf. Als die untergehende Sonne hinter dem Kirchturm zu verschwinden droht, kommt Unruhe auf. Ein Regenbogen spannt sich über den Abendhimmel. Ist da nicht in diesem gleißenden Licht ein Zeichen zu erkennen?
Der Bürgermeister sieht ein ganz anderes Bild. Er sieht mächtige Männer im Ringertrikot. Sie umschleichen sich, lauern, kreisen behäbig, drohen augenblicklich, den anderen anzufallen und mit einem Griff auf die Matte zu legen. Der Bürger-

meister hört Fleisch an Fleisch sich reiben, riecht Schweiß und Männerdunst, will, daß es klatscht und stöhnt und daß es trocken in den Knochen knackt. Er will sehen, wie einer den anderen aushebelt, wie einer den entscheidenden Griff ansetzt und seinen Gegner hochstemmt, ehe er ihn in Schulterlage matt setzt. Seit er seine Gegner auf dem Schulhof in der großen Pause in den Schwitzkasten nahm und solches von Ratsitzung zu Ratsitzung träumt, begeistert sich der Herr Bürgermeister am Bild in sich verschlungener Männer, die nur noch an der Farbe ihrer Leibchen auseinanderzuhalten sind. Er liebt diese Schwarz-Rot-Kombinationen, er liebt diese Gelb-Blau-Achter, er jubelt, wenn sich Beine und Arme verknoten und der ganz in Weiß gekleidete Ringrichter darauf achtet, daß es nicht zur Mattenflucht kommt.
Vierzehntägig erscheint sie, denkt sich Hochwürden und läßt sich auslaufen. Aber nur die Sehenden sehen sie. Nur die wirklich Frommen. Den anderen bleibt die Muttergottes verborgen. Kinder haben sie zuerst gesehen. Unschuldige Mädchen. Das war schon immer so. Thulsern wird zum neuen Wallfahrtsort, wenn sich das Wunder erst einmal in aller Welt herumgesprochen hat. Dann wird Thulsern Fatima und Lourdes den Rang ablaufen. Dessen ist sich Hochwürden sicher. Wunderschönprächtige, Holde und Mächtige. Alle werden sie kommen: die Lahmen werden wieder gehen, die Blinden werden wieder sehen, die Stummen werden wieder sprechen. Wunder über Wunder werden geschehen. Und das Thulserner Fernsehen immer live mit dabei. Und aus dem Thulserner Pfarrer wird ein Geistlicher Herr werden. Mindestens ein Monsignore. Täglich werden die Scharen strömen, Tausende von Messen und Andachten werden gelesen werden. Gläubige aller Farben und Nationalitäten werden nach Thulsern kommen. Maria Elend, die Muttergottes von Schwarzwasser wird so berühmt werden wie die Madonna von Tschenstochau. Der Reliquienhandel wird blühen. Vielleicht wird eines Tages sogar der Papst einfliegen und Thulserner Boden küssen.

Der Bürgermeister müßte ihn empfangen. Doch der denkt nicht an Seine Heiligkeit, er hat den Kopf ganz woanders. Er hat ihn bei der Kopfklammer und bei den geölten Leibern, bei verstümmelten Ohren und bei Nasen, die über die Matte schrammen. Wohlbeleibte Männer will er um sich sehen und ihre öligen Körper riechen. Griechisch-römisch will er sehen und Freistil, Muskeln und Stiernacken und schweißüberströmte Gesichter, stämmige kurze Beine wie marmorne Säulen. Sein Favorit hat die dicken Arme auf die Schenkel gestützt. Er mustert seinen Gegner von unten herauf mit einem bösartigen Blick. Plötzlich packt einer den anderen, wirft ihn sich über die Schulter, ein kurzes Drücken und Heben, wie ein Auswiegen, und einer der beiden Männer rollt über die Schulter auf die Matte. Würgegriffe, Treten, Schlagen und Strangulieren sind nicht erlaubt. Gekämpft wird in beiden Stilarten in acht Gewichtsklassen, vom Fliegen- bis zum Schwergewicht. Jeder Kampf dauert fünfzehn Minuten. Als besiegt gilt der, dessen beide Schultern, wenn auch nur flüchtig, zu gleicher Zeit die Matte berühren.
In die Matte niesen, die Matte küssen, nennt das der Herr Bürgermeister.
Die Gläubigen kommen, obwohl der Bischof zunächst die Pilgerfahrten untersagt. Bus um Bus rollen die Betenden und Heilsuchenden, die Rollstuhlfahrer und Behinderten heran. Bus für Bus. Zahllose Telefonanrufe, die um Auskunft bitten. Wissenschaftler nehmen sich des Phänomens an, bezweifeln zunächst die Heilungen, kapitulieren schließlich vor Inbrunst und einem Glauben, der Berge versetzt. Hochwürden weiß: gegen die Muttergottes kann keiner an. Zwar bestehen weiterhin Untersuchungskommissionen, zwar ist Thulsern nach wie vor ein Thema der Bischofskonferenz, doch das letzte Wort haben die Gläubigen.
Was sollen die Zweifler machen? Pilgergruppe um Pilgergruppe kommt nach Thulsern. Weithin tönt es: oho Ma-ha-ri-ha-ha-hahilf. Meist reisen die Heilsuchenden mit Priestern an, um Gottesdienste in allen Sprachen zu feiern. Der Pfarrer

von Thulsern wird einen Hinweis an der Kirchentür anbringen lassen: Willkommen in Thulsern. Leider sind wir nicht mehr in der Lage, allen Amtsbrüdern Meßgewänder zur Verfügung zu stellen. Daher bitten wir Sie: Bringen Sie eigene Alba und Stola mit.

Der Triumph der Muskeln, die Sumo-Söhne Nippons, wahre Monster, die nackten Kämpfer der Antike, schon vor viertausend Jahren kämpften die alten Ägypter nach Regeln, wie sie heute noch gültig sind. Türken und Perser werden nach Thulsern kommen, Russen, Schweden und Chinesen, Japaner, Koreaner, Bulgaren, Ungarn und Filippinos, der Pampas-Stier und der Würger von Warschau werden ihre Schädel aufeinanderkrachen lassen. Wenn im Standkampf keine Entscheidung fällt, wird der Schiedsrichter eine Bodenrunde ansetzen. Dann wird es sich zeigen, wer Herr der Matte sein wird. Der Bürgermeister sieht eine hünenhafte Gestalt vor sich, mit kämpferischer Kraft und überlegener Technik. Er kennt die Ringer, er weiß, aus welchen Berufen sie kommen: Kranführer, Schlosser und Schweißer, auch bärenstarke Grubenhauer, die ihre Gegner wie am Bratspieß herumdrehen, die mit den Beinen haken und ihre Zentner ins Feld führen. Mutproben und Knabenspiele, Raufbolde ein Lebtag, Hüftschwinger und Genickstaucher. Der Bürgermeister liebt sie alle, wie sie daherkommen und um den Thulserner Laokoon-Pokal ringen, mit dem die höchste Geldsumme verbunden ist, die je bei einem Ringerfest ausgesetzt war. Doch größeren Ruhm kann keiner ernten als durch die Taten, die er mit Händen und Füßen vollbringt. Der Bürgermeister kann sich nichts Schöneres vorstellen, als sich an seinen Gegner zu klammern und ihn dabei doch im Griff zu haben.

Die Botschaften der Muttergottes werden auf hektographierten Zetteln, schließlich über Lautsprecheranlagen und Walkman verbreitet. Gebetsaktionen, Exerzitien, Kongresse. Überall werden die Geistlichen den Gläubigen die Beichte abnehmen und sie von ihren Sünden freisprechen: ego te absolvo. Rastplätze, Parkplätze, Imbißstuben werden not-

wendig werden. Woran er alles denken muß, der Herr Pfarrer, während er sein Wasser abschlägt. Was wird Rom zur Muttergotteserscheinung sagen? Gespräch, Gesang und Gebet, stille Einkehr und ein ganz und gar neues Gemeinschaftserlebnis. Erneuerung und Erweckung. Die zweite Thulserner Erweckungsbewegung, gegen die Johann Michael Fenebergs Erweckungsfeuer weiland eine müde Funzel sein wird. Gottesdienste unter freiem Himmel mit Blasmusikbegleitung auf dem Berg der ersten Muttergotteserscheinung von Maria Elend. Die Thulserner Nähe zu Gott.
Der Laokoon-Pokal. Ganz aus Gold. Für die Meister des Hosenlupf, für Manneskraft und Urstärke, für Leiber, die unauflöslich verknotet sind. Das antike Theater wird in Thulsern fröhliche Urständ feiern. Das Ringerfest wird vorführen, wie es bei den alten Griechen wirklich zugegangen ist, wie da gerungen wurde zu Zeiten, da der olympische Gedanke noch rein war und heilig. Wenn die Schlagader des Gegners schwillt, wenn sich lustvoll die Bänder dehnen und das Schlüsselbein knickt, wenn der Bär von Bagdad den Stier von Uri aushebelt, wenn die Schenkel glänzen vor Schweiß und die Haare klatschnaß kleben, wenn die Zähne malmen und die Schwarten aufeinanderkrachen, dann wird sich der Herr Bürgermeister in der Loge in seinem Sessel zurücklehnen und einen wohligen Schauer spüren, der ihm über den Rücken läuft. Fast so leicht wird er sich vorkommen wie jetzt, da er sich von seinem Blasendruck befreit hat und weiter an die Kachelwand hinmurmelt, schnell aber über die Schulter prüft, wie weit Hochwürden ist mit seinem Geschäft.
Auch er hat den ärgsten Druck abgebaut, doch hält ihn seine Vision vor dem Becken. Die Erscheinung der Muttergottes läßt ihm keine Ruhe. Ehe uns die Muttergottes erscheint, sehen wir ein Licht, bestätigen die Sehenden und schildern die Himmelskönigin als eine schöne Frau, kaum älter als fünfundzwanzig Jahre, mit einer Stimme wie ein ruhiger Glokkenschlag. Jedesmal sei sie in andere Kleider gehüllt, doch sämtliche Gewänder seien von Heiligenbildern her bekannt.

Zuerst sage die Frau ein deutliches »Gelobt sei Jesus Christus«, das mit einem »In Ewigkeit Amen« beantwortet werden müsse. Dann gebe die Muttergottes die Botschaft aus. In Thulserner Mundart, aber deutlich dem Hochdeutschen angeglichen. Zahlreiche Jugendliche stellen ihr Leben in den Dienst von Orden und Mission, weihen ihre Zukunft der Religion, füllen Priesterseminare und Nonnenklöster. Aufrufe zum Frieden, zur Umkehr, zu Glauben und täglichem Gebet gehen vom Thulserner Boden aus. Katastrophen werden vorhergesagt, Geheimnisse anvertraut, Zeichen sind zu setzen, Zeichen! Aber Rom wird skeptisch bleiben, denn von fast dreihundert Erscheinungen in den letzten fünfzig Jahren wurde nicht eine anerkannt. Thulsern wird einen mühevollen Weg gehen müssen, aber die Gläubigen und die Sehenden, die Geheilten und die Erweckten werden es auf seinem steinigen Gang begleiten. Dessen ist sich Hochwürden sicher, als er sein Glied wieder in der Hose verstaut und sich anschickt, den Reißverschluß hochzuziehen.
Da hilft kein Schütteln und kein Klopfen, in die Hose muß der letzte Tropfen, sagt der Bürgermeister halblaut und tut es dem Geistlichen gleich. Mehr als einhundertfünfzig Arten des Zugreifens und eine hochentwickelte Grifftechnik prägen den heutigen Ringersport. Immerhin zählt das Ringen zu den klassischen olympischen Disziplinen. Immerhin kann das Ringen auf eine Geschichte verweisen, die sich sehen lassen kann. Nichts hat es zu tun mit der Hintertreppenprügelei oder dem amerikanischen Catchen, nichts mit Schlammschlachten obszöner Weiber und nichts mit dem rohen Boxen. Zu den sieben Behendigkeiten des Mittelalters zählte es, zur Körperkunst. Es ist Ausdruck des edlen Zweikampfes, das Gesetz der Gürtellinie ist heilig. Schon Homer wisse von jener hohen Form der Körperertüchtigung zu singen: Urbild aller Gladiatorenkämpfe, bei denen freilich kein Blut floß, sondern nur der Schweiß der Edelsten. Erst sehr viel später sei es zu grobianischen Auswüchsen gekommen, die jedoch noch heute auf der Matte verpönt seien und sofort geahndet wür-

den. Der Italiener Nizzola, der glaubte, bei den Olympischen Spielen in Los Angeles seine Ehre mit einem Dolch verteidigen zu müssen, weil ihn der Deutsche Brendel auf die Schultern gezwungen hatte, blieb ohne Nachfolger. Weder blanke animalische Kraft noch Heimtücke hätten etwas auf der Matte verloren. Schließlich sei die Umarmung der Ringer nichts als ein Sinnbild für den Kampf des Lebens mit dem Tod, des Guten mit dem Bösen, des Lichtes mit der Finsternis. Und worin unterscheiden sich Ringer und Liebende? Ringen ist Gottesdienst. Möge der Teufel keinen Zugang finden.

Daran denkt der Bürgermeister, als er sich mit dem Geistlichen beim Händewaschen trifft.

Als sie in den Saal zurückkommen, führt gerade der Herr Lehrer das große Wort. Er spricht über die Bedeutung des Thulserner Narrengerichts, gibt einen geschichtlichen Überblick, fuhrwerkt in allerlei wilden Theorien herum, bis er schließlich sein Glas auf den Tisch stellt und aufsteht. Wir sind gespannt, was jetzt folgen wird. Langsam geht der Herr Lehrer an die rückwärtige Wand des Nebenzimmers des Grandhotels *Thulserna*, in dem wir unserem Roman den Leichenschmaus halten. Mit einem Griff öffnet der Herr Lehrer ein Schloß und schiebt die Wand wie eine riesige Ziehharmonika zusammen. Dahinter warten schon die kostümierten Spieler des Narrengerichts. Der Herr Lehrer springt auf die Bühne und ruft in den Saal: »Graben wir ihn ein oder graben wir ihn nicht ein? Sagt ja, sagt nein, getanzt muß sein.«

DAS VIERUNDZWANZIGSTE KAPITEL *erzählt*

von Piranesi, dem Heuwagen und

endet unter der Hirnschale

einer Riesin

IM ZEICHEN

Steinbock

Was macht einer, der daliegt wie ein angemähter Frosch und nicht schlafen kann?
Er wälzt sich im Bett hin und her, versucht es bald mit dieser, bald mit jener Lage, mal auf der linken, dann wieder auf der rechten Seite, vom Bauch auf den Rücken, auf die Seite, dann wieder auf den Bauch, er zieht die Decke hoch, strampelt sie wieder weg, er rollt sich ein, dann streckt er sich, er schüttelt das Kopfkissen auf, er knüllt es wieder zusammen, macht sich eine Mulde, mal friert er, dann ist es ihm auf einmal zu heiß.
Seine Gedanken gehen auf Wanderschaft, schweifen umher, grasen kreuzquer, verweilen hier, verweilen dort.
Vermeintlich lange Vergessenes spült es an die Oberfläche.
Schließlich beginnt er Schäfchen zu zählen.
Der Kobold der Träume spinnt das Garn der Geschichten.
Stimmen kommen auf mich zu.
Stimmen breiten sich aus im Zimmer.
Stimmen, überall Stimmen.
Stimmen aus dem Tisch.
Stimmen am Fenster.
Stimmen aus dem Schrank.
Stimmen in den Vorhängen.
Stimmen vom Stuhl her.
Stimmen aus der Flasche.
Stimmen aus dem Glas.
Stimmen aus den Kleidern.
Schon komme ich mir aus dem Radio selbst entgegen.

Müde wie ein alter Gaul,
müder noch,
als hätte man mir
die Knochen aus dem Leib gestohlen,
drehe ich meine Runden.
Manchmal treffe ich auf Katzen
oder schrecke Vögel aus dem Schlaf.
Um die Stunde abzurufen,
brauche ich weder abenteuerliche Vermummung

noch Pike und Horn,
und gegen die bösen Geister
hilft längst kein Kreuzschlagen mehr.
Ich wurde mit offenen Augen geboren
und habe seither keines mehr zugetan.
Dem Schlaflosen geht die Sonne nicht unter.
Auch das Meer leidet an Schlaflosigkeit,
und der Mond,
soeben noch festgefroren himmelhoch,
steigt wütend herab
und schlägt von neuem auf mich ein.
Sogar mit Beten habe ich es versucht.
Aber Schlaflosigkeit
ist Vorkasse auf den Tod.
Das Vergangene kann nicht schwinden,
das Gegenwärtige zerrinnt unter den Händen,
das Zukünftige scheint nie anzufangen.
Vergangen,
als sei es nie gewesen,
kann nur sein,
was nicht erinnert wird.
Schlaflos mußt du auf das Karussell aufspringen,
das sich nur für dich dreht,
um jenes Versprechen einzulösen,
das bei deiner Geburt gegeben worden war:
der Spießrutenlauf durch die Gassen der Erinnerung.
Den Schlaf,
den ich nicht finden kann,
muß ich mir mühselig
er-finden.
(Papageiengekrächz)
Ich will vergessen.
Orinoco kann es nicht.
Niemand weiß,
was er sich wann und wo und wie und warum merkt.
Es gibt keine Regel.

Auch nicht dafür,
was er zu welchem Zeitpunkt von sich gibt.
Orinoco plappert einfach drauflos.
Woher er das alles hat,
das wissen die Götter.
Ich weiß nicht einmal, wie alt er ist.
Womöglich schlummert in Orinoco das Wissen von Jahrhunderten.
Er ist empfindlich wie eine Stradivari
und kapriziöser als eine Primadonna.
Was mich Orinoco schon Nerven gekostet hat.
Nerven und durchwachte Nächte.
Untertags macht er mir das Leben sauer,
nachts raubt er mir den Schlaf.
Ich will meinen Frieden.
Er kann den Schnabel nicht halten.
Er hat alle Unarten eines verwöhnten Kindes.
Um einschlafen zu können,
muß ich ihm neuerdings eine Geschichte erzählen.
Es ist wie verhext:
Ich will schlafen, er läßt mich nicht.
Also erzähle ich.
Ist er endlich still, kann ich nicht mehr schlafen.
Da er sich jede Silbe merkt und alles nachplappert,
weiß ich vor Müdigkeit manchmal nicht mehr,
wer jetzt gerade spricht:
Ich oder der Papagei.
(Papageiengekrächz)
Hin und her wälze ich mich in meinem Bett,
von der linken auf die rechte Seite,
vom Bauch auf den Rücken.
Mal rolle ich mich ein,
mal strecke ich mich,
mal decke ich mich zu bis zum Haarschopf,
mal strample ich alles weg.
Weil es mir zu heiß wird.

Hin und her und hin und her,
und schon bin ich meinen Erinnerungen
ins Netz gegangen.

Da fielen meine Augen auf eine Sammlung
riesiger Folinanten mit dem Titel
Opere del Cavaliere Giambattista Piranesi.

Aha,
Regale voller Bücher,
Stapel von Zeitungen und Zeitschriften,
der Geruch nach feuchten Lumpen,
nur ein schräges Licht von oben.
Und gleich weiter im Satz,
bloß nichts versäumen:

Ausgezeichnet,
dachte ich, ergriff einen Band und schlug ihn auf –
aber die abgebildeten Prospekte kolossaler Gebäude,
von denen ein jedes zu seiner Errichtung
Millionen und ganze Jahrhunderte gebraucht hätte,
diese ausgehauenen und auf Berggipfel versetzten Felsen,
diese in Springbrunnen verwandelten Flüsse –
all das nahm mich so sehr gefangen,
daß ich auf einen Augenblick meinen Sonderling vergaß.
Ich bin nämlich nicht allein in diesem seltsamen Laden.
Da ist noch einer, dem ich begegne.
Er ist ein richtiger Sonderling:
altmodisch und ein wenig schäbig gekleidet,
zu heruntergekommen für ein Original.
Er blättert ungeduldig in alten Gebetbüchern.

Ich kenne diese Geschichte.
Woher kenne ich bloß diese Geschichte?
Ich kenne sie genau.
Aber woher?

Jetzt weiß ich es.
Jetzt fällt es mir wieder ein.
Odojewskij.
Ich wartete auf einem der großen internationalen Flugplätze
auf einen verspäteten Anschlußflug.
Beim Durchblättern von irgendwelchen Remittenden
vor einer Buchhandlung
stieß ich mit Odojewskij zusammen.
Wladimir Odojewskij.
Ein merkwürdiger Mensch.
Odojewskij hat mir die Geschichte erzählt.
Jetzt erinnere ich mich.
Ich erinnere mich so genau,
als wäre es erst gestern gewesen.
Odojewskij war es, der mich ansprach.
Kaum hatte er mich ins Visier genommen,
fing er auch schon an zu reden.
Wollte mir seine Theorie aufschwatzen,
derzufolge eine Geschichte nur dazu da sei,
um weitererzählt zu werden:
weil sie sonst vertrockne,
eingehe wie eine Primel,
weil es eben auf die Verwandlung ankomme,
die Verwandlung durchs Weitererzählen.
Das Wort wurde geschaffen,
damit wir allen unseren Empfindungen
und Eindrücken
eine übertriebene Größe
und Bedeutung beilegen,
vielleicht sogar,
damit wir an sie glauben können.
Gestatten Sie, daß ich mich vorstelle:
Wladimir Fjodorowitsch Odojewskij.
Russe.

Dann kam der ganze Sermon:
Erstklassige Ausbildung,
Studium der Philosophie und Mystik.
Wußte gar nicht,
daß man auch Mystik studieren kann.
Na ja, bei den Russen . . .
Welcher Flughafen war es bloß?
Weiß ich nicht mehr.
Hab ich vergessen.
Sehen ja auch alle gleich aus.
Piktogramme mit flüchtenden Männchen,
ratternde Anzeigetafeln,
entrückte Mädchenstimmen aus Lautsprechern,
Gongschläge.

Übrigens:
den stärksten Eindruck machte mir ein Band,
der von Anfang bis Ende angefüllt war
mit Darstellungen von Kerkern verschiedenener Art;
da gab es endlose Gewölbe,
bodenlose Höhlen,
Schlösser,
Ketten,
mit Gras überwachsene Wände und,
zur Ausschmückung,
alle möglichen Hinrichtungen und Foltern.
Ich erinnere mich,
wie mir der Russe erzählte,
wie er vor Schaudern unwillkürlich
diesen schweren Band geschlossen habe,
um sich jenem seltsamen Menschen zuzuwenden,
dem er in diesem Antiquariat begegnet war.

Verzeihen Sie, mein Herr.
Sind Sie vielleicht ein Liebhaber der Architektur?
Können Sie mir

vielleicht
zufällig,
bitte verzeihen Sie,
wenn ich Sie belästigen sollte,
diese seltsamen Zwinger und Kerker
erklären?

Er trat widerstrebend auf mich zu,
mit dem Ausdruck eines Menschen,
der sich darüber ärgert,
daß man ihn bei der Beschäftigung mit einer wichtigen
Sache stört.
Kaum aber hatte er einen Blick
auf das von mir aufgeschlagene Buch geworfen,
als er mit Entsetzen zurücksprang,
mit den Händen in der Luft herumfuhr und schrie:

Schließen Sie,
schließen Sie um Gottes willen
dieses nutzlose,
dieses fürchterliche Buch.
Ich erinnere mich,
wie mir der Russe erzählte,
daß ihn dieses Verhalten überaus verwundert habe,
zumal ihm das Buch sehr gut gefallen
und er schon die Geldbörse gezückt hatte,
um es zu erwerben.

Geld!
Sie haben Geld?

Brauchen Sie etwas?
Kann ich Ihnen mit einer kleinen Summe aushelfen?
Sagen Sie mir, was Sie brauchen!
Ich bitte Sie.

Zehn Millionen!
Zehn Millionen!

Aber wozu denn,
um Himmels willen,
diese enorme Summe?

Um ein Gewölbe zu bauen,
das Ätna und Vesuv verbindet
und für den Triumphbogen,
der sich am Eingang des Parkes
jenes von mir projektierten Schlosses
befinden soll.

Odojewskij erzählte mir,
er habe sich kaum des Lachens enthalten können
und schließlich verwundert gefragt,
warum denn der kauzige Architekt
dann so abfällig über jenes Buch spreche,
welches er kaufen wolle,
wo doch die darin enthaltenen Ideen
den seinen gar nicht so fern stünden.
Gar nicht so fern stehen!
Gar nicht so fern stehen!
Was kommen Sie mir denn
immer wieder
mit diesem verfluchten Buch.
Wo ich doch der Verfasser bin.
Jawohl!
Ich bin der Verfasser.

Odojewskij sagte mir,
er habe zwischen Erstaunen und Entsetzen
ein Historisches Wörterbuch gesucht
und dem Sonderling jene Seite gezeigt,
auf der zu lesen stand:

Giambattista Piranesi,
Italienischer Kupferstecher und Baumeister,
geboren am 4. 10. 1720,
gestorben in Rom am 9. 9. 1778.

Unsinn.
Lügen.
Lauter Lügen.
Ach wie glücklich wäre ich,
wenn das wahr wäre!
Aber ich lebe!
Zu meinem eigenen Unglück lebe ich.
Und dieses verfluchte Buch
läßt mich nicht sterben.

Wie der nicht sterben kann,
so kann ich nicht schlafen.
Je mehr man sich schlaflos
in seine Gedanken verbeißt,
um so wacher wird man,
obgleich einem vor Müdigkeit
die eigenen Knochen nicht mehr zu gehören scheinen.
Ich weiß nicht mehr,
wer spricht:
erzählt mir Odojewskij
oder erzähle ich meinem Papagei,
wiederholt er die Worte Piranesis
oder spricht dieser mit der Stimme des Russen
in meinem Kopf.
Ich weiß nur eines:
daß ich müde bin,
hundemüde,
daß ich endlich schlafen will,
aber nicht schlafen kann,
weil ich dem Papagei erzählen muß,
damit er endlich Ruhe gibt,

weil ich sonst nicht schlafen kann,
aber ich kann so lange nicht schlafen,
solange ich diesem Vogel erzählen muß,
damit er endlich den Schnabel hält.
Doch er kann ihn nicht halten,
weil Papageien alles nachplappern müssen,
was sie einmal gehört haben,
und weil sie dabei keine Rücksicht nehmen
auf Uhrzeit oder Müdigkeit.

Erklären Sie mir dieses seltsame Phänomen.
Vertrauen Sie mir Ihren Kummer an.
Ich kann Ihnen vielleicht helfen.

Wer kann einem Schlaflosen helfen,
den ein Papagei am Einschlafen hindert?
Weder ein Russe
noch ein Papagei,
noch sonst eine Macht auf Erden.
Es heißt nicht umsonst:
Der Schlaf ist voller Wunder,
aber das Bett kann einen das Fürchten lehren.
(Papageiengekrächz)
Still,
sonst versäume ich einige Sätze aus dem krummen Schnabel
Orinocos.
Ich muß mich konzentrieren.
Ich darf jetzt nicht einschlafen.
Jetzt will ich es doch wissen,
wie diese Geschichte ausgeht.

Von Kindheit an
entwickelte sich in mir
die Leidenschaft zur Architektur.
Der große Michelangelo war
in seinem Alter

mein Lehrer.
Er war entzückt von meinen Plänen und Bauvorhaben,
und als ich zwanzig Jahre alt war,
entließ mich der große Meister mit den Worten:

Wenn du noch länger bei mir bleibst,
wirst du nur mein Nachahmer.
Ziehe nun fort,
finde deinen eigenen Weg,
und du wirst deinen Namen
ohne jede Bemühung meinerseits
verewigen.

Ich gehorchte,
und von dem Augenblick an
begann mein Unglück.
Das Geld wurde knapp.
Nirgends konnte ich Arbeit finden.
Vergebens
legte ich meine Entwürfe
dem römischen Kaiser,
dem König von Frankreich,
den Päpsten und Kardinälen vor.
Alle hörten mich an,
alle waren begeistert,
alle billigten,
was ich tat.
Man schätzte mich als einen Mann,
der die Kraft und Fähigkeit besaß,
unberühmte Namen
an berühmte Monumente zu heften.
Wenn es aber ans Bauen selbst ging,
dann schoben sie es auf
von Jahr zu Jahr.
Ja, wenn sich die Finanzlage bessert . . .
Die Zeit verstrich,

angefangene Gebäude wurden zu Ende geführt,
meine Rivalen
erwarben sich die Unsterblichkeit,
ich aber wanderte von Hof zu Hof,
von Vorzimmer zu Vorzimmer
mit meiner Mappe,
die sich vergeblich immer mehr
mit schönen und unausführbaren Plänen füllte.
Mein Kerkerbuch
enthält die Darstellung
nur des hundertsten Teils von dem,
was in meiner Seele vorging.
In diesen Verliesen litt mein Genie,
an diesen Ketten nagte ICH!
Im Gefühl des herannahenden Alters
und dem Gedanken daran,
daß ich nicht mehr lange genug leben würde,
um etwas zu Ende zu bringen,
selbst wenn mir jemand ein größeres Bauvorhaben übertrüge,
beschloß ich,
meine Entwürfe,
meinen Zeitgenossen zur Schande,
drucken zu lassen,
um der Nachwelt zu zeigen,
was für einen Mann sie zu würdigen
nicht verstanden hatten.
Das war es also –
um es der Nachwelt so richtig zu zeigen.
Einmal mehr ist ein Buch
nichts anderes
als ein Buch der Rache.
Deshalb also
die Lust am aufbewahrten Gedächtnis:
auf daß nicht vergessen werde,
was an Unrecht geschah,
welches gerächt werden muß,

gerächt und wieder gerächt.
Aber Odojewskij.
Von Odojewskij habe ich nie mehr ein Wort gehört
nach dieser Geschichte.
Nach dieser Geschichte mit Piranesi
bin ich dem Russen
nie mehr begegnet.
Wie oft geschieht derlei,
daß man ein Gesicht in der Menge sieht
und in dem Augenblick,
da sich die Blicke treffen,
erkennt man,
daß dies einmalig sein wird:
als schlüge man ein Buch auf,
läse ein wenig darin,
finde aber dieses Buch dann nie mehr,
in keiner Bibliothek der Welt.
Ich kannte Odojewskij vor unserer Begegnung nicht.
Unser Zusammentreffen war eine einmalige Sache.
Jetzt bin ich wieder so wach,
daß ich mit Orinoco mitsprechen könnte,
weil ich die Geschichte kenne.
Ich kenne sie genau.
Odojewskij hat sie mir erzählt.
Der Papagei wiederholt nur.
Er plappert nach,
was der sonderbare Kauz
zu dem Russen gesagt hat:

Mit Eifer
machte ich mich an diese Arbeit,
saß Tag und Nacht über meinen Stichen,
und meine Entwürfe gingen in die Welt hinaus,
erregten hier Gelächter,
dort Verwunderung.
Aber mit mir

geschah etwas ganz anderes.
Durch bittere Erfahrungen hatte ich gelernt,
daß mit jedem
dem Kopf eines Künstlers
entspringenden Werk
ein Quälgeist geboren wird.
Jeder zufällig auf das Papier geworfene Strich
dient einem solchen Geist
als Wohnung.
Es sind böse Geister.
Sie leben gern,
sie vermehren sich,
und sie quälen ihren Schöpfer
wegen der engen Wohnung,
die er ihnen anwies.

Ich kenne das.
Ich kenne das genau.
Nur zu gut kenne ich das.
Quälgeister,
Plaggeister.
Auch mich quälen Gespenster.
All die Worte.
All die armen Seelen,
die unerlöst umhertreiben,
verkeilt ineinander
als Illusion und Enttäuschung.
Ich kenne das,
Maestro Piranesi.
Hören Sie mich,
der Sie
aus dem Geiste Odojewskijs
durch den Schnabel Orinocos
in dieses Nachtprogramm gekommen sind.

Kaum begann ich
die Augen zum ewigen Schlaf zu schließen ...

Wie gespreizt sich der Russe ausdrückt:
die Augen zum ewigen Schlaf zu schließen ...
Ewiger Schlaf!
Weiß er,
was er da sagt?
Wie Hohn klingt das in meinen Ohren,
der ich mich hin und her wälze,
von der linken auf die rechte Seite,
vom Rücken auf den Bauch.

Kaum begann ich
die Augen zum ewigen Schlaf zu schließen,
als mich Gespenster
in Gestalt von
Schlössern,
Palästen,
Häusern,
Burgen,
Gewölben und Säulen umringten.
Sie alle zusammen
drückten auf mich
mit ihrer gewaltigen Masse
und baten mich
unter gräßlichem Gelächter,
ihnen das Leben zu verleihen.
Von jener Minute an
habe ich keine Ruhe mehr gekannt.
Ihnen
das Leben zu verleihen.
Das Leben.
Mit ihren gewaltigen Massen.
Drückten auf mich.

Jetzt ist es heraus.
Jetzt hat es auch der Letzte begriffen,
daß da meine Geschichte erzählt wurde.
Meine Geschichte.
Aus wessen Mund auch immer.
Sei es aus dem
Piranesis,
Odojewskijs
oder aus dem Schnabel Orinocos.
Hier wurde meine Geschichte erzählt,
die mich nicht schlafen läßt.
Es ist die Geschichte meiner Schlaflosigkeit.
Der Teufel hatte es gut mit mir gemeint.

Die von mir erzeugten Gespenster
verfolgen mich.
Dort
nimmt mich ein ungeheures Gewölbe in seine Umarmung,
hier jagen Türme
mit meilenlangen Schritten
hinter mir her.
Und hier rattert vor mir
ein Fenster
mit seinem riesigen Rahmen.
Zuweilen
schließen sie mich
in meinen Kerkern ein,

in meiner Gruft,
in dieser
netten
zufriedenen
Grube,
in der alles da ist,
was das Herz begehrt.
Nur Schlaf

kann ich keinen mehr finden.
Nur vergessen
darf ich nicht mehr können.
Die Stimmen
gehen ineinander über,
vermischen sich,
wer spricht,
Odojewskij,
Piranesi,
Orinoco –
oder Ich,
nur Ich.
Es ist auch belanglos geworden,
denn in der einen Stimme
sind alle anderen vereint,
wenn sie sagt:
Zuweilen
schließen mich meine Gespenster
in meinen eigenen Kerkern ein,
lassen mich herab
in bodenlose Brunnenschächte,
schmieden mich an meine eigenen Ketten,
lassen den kalten Schimmel
vom Schwamm zerfressener Gewölbe
auf mich herunterrieseln.
Alle von mir erfundenen Qualen
lassen sie mich erdulden:
vom Scheiterhaufen
werfen sie mich auf die Folterbank
und von der Folterbank
in den Spieß.
Und dabei
tanzen diese Grausamen
lachend um mich herum.

Sie lassen mich
nicht schlafen noch sterben,
sondern wollen stets aufs neue wissen,
warum ich sie ...

... mein größter Wunsch bleibt es,
als Maler im Bild
zu verschwinden
und endlich
endlich
mein Leben lesen zu können,
anstatt es
mühselig und hakenschlagend
leben zu müssen.

Wäre ich kein Esel,
so hätte mich niemand zu meiner Aufgabe bestimmt.
Dabei will ich doch nichts anderes
als schlafen,
endlich
schlafen,
schlafen –
oder
als ein Mann in reiferen Jahren
eines schönen Tages beschließen,
all das hinter mir zu lassen,
was bis dahin angeblich
mein Leben ausmachte,
scheint's,
um aufs Geratewohl umherzuziehen,
tatsächlich jedoch
ein ganz bestimmtes Ziel
nicht mehr aus dem Auge zu verlieren.

Es bestünde darin,
das in Büchern Gelesene

in die Tat umzusetzen,
um darin aufzugehen.

Abenteuer stießen mir zu …

… von denen die meisten übel ausgingen …
Niemand und nichts
könnte mich von dem Vorsatz abbringen,
die Buchstaben
zu leben,
um endlich
das Geheimnis der Briefe zu ergründen,
die ich täglich zustelle.

Aber die Worte Odojewskijs
hallten noch nach in meinem Kopf.

Ich gab dem sonderbaren Alten
in diesem seltsamen Antiquariat
eine Münze,
weil er mir
irgendwie leid tat.
Worauf mich
der ruhelose Baumeister
niedergeschlagen anschaute.
Das habe ich vorausgesehen.
Ein Almosen.
Eine einzige Münze.
Aber das macht nichts.
Ich werde sie zu der Summe legen,
die ich zum Ankauf des Mont Blanc sammle:
um ihn völlig abzutragen,
weil er mir sonst
die Aussicht
vor meinem Lustschloß verstellt.

Plötzlich keine Stimmen mehr.
Ich schaue mich um.
Überall Blicke.
Stumme Blicke.
Das Zimmer schaut mich an.
Die Wände starren mich an.
Die Fenster starren mich an.
Die Vorhänge.
Der Schrank.
Der Stuhl.
Der Tisch.
Alle starren sie mich an.
Die Flasche.
Das Glas.
Die Kleider.
Wie sie starren.
Das Bild an der Wand.
Ein Blick auf das Bild an der Wand meines Zimmers lehrt mich, ganz von vorn zu beginnen und bei Adam und Eva anzufangen. Sie stehen im Vordergrund, sind bereits aus dem Paradies vertrieben, bedecken ihre Blöße, indes ein Engel mit wehendem Umhang ein mächtiges Schwert schwingt. Darüber pickt ein Vogel Kerne aus einer geborstenen Kalebasse. Es ist ein Papagei.
Die übliche Geschichte. Da nützt alles Klagen nichts und auch nichts alles Heulen und Zähneknirschen über das verlorene Paradies, und nichts nützen bessere Einsicht noch Reue. Schon am Anfang ist immer alles vorbei. Im Hintergrund stürzen die Engel wie Heuschrecken aus einem Himmel, in dem über einen goldenen Sonnenglanzwolke keine Dreifaltigkeit, sondern ein einsamer Gott sitzt mit der Weltkugel in der Hand, als wüßte er nicht mehr, was er einmal damit wollte. Geblieben ist eine Luftspiegelung, von irren Insekten umschwirrt. In der Mitte dann der Heuwagen, denn die Welt ist ein Heuhaufen, und jeder nimmt davon, soviel er fassen kann. Durch eine weite helle Landschaft in leichtem blauen

Dunst bewegt sich der Triumphzug. Die Großen der Welt geben ihm das Geleit. Oben auf dem Heuwagen aber thront ein Liebespaar, ringsum stürzen sich die Menschen wie wild auf den Wagen. Einige kommen unter die Räder, andere versuchen, auf der Leiter nach oben zu kommen, manche fallen sogar, um wenigstens eine Handvoll zu ergattern, übereinanderher. Soeben setzt einer dem anderen das Messer an die Gurgel. Der Karren wird von Menschen gezogen, die sich längst in Tiere verwandelt haben. Es wird geschachert, getanzt, gebechert und gehurt. In einer von Wolken umgebenen Sonnenscheibe hebt Christus bedauernd die Hände. Auf dem rechten Flügel brennt die Welt. Die Sünder müssen über eine Brücke, geleitet von bizarren Zwitterwesen, halb Dämon, halb Mensch. Einer reitet, von einer Lanze durchbohrt und mit einem Kelch in der Hand, am Turm von Babel vorbei, auf dem ein Eisvogel lauert, hinter dem eine schwarze Gestalt mit Krallenfuß von einem Galgen ein Seil herabläßt.
Längst kenne ich dieses Bild auswendig und kann es doch nicht auslesen. Das erste, was ich sehe, wenn ich aufstehe, ist der Heuwagen. Ihn nehme ich mit in meine schlaflosen Nächte, wo er in meinen Wachträumen weiterpoltert. Angefangen damit hat er vor tausendundeiner Nacht. Was in den Nächten geschah, ist bekannt mittlerweile. Was aber geschah in den tausend Tagen dazwischen?
Jetzt, nachdem ich meinen Kummerbart ausgekämmt, meine Plagen ausgesprochen und aufgeschrieben habe, nehme ich Blatt für Blatt für Blatt meiner Aufzeichnungen, trenne sie sorgfältig heraus aus meinem Kontobuch, Soll und Haben, und schreibe auf die freie Rückseite einen Brief an meine Liebste, über die ich schweige, weil unsere Liebe keinen etwas angeht. Sie ist das Kostbarste, das ich in meinem ganzen danebengelebten Leben erfunden habe. Meine Liebste, schreibe ich, ohne dich geht es nicht, ohne dich gehe ich tot.
Ich stehe auf, ich kleide mich an, verlasse meine Gruft, gehe hinaus in die Nacht, atme die schwarze Luft, spüre an mir das Gewicht meiner Kleider und meiner Wünsche und all der

Illusionen, die den Bach hinabgingen. Wie ein Gebetbuch halte ich die beschriebenen Blätter und lenke meine Schritte der drohend aufragenden Thulserna zu, jenem Denkmal, in dem sich Thulsern selbst darstellt und feiert. Eine Riesin mit gepanzerten Brüsten, im Aussehen der Patrona Bavaria des Schwanthaler nachempfunden. Aber eben zu Thulsern passend: mit einem Wirtshaus im Leib. Seine Existenz verdankt die ewig mahnende, ewig denkmalende Thulserna dem Heimatverein. Er kommt für die Instandhaltung auf, er sorgt für Blumenschmuck und Beleuchtung. Von der Ferne wirkt das Monument kolossal. Beim Näherkommen wird es zuerst von den Häusern verschluckt. Schließlich steht es da in freiem Rund. Protzig wie ein Bismarck. Die Thulserna ist deshalb so mächtig, weil du dich ihr nur in kleinen Schritten nähern kannst, weil du steile Stufen hinaufsteigen mußt und dabei ins Schnaufen kommst. Weil du immer zu ihr aufsehen mußt. Stehst du dann endlich oben angekommen außer Atem vor ihr, scheint sie plötzlich nicht mehr dazusein. Statt vor einem Denkmal stehst du dann vor einem Kiosk. Der Briefkasten wird zweimal täglich geleert. Ein Kiosk mit Postamt ist ein alter Wunschtraum von mir.

Ich stelle es mir im Inneren eng vor, ein wenig muffig, aber heimelig und im Winter bullig warm. Wäre ich Leiter von Kiosk und Postamt, nähme ich meine Wohnung unter der Hirnschale der Riesin im Kopf der Thulserna: die Küche mit Dunstabzug durch die Nase, das Schlafzimmer hinter dem immer etwas trüben linken Auge, das Wohnzimmer auf der rechten Seite mit Blick über ganz Thulsern. Meine Liebste wartete auf mich. Manchmal käme sie auch zu mir herunter, ordnete im Kiosk die Postkarten oder verschenkte Schokolade. Sie teilte mein Leben mit mir, liebte mich jeden Tag mehr und bezöge ihre ganze Kraft aus nichts als aus unserer Liebe. Wir wären glücklich und müßten nicht mehr bei jedem Regentropfen fürchten, daß er uns erschlagen könnte. Viel bräuchten wir nicht zum Leben, der Kiosk würfe genügend für uns ab. Kinder spielten auf der Wiese. Unser Ältester

hieße Firmian. Hinter dem Kiosk hätten wir einen kleinen Garten mit Blumen und einem duftend blühenden Holunderstrauch, mit Flieder und wildem Wein und Brombeeren, vielleicht auch mit einem Kirschbäumchen, an dem sich die Vögel gütlich täten.
Meine Liebste und ich liebten uns bis ans Ende unserer Tage, und am Schluß wäre uns das Los von Philemon und Baucis beschieden. Bad und Rumpelkammer könnten in den Ohrmuscheln untergebracht sein. Das Kinderzimmer aber läge unter der Krone.
So stelle ich mir das vor.
Ich hätte keinen weiten Weg zur Arbeit, und ich hätte eine Arbeit, die mich zufrieden machte. Ich bräuchte nur die Treppe hinunter, schon wäre ich im Kiosk, öffnete die Luke, ließe die Welt herein und sperrte sie am Abend einfach wieder aus. Käme gerade keine Kundschaft und meine Liebste spielte mit unserem Firmian, säße ich im Kiosk und läse. Ich säße zwischen Stapeln von Zeitungen und Zeitschriften. Mitunter läse ich sogar mit dem Stift in der Hand und einem kleinen Heft neben mir, wie ich es ebenfalls auf Lager hätte: mit dem Thulserner Wappen und der Aufschrift *Andenken an Thulsern.* Notizbüchlein in allen Größen, liniert und kariert, mit und ohne Löschpapier. Ich schriebe Sätze ab aus Zeitungen und Büchern. Mit diesen Sätzen tapezierte ich die Wände, und wenn im Kiosk kein freier Platz mehr wäre, setzte ich die Galerie der Exzerpte fort im Treppenhaus der Thulserna bis hinauf in den Kopf zu meiner Liebsten. Denn sie ist das Maß und das Ziel aller Dinge.
Nur an ihrer Seite ließe sich die Welt in die Angeln zurückheben.
Meine Liebste.
So weit könnte sie gar nicht weg sein, daß ich mich nicht zu ihr denken könnte. Ich sammelte weiter allerlei Weisheiten, und eine Abschrift wiese mich weiter zur nächsten. Auf diese Weise entstünde eine zuverlässige Kette der wichtigsten Einsichten und Lebensregeln aus allen Zeiten und Ländern, auf

die ich mich blind verlassen könnte. Das gäbe Sicherheit und Zuversicht. Außerdem hielte es das Schwungrad der Vorstellungskraft in Gang, das sich in meinem Kopf unaufhörlich dreht: wie ein Kettenkarussell, das nie mehr zur Ruhe kommen kann. Bei ihm kann ich mir meine Träume bestellen, und es gibt keinen Wunsch, den es mir nicht erfüllt.
Nur eines will und will mir nicht gelingen.
Ich kann nicht vergessen.
Vielleicht ist dieses Feuerrad in meinem Schädel daran schuld. Vergessen möchte ich, weil sich ein Gedanke längst in mein Hirn eingefräst hat, der mir zur Gewißheit geworden ist. Ich bin davon überzeugt, alles falsch gemacht und mein Leben vertan zu haben.
Eine zweite Chance, noch einmal von vorn zu beginnen, gibt es nicht. Deshalb will ich mich nicht erinnern. Deshalb will ich nicht zurückblicken müssen, deshalb will ich vergessen. Wäre da nicht die Hoffnung auf meine Liebste, so möchte ich nichts mehr wollen und nichts mehr brauchen und einfach langsam verschwinden, als hätte es mich nie gegeben.
Die Türe zur Thulserna ist offen.
Vorsichtig suche ich im Dunkeln die ersten Stufen, dann gehe ich die Wendeltreppe hinauf, aber kein Firmian kommt mir entgegen. Ich flüstere seinen Namen, ich flüstere den Namen meiner Liebsten.
Nur meine Schritte sind zu hören. Über Bauch und Herz gelange ich in den Kopf. Dann trete ich vor zum offenen Auge.
Ich setze mich auf den steinkalten Boden und lege meine Aufzeichnungen neben mich.
Mir kommt vor, als betete ich. Als betete ich für unseren Firmian. Seit meiner Kindheit habe ich die Hände nicht mehr so gefaltet.
Nein, ich schäme mich dessen nicht.
Niemand braucht sich seiner Träume zu schämen, am wenigsten, wenn sie zerstieben.
Langsam und andächtig beginne ich die Blätter zu falten: die

Unterkante nach oben und die Seiten nach innen. Die beiden oberen Enden knicke ich nach unten. Die linke Klappe wird doppelt auf die rechte gefaltet. Das weiß ich noch aus meiner Kindheit, weil ich nicht einmal das vergessen kann. Nicht einmal das. Schon stehe ich auf, gehe an die Brüstung, schaue hinaus in die Nacht – und der erste Papierflieger gleitet aus meiner Hand in die schwarze Luft und segelt dorthin, wo meine Liebste ist, denn sie ist mein einziges Ziel.
Ich schaue ihm nach, wie er gaukelt und schaukelt und zuletzt von der Dunkelheit verschluckt wird. Dann kehre ich zu meinem Sitzplatz zurück und beginne von neuem, meine Blätter und Briefe zu falten. Darüber gerate ich in Eifer, falte und klappe um, baue Fledermaus und Taube, Kranich, Reiher und Schwalbe.
Wie aus einem Tränensack lasse ich aus dem weiten offenen Auge der Thulserna meine Blätter fliegen, in alle Himmelsrichtungen, weil ich immer und überall nur dich sehe, dich und dich. Alle Briefe, die je durch meine Hände gingen, galten stets nur dir.
Am Schluß ist es eine ganze Flotte, die ich aussende Blatt für Blatt. Jeder Brief, jede Postkarte, jede Drucksache, jedes Einschreiben. Du aber, meine Liebste, stehst unten. Ja, ich sehe dich ganz genau, und wie im Märchen vom Sterntaler hebst du dein Kleid und sammelst auf, was dir zufliegt von mir. Lauter Postwurfsendungen.
An deine Adresse.
So sehe ich dich, und ehe ich selbst dir als letztes Papierflugzeug in den Schoß falle, singe ich dir noch das schöne Lied, in dem es heißt:

> Laß in dem Kommen, Bleiben, Gehn
> Zertanzen uns die Schuh.
> Ich will noch so viel Himmel sehn,
> Und du, du lachst dazu.

Eines Tages wird mich meine Liebste über einen See rudern und sagen: »Die Liebe nimmt das Herz aus dem Leib und legt

es in den Schnee wie einen geschlagenen Fisch, und der Schmerz wird nicht blaß vom Vorbeigehn vieler Zeit.«
Und während wir im Finstern weiterpfeifen, werden unsere Stimmen im sprühenden Feuerwerk zum Thulserner Millennium, in diesem gewaltigen Krach und Getöse einer bengalischen Beleuchtung über der vom Leichengift des blind verehrten Fortschritts zerfressenen Idylle namens Großthulsern gar nicht mehr zu hören sein.
Wenn wir Glück haben, ganz unverschämtes Glück, aber wirklich nur dann, verwandeln wir uns in einen jener Funken, die, kaum am Nachthimmel aufgegangen, schon wieder verglühen.
Vielleicht entsteht erst dann nach und nach und sehr behutsam eine diesmal erträgliche Welt um eine einzige Hoffnung herum, die Schlaf heißt, Schlaf und Vergessen.
Ich muß noch weiter treppauf.
Immer wieder Treppen hinauf.
Mein Leben lang den Unterschied von Höhe und Verstiegenheit auskostend.
Treppauf.
Geradläufige
gegenläufige
gebrochene
gewendelte
Treppen
aus Stein
Holz
Beton
Stahl
über Straßentreppen
Außen- und Innentreppen
Freitreppen
über finstere Kellerstiegen
hinauf zur Himmelsleiter.
Erst dann habe ich den höchsten Punkt der Thulserna erklommen.

Erst dann stehe ich auf der Besucherplattform.
Ich lese, womit der letzte Brief endet, ehe er als Papierflieger seinen Weg sucht:

»Gewesen, sagte das Unkraut,
Vergangen, sagte der Himmel,
Tot, sagte der Wald . . .«

Jetzt brauche ich nur noch den Schutzzaun zu überwinden, bis ich endlich meine Arme ausbreiten und der Botschaft nachfliegen kann.
Noch einmal atme ich tief.
Dann werfe ich meinen Postranzen in hohem Bogen ins Leere.
Und springe ihm nach.
Ich falle.
Ich stürze.
Hinauf.
Der Himmel kann nicht länger warten.
Denn wenn es der Teufel gut mit dir meint, legt er dich aufs Kreuz und läßt dich die Sterne sehen.

DER EULE NACHWORT

Es will wieder einmal kein Ende nehmen mit dem Neuanfangen, doch wo der Teufel eingeschloffen ist, muß er auch wieder ausfahren.
Jedenfalls sind mit diesem Sturz hinauf die Voraussetzungen für eine Festschrift zum Thulserner Millennium millimetergenau erfüllt.
Wenn ich könnte, wie ich wollte (und nicht ständig von meinem Erzähler gegängelt würde), faßte ich meine Erlebnisse und Erfahrungen in einen krebsgängig aus- und abschweifend wuchernden Bericht, der freilich eher beendet sein müßte als meine Reise durch das immerwährende Thulserner Kalender-Jahr, damit ich ihn dann, immer schon allem Abschied voraus, all jenen feierlich bei meiner Ankunft überreichen könnte, die daheim und zurückgeblieben sind im doppelten Sinne des Wortes.
Und als wäre ich über ein Wunder gestolpert, begönne ich mit folgenden Worten:
Im Anfang war die Post.

NOTIZ

Orinoco sagt: Erzählen allein genügt nicht. Worauf es ankommt, ist das Wiedererzählen – ein Erzählen, das die erzählten Geschichten für sich in Besitz nimmt, sie für eigene Zwecke nutzbar macht und dabei eigenen Zielen unterwirft oder durch Weitererzählen verwandelt. Mit anderen Worten: Die Henne ist das Mittel, dessen sich das Ei bedient, um ein anderes Ei zu erzeugen.

In diesem Sinne ist der Autor, wo nicht anders vermerkt, Ernesto Cardenal, William Goyen, Edgar Lee Masters, Peter Miroschnikoff, Wilhelm Raabe sowie seinem Vater verpflichtet, der an die vierzig Jahre als Landbote unterwegs war.

Thulsern 1987–1989

Inhalt